# RECHERCHES NOUVELLES

SUR

# L'HISTOIRE ANCIENNE,

PAR C. F. VOLNEY,

COMTE ET PAIR DE FRANCE, MEMBRE DE L'ACADÉMIE FRANÇAISE,
HONORAIRE DE LA SOCIÉTÉ ASIATIQUE SÉANTE A CALCUTA.

TOME DEUXIÈME.

PARIS,
PARMANTIER, LIBRAIRE, RUE DAUPHINE.
FROMENT, LIBRAIRE, QUAI DES AUGUSTINS.

M DCCC XXV.

# OEUVRES
# DE C. F. VOLNEY.

DEUXIÈME ÉDITION COMPLÈTE.

TOME VI.

IMPRIMERIE DE FIRMIN DIDOT,
RUE JACOB, N° 24.

# RECHERCHES NOUVELLES

## SUR

# L'HISTOIRE ANCIENNE.

### SUITE DE LA CHRONOLOGIE D'HÉRODOTE.

Chronologie des rois de Perse cités par les Orientaux modernes, sous le nom de *Dynastie Pishdad* et *Kéan*. — Époques de Zohak, de Feridoun et du législateur Zerdoust, dit Zoroastre.

En quel temps a vécu le législateur célèbre appelé *Zoroaster* par les Grecs, et *Zardast* ou *Zerdoust* par les Orientaux? et en quels siècles doit-on placer les deux dynasties *Pishdád* et *Kéán* ou *Kaían*, que les Perses modernes prétendent avoir existé chez eux antérieurement ou contradictoirement aux récits des Grecs? Tels sont les deux problèmes qui vont nous occuper dans ce chapitre : examinons d'abord le premier.

## § I.

#### Époque du législateur Zoroastre.

Tous les historiens nous parlent de Zoroastre comme d'un législateur religieux, beaucoup plus célèbre en Asie et presque aussi ancien que Moïse; et néanmoins, dès le premier siècle de l'ère chrétienne, l'époque où il vécut était devenue une question si obscure, que Pline le Naturaliste, cet homme d'une érudition si vaste, qui eut en main les écrits de tant d'auteurs, n'osa prononcer autre chose que le doute. Dans nos temps modernes, et surtout dans les XVI$^e$ et XVII$^e$ siècles, la réserve de Pline a été imitée par le plus grand nombre des savants, qui n'ont pu concilier les dissonances chronologiques des auteurs grecs et latins; mais ceux du XVIII$^e$ siècle, plus hardis, se sont crus plus heureux. Les extraits d'une foule de livres orientaux ayant été produits, d'abord par notre d'Herbelot, en sa *Bibliothèque orientale* ( publiée en 1697 ), puis par le professeur Thomas Hyde, Anglais, dans son livre latin de la *Religion des anciens Perses*, imprimé en 1700, l'on crut avoir découvert dans l'Asie moderne une vérité historique restée inconnue dans l'Occident. En effet, tous les livres arabes et persans que l'on cite, semblent s'accorder à placer Zoroastre vers le règne de Darius Hystaspes, roi de Perse ; et néanmoins, en les pressant sur les dates précises, on les trouve indécis et flottants entre les années 250, 280 et même 300 avant Alexandre. Les critiques sont surtout choqués de voir réduire à cinq générations la série des rois de Perse, que les monuments les plus authentiques des Macédoniens et des Romains, attestent avoir été de treize princes ; et de ne rencontrer aucune mention distincte des règnes de Xercès et de Kyrus, qui agitèrent si profondément l'Asie. Ces objections et plusieurs autres non moins graves que nous verrons, ne durent pas échapper au professeur *Hyde;* mais séduit par l'éclat de la nouveauté et par le paradoxe spécieux, que les Orientaux, *à titre d'indigènes, doivent connaître leur pays mieux que des étrangers, tels que les Grecs et les Romains,* Hyde épousa avec passion le système asiatique, et crut avoir prouvé le premier que réellement Zoroastre avait paru sous le règne de Darius Hystaspes. Entraîné par l'autorité de son compatriote, Prideaux s'efforça de colorer son hypothèse, et la répandit de plus en plus dans son livre de l'*Histoire des Juifs;* et parce qu'ensuite elle a été adoptée par les auteurs de l'*Histoire universelle,* l'on peut dire que l'opinion de Hyde est devenue dominante et presque classique. Elle faillit d'être renversée chez nous, lorsqu'*Anquetil du Perron* nous apporta de l'Inde les prétendus ouvrages de Zoroastre, et que dans la Vie de ce législateur (1), il déclara que l'opinion de Hyde lui semblait une *hypothèse sujette à de grandes difficultés;* mais par la suite il lui donna une nouvelle force, en l'adoptant dans un mémoire spécial (2), où, par un trait bizarre et caractéristique, il censure Hyde pour avoir eu *trop de confiance aux Orientaux*, et *pour avoir mal soutenu* leur thèse : par un autre cas singulier, c'est en lisant la censure d'Anquetil et ses arguments, que nous avons senti les plus grands motifs de douter, et qu'ensuite découvrant le vice de sa méthode et de celle de Hyde, nous en avons employé une meilleure, en prenant, non pas le rôle d'avocat qui plaide une cause, mais de rapporteur qui pèse les raisons de part et d'autre, et qui surtout interroge les narrateurs par ordre de dates, pour remonter aux sources premières des faits et des opinions : le lecteur va juger ce débat.

D'abord il est bien reconnu que les livres apportés de l'Inde par Anquetil, comme livres de *Zoroastre*, n'ont jamais été écrits par ce législateur, et qu'ils sont simplement des légendes et des liturgies composées par des mages *mobeds* et *herbeds* (3), à des époques non déterminées, mais tardives et parallèles aux règnes des *Sasanides,*

---

(1) *Voyez* le Zend-avesta publié en 1769, tome II, p. 62.
(2) Mém. de l'Acad. des Inscript., tome XXXVII.
(3) *Évêques* et *curés* des *Parsis* ou *Guèbres,* qui sont dans

c'est-à-dire depuis l'an 226 de notre ère jusque vers l'an 1200. Le *Boundehesch* lui-même, que *du Perron* nous présente comme une Genèse ou Cosmogonie perse, le Boundehesch porte des preuves incontestables de modernité, puisque parmi ses résumés des *temps écoulés*, après avoir parlé de *Zohák*, de *Féridoun*, etc., il cite d'abord *Eskander Roumi*, c'est-à-dire *Alexandre le romain*, comme ayant régné 14 ans; puis les rois *Asganiens* (*Arsakides*), comme ayant régné 284 ans; puis la durée des Sasanides, 260 ans; puis enfin la *venue des Arabes* (1). Et l'auteur de ce livre, le plus important, le seul important de toutes ces ennuyeuses et stériles légendes, nous donne la preuve de son ignorance (*disons même de sa mauvaise foi*), lorsqu'il attribue 14 ans de règne à Alexandre *le romain*, au lieu du *grec*, qui n'en régna que 6; et lorsqu'il réduit à 284, l'intervalle écoulé entre *Arsak* et *Ardechir*, qui fut de 481.

Un second fait également certain, c'est qu'aucun des écrivains persans ou arabes dont on s'autorise n'a publié avant le premier siècle de l'ère musulmane (730 à 750 de notre ère), et que les plus célèbres historiens et poètes, tels que *Ferdousi* et *Mirkhond*, ne datent, savoir, le premier que de

---

l'Asie ce que les Juifs sont en Europe, les débris épars d'un ancien peuple détruit.

(1) Boundehesch, p. 420.

l'an 1000, et le second de l'an 1500 de notre ère ; et de quelles sources, de quels monuments ont-ils tiré leurs récits? Quelques Européens, préoccupés ou superficiels, nous répondent que ce fut de leurs *monuments nationaux*. Mais les Musulmans eux-mêmes conviennent que les Arabes, vainqueurs de *Iezdeguerd*, en 652, et, depuis cette époque, dévastateurs plutôt que possesseurs de la Perse, proscrivirent les adorateurs du feu et leurs livres, avec ce zèle et cette fureur qui leur firent brûler la bibliothèque d'Alexandrie; et ces livres, tous manuscrits, par conséquent rares et chers, comme ils le sont toujours en Asie, purent d'autant moins échapper à la proscription, qu'ils étaient écrits en lettrés absolument différentes des lettres arabes...; que déja ils avaient subi des persécutions de secte à secte, sous leurs propres rois, et que les guerres non interrompues depuis Alexandre, après avoir détruit les originaux, s'étaient opposées à la reproduction des copies et à la culture de l'histoire. Telle fut la dépopulation des monuments et des livres perses, que vers l'an 1000 de notre ère, le sultan Mahmoud, fils de *Sebekteghin*, voulant connaître l'histoire du pays qu'il avait conquis, ne put se procurer aucun écrit de ce genre, et qu'il fut obligé de donner commission à l'Arabe *Deqiqi*, de recueillir les romances, les traditions, les contes populaires des diverses contrées de l'empire persan, pour en retirer quelque instruction. Or comment l'Arabe *Deqiqi* rend-il compte de ses recherches? En vers, c'est-à-dire en poète arabe, riche de contes et d'hyperboles; et c'est sur ce canevas principal que Ferdousi a composé son *Histoire royale* ( Shah-Nameh ), également en vers, au nombre de 60 mille distiques. Or que peut-on attendre de traditions populaires, défigurées de génération en génération par les narrateurs, et brodées ensuite par l'imagination sans frein qui dicta les Mille et une Nuits? Aussi ces prétendues histoires de la Perse ancienne, et même moderne, jusqu'au temps des Arabes, ne sont-elles qu'un tissu d'anachronismes et d'invraisemblances: l'on ne conçoit pas comment des Européens, hommes sensés, tels que Prideaux et les auteurs de l'*Histoire universelle*, au lieu d'examiner d'abord et de discuter les sources et les moyens d'instruction des écrivains persans et arabes, semblent ne s'être étudiés qu'à établir l'authenticité de leurs récits, et à substituer au désordre le plus évident un ordre factice, ayant pour objet d'en masquer les grossiers défauts (1). Sans doute, avec ce qu'on nomme de l'*esprit* il est possible de tout soutenir et de tout contester; mais, en histoire, l'*esprit* n'est que l'art d'apercevoir la vérité ou de la faire ressortir; et

---

(1) *Voyez* Histoire universelle, tome iv, in-4°, p. 1 et suivantes.

dans le démenti que l'on a voulu donner par les Asiatiques modernes, aux anciens auteurs grecs, l'on choque tellement toutes les vraisemblances, qu'il est inconcevable qu'une telle hypothèse ait des partisans. L'on a voulu établir, comme principe de droit, « que les Asiatiques méritent d'être « crus de préférence sur l'histoire de leur pays, « parce qu'à titre d'*indigènes* ils doivent mieux « savoir ce qui s'est passé chez eux, que des étran- « gers tels que les Grecs et les Romains ».

Mais cette proposition générale et vague par elle-même, ne présente, lorsqu'on l'analyse, qu'un paradoxe et un abus de mots. En effet, outre que la connaissance de ce qui se passe dans un pays dépend infiniment de la nature de son gouvernement, et que la *publicité*, la *libre circulation*, n'ont point lieu dans les états despotiques, comme l'ont été le plus souvent ceux de l'Asie ; il est encore de fait que ces *prétendus indigènes*, spécialement de la Perse, sont, de leur propre aveu et par leur histoire, le produit, en majeure partie, des races étrangères venues à la suite des conquérants qui ont successivement envahi et possédé ces contrées. Laissons à part Alexandre, dont le système politique fut de mêler les races et les opinions, pour détruire les haines et les guerres de secte à secte et de nation à nation : après lui, les révolutions des Séleucides et des Arsakides continuèrent d'agiter et de mêler l'empire perse dissous; d'y introduire, par le recrutement des armées, une multitude d'étrangers de toute espèce, qui, en s'alliant aux femmes indigènes, produisirent dans les familles des modifications de mœurs, de langage, etc. Ce qui avait été peuple distinct devenant province confondue, il fut possible aux habitants de passer d'un pays à l'autre et de s'y établir, chose qui n'était pas praticable auparavant. La dynastie Sasanide, en ravissant le sceptre aux *Parthes*, produisit de nouveaux changements : le nord de la Perse avait régi le midi; alors le midi commanda au nord. Ensuite sont venus les Arabes de Mahomet, puis les Tartares de Tamerlan, qui, les uns après les autres, mais surtout les *Arabes*, ont exterminé l'ancienne race et changé sa religion, ses mœurs, ses usages, ses traditions, ses livres, et jusqu'à son système d'écriture. Les seuls *Parses*, chassés comme les Juifs, errants comme eux, mais bien moins nombreux, sont les restes de la race persane de *Darius* et d'*Ardechir*. Or, dans leur mélange inévitable avec les peuples qui les tolèrent, ou les persécutent, dira-t-on que les Juifs de Portugal et de Pologne, si divers entre eux, ressemblent aux Hébreux de Salomon? D'ailleurs que signifie ce mot, *descendance directe?* Parce que les Suisses descendent des *Helvetii*, et les Auvergnats des *Arverni*, dira-t-on qu'ils connaissent l'histoire d'*Arioviste* et de *Vercingetorix*, mieux que le conquérant romain qui nous l'a tracée? Passe encore si le peuple indigène opposait aux récits de l'étranger, des récits et des monuments du *même temps* : la question est là; c'est dans l'*identité* de temps, bien plus que dans l'identité de pays, qu'elle consiste ; et sous ce rapport elle est toute à l'avantage des Grecs ; sous l'autre même, elle est encore en leur faveur, puisqu'Hérodote, Ktésias, Strabon, étaient aussi des *Asiatiques*, et que les deux premiers *étaient nés sujets du Grand-Roi*. Mais d'ailleurs eussent-ils été des étrangers venus du fond de l'Europe, l'on peut assurer que des voyageurs tels qu'Hérodote, Xénophon, Polybe, et tant d'autres écrivains qui suivirent les armées grecques et romaines, ont eu, pour bien observer, pour bien décrire le pays et ses événements, des moyens égaux et à certains égards supérieurs aux moyens des indigènes. Prétendre aujourd'hui que leurs récits, si bien détaillés, si bien liés entre eux par toutes les circonstances qui établissent les probabilités ou la certitude morale, méritent moins de confiance que les récits fabuleux, délirants et absurdes dont se composent, presque sans aucune exception, les histoires orientales; nous le répétons, c'est un paradoxe monstrueux, qui ne peut convenir qu'à des *Musulmans*.

Mais, d'ailleurs, veut-on connaître avec quel scrupule véridique, avec quel respect religieux, les Asiatiques, leurs rois et leurs savants conservent la mémoire des événemens et leur série chronologique ? Ecoutons un fait vraiment curieux et décisif, que nous a transmis *Masoudi*, l'un des plus savans historiens arabes, qui, vers les années 930 et 940 de notre ère, voyagea dans toute la Perse jusqu'aux frontières de l'Inde, et qui, plus qu'aucun écrivain de sa nation, connut les livres des Grecs (1).

« Il y a ( dit-il ) entre l'opinion des Perses et
« celle des autres peuples, une grande différence
« au sujet de l'époque d'Alexandre : ce que beau-
« coup de personnes n'ont point remarqué......
« C'est là un des mystères de la religion et de la
« politique des Perses, qui n'est connu que des
« plus savans *mobeds et herbeds*, comme nous
« l'avons vu nous-mêmes dans la province de Fars,
« dans le Kirman, et dans les autres provinces
« perses : il n'en est fait mention dans aucun des
« livres composés sur l'histoire de Perse, ni dans
« aucune annale et chronique. Voici en quoi il
« consiste : *Zerdust*, fils de *Poroschasp*, fils d'*A-
« sinman*, dans le livre qui lui a été révélé, nommé
« *Abesta*, annonce que l'empire des Perses éprou-
« vera dans 300 ans une grande révolution, sans
« que la religion soit détruite ; mais qu'au bout
« de 1000 ans la religion et l'empire périront

---

(1) Indicateur et Moniteur de Masoudi, extrait par M. de Sacy. — Manuscrits orientaux, tome VII, pag. 161.

« à la fois. Or, entre Zerdust et Alexandre, il
« y a environ 300 ans; car Zerdust a paru du
« temps de *Kaï Bistap*, fils de *Kaï Lohrasp*,
« comme nous l'avons dit ci-devant. *Ardechir*, fils
« de *Babek*, s'empara de l'empire et de tous les
« pays qui en dépendaient, environ 500 ans après
« Alexandre : nous voyons qu'il ne restait plus
« que 200 ans à peu près, pour compléter les 1000
« ans de ce prophète. *Ardechir* voulut augmenter
« de 100 ans cet espace de temps, parce qu'il
« craignait que, lorsqu'après lui 100 ans se se-
« raient écoulés, les hommes ne refusassent de
« prêter secours et obéissance au roi, par la con-
« viction où ils seraient de la ruine future de l'em-
« pire, conformément à la tradition qui avait
« cours parmi eux. Pour obvier à cela, il suppri-
« ma environ la moitié du temps écoulé entre
« Alexandre et lui, et il ne fit mention que d'un
« certain nombre des *Molouk-Taouâïef* (*rois* des
« *nations* parthiques.) qui remplissaient tout ce
« temps; il retrancha les autres : puis il eut soin
« de faire répandre dans son empire, qu'il avait
« commencé son règne 260 ans après Alexandre.
« En conséquence, cette époque fut admise et se
« répandit dans le monde : voilà pourquoi il y a
« une différence entre les Perses et les autres na-
« tions au sujet de l'ère d'Alexandre; et c'est cette
« cause qui a introduit la confusion dans les an-
« nales des *Molouk-Taouâïef*. *Ardechir* fait lui-

« même mention de cela dans les avis qu'il a lais-
« sés à ses successeurs; et l'herbed (ou prêtre
« parsi) qui se rendit l'apôtre de ce prince près
« les gouverneurs des provinces, parle également
« de cette prédiction ».

Maintenant le lecteur peut juger du degré de confiance que méritent les histoires et chroniques orientales. Si cette anecdote eût été connue plus tôt, elle eût épargné bien des discussions et de faux raisonnements. Elle est d'autant plus précieuse, qu'elle résout sans réplique l'énorme abréviation de temps *officiellement* établie dans presque tous les écrivains asiatiques, entre les règnes d'Alexandre et d'Ardechir, et qu'en nous donnant la mesure de la superstition, de la mauvaise foi et de l'audace de tout un gouvernement, tant laïque qu'ecclésiastique, elle nous montre à quel point d'ignorance étaient déja parvenus ou réduits les Persans en l'an 226, sur l'époque de Zoroastre, puisque celle qu'ils indiquent dans Masoudi, et qui répond au règne de Kyaxarès, est manifestement fausse, comme nous le verrons.... Mais pour procéder méthodiquement à découvrir l'époque véritable, commençons par examiner tout ce que les Orientaux nous racontent de ce législateur, afin que leurs traditions, confrontées aux récits des anciens Grecs et Latins, nous conduisent au maximum de probabilité dont cette question est susceptible.

Selon *Anquetil du Perron* (1), le recueil principal des traditions des Parsis sur Zoroastre, est le livre intitulé *Zerdust-Namah*, qui, dit-on, fut traduit de l'ancien idiome *pehlevi*, en persan moderne, par *Zerdust-Behram*, écrivain et prêtre parsi, vers l'an 1275. Hyde a connu ce livre, et en a cité les titres des chapitres. Laissant à part la date, qui n'est pas prouvée, admettons dans le traducteur une instruction suffisante, et surtout une grande fidélité à ne rien retrancher ni rien ajouter (chose sans exemple), et voyons ce que les Parsis nous disent de leur législateur.

§ II.

Récits des Parsis sur Zoroastre.

Selon eux, Zerdoust naquit dans l'Aderbidjan (ancienne Médie), et Aboulfeda ajoute, d'après plusieurs auteurs anciens, que ce fut à *Ourmi*. Sa naissance fut accompagnée de prodiges, dont le moindre fut de rire en respirant pour la première fois. Pline (2), qui cite ce trait, nous indique par là que ces traditions existaient, du moins en partie, dès son temps. L'enfance de Zerdust subit de rudes épreuves de la part des magiciens, qui sont

---

(1) Zend-avesta, tome II, pag. 6 et suivantes.
(2) Plin., lib. VII, chap. 16.

dépeints comme étant alors tout-puissants auprès des peuples et des rois : ce règne des magiciens, qui rappelle leurs enchantements devant Pharaon, leurs services auprès de Sémiramis, indique réellement des temps reculés. Les écrivains parsis racontent les plus petits détails de ces enchantements, comme s'ils en eussent été témoins; mais, d'autre part, leur stérilité sur les faits vraiment historiques et géographiques, annonce que ces légendes ont été recueillies après coup, et composées sur des récits populaires, comme tous les faits de ce genre....... A 30 ans, Zoroastre est appelé par le *dieu Ormusd*, de la même manière qu'Abraham et Moïse le furent par le dieu *Iéhou*.... Il se retire dans l'antre d'une montagne, pour y recevoir les inspirations; mais les Parses ont oublié les curieuses circonstances de cet antre, décrites par Eubulus, dans Porphyre (1). Après une retraite (de 20 ans, selon Pline), Zoroastre met au jour un nouveau système de théologie, qu'il prétend, selon l'usage de ses pareils, être le seul véritable, le seul *révélé de Dieu*. Pour établir sa religion, il choisit le pays de *Balk (l'ancienne Bactra)*, dont il convertit le roi *Kesht-asp*, qui, à son tour, veut convertir ses sujets, et même les princes ses voisins, entre autres *Zâl* et *Roustam*, princes de la *Perse propre* : Zoroastre, ainsi

---

(1) *De Antro Nympharum.*

appuyé, fait construire des *Atesh-gâb* ou *Temples du feu*, plante un *cyprès*, et institue un grand pèlerinage, suivant l'usage de ces temps....... Un brâhme de l'Inde, entendant parler de ce nouveau culte, vient pour le réfuter, et finit par s'en rendre prosélyte. Au bout de 8 ans (1), Kesht-asp, tributaire d'un roi de *Tour-án*, nommé *Ardjasp* (2), lequel *possédait un grand pays à l'ouest de la Caspienne*, lui refuse l'hommage accoutumé. La guerre éclate; *Ardjasp* vient attaquer *Kesht-asp*, qui eût été vaincu sans son fils *Esfendiar*, dont les exploits chevaleresques décident la victoire...... *Kesht-asp*, pour récompense, le fait enfermer dans un château fort, et se rend lui-même en Perse pour convertir les paladins *Zál* et *Roustam*. Pendant son absence, *Ardjasp* apprend que la ville de *Balk* est dégarnie de troupes; que *Lohrasp*, père de *Kesht-asp*, y vit dans un couvent, *la tête rasée*, et pratiquant les mortifications à la manière des Indiens; il accourt avec une armée d'élite, surprend le pays, emporte la ville, tue Lohrasp et les *prêtres du feu*, c'est-à-dire les mages; Zoroastre périt alors, selon les Musulmans; mais les Parsis gardent le silence sur sa mort quelconque. Kesht-asp arrive, est battu, a recours à son fils, Esfendiar, qui le sauve une

---

(1) Zend-avesta, tome II, p. 54.
(2) Zend-avesta, tom. II, p. 55.

seconde fois; et pour seconde récompense, le père l'envoie contre *Roustam*, qui, après un duel périlleux, le perce d'une flèche. Telle est sommairement la vie de Zoroastre, selon ses sectateurs, qui, comme l'on voit, n'indiquent rien dans leurs récits que l'on puisse appliquer ni au roi *Darius*, élu successeur de *Cambyse*, et fils d'*Hystaspes*, simple particulier perse; ni au roi *Xercès*, fils de *Darius*, dont l'histoire nous est si bien connue par les Grecs contemporains. Ce silence de la part des *Parsis* est d'autant plus remarquable, qu'étant les représentants, les descendants directs des anciens Perses de Darius, ils ont eu plus de motifs et de moyens de connaître ce monarque et son père, que n'en ont eu les Perses musulmans, intrus dans le pays, en grande partie. Comment donc et pourquoi arrive-t-il que les écrivains orientaux, tant musulmans que chrétiens, aient cru Zoroastre contemporain, les uns de Smerdis ou de Cambyse, comme le disent Aboulfarage et Eutychius (1); les autres du prophète Élie, ou d'Esdras, ou de Jérémie, comme le disent *El-Tabari*, *Abou Mohammed*, etc.. (2)? Déja ces discordances, qui passent 100 et 150 ans, prouvent leur incertitude et leur ignorance; mais avant d'admettre leurs narrations remplies de fables ex-

---

(1) Eutychius a écrit vers 930, et Aboulfarage vers 1260.
(2) *Voyez* Hyde, pag. 317 et suivantes.

travagantes et d'anachronismes grossiers, un préliminaire indispensable pour *Hyde* et pour ses imitateurs, était de remonter aux sources de ces opinions, et, d'auteur en auteur, arriver à connaître le premier qui les avait avancées. Ce qu'ils n'ont point fait, essayons de le faire, et par un exemple intéressant, prouvons combien est utile cette étude chronologique des opinions.

D'abord nous trouvons Agathias, qui, vers l'an 560, a écrit une histoire dans laquelle il s'est occupé spécialement des Perses, et où nous lisons le passage suivant, page 62 :

« Les Perses de nos jours ont presque entière-
« ment négligé et quitté leurs anciennes mœurs et
« coutumes, pour adopter des institutions *étran-*
« *gères*, et, pour ainsi dire, *bâtardes*, dont la doc-
« trine de *Zoroastre* l'*Ormazdéen* leur a offert l'at-
« trait. En quel temps ce Zoroastre, ou *Zoradas*,
« a-t-il fleuri et publié ses lois ? voilà ce qui n'est
« point clairement établi. Les Perses actuels disent
« nûment qu'il vécut sous *Hystasp*, sans y joindre
« aucun éclaircissement ; de sorte qu'il reste équi-
« voque et tout-à-fait incertain si ce fut le père de
« Darius, ou quelque autre (roi) *Hystasp*. En quel-
« que temps qu'il ait fleuri, il fut l'auteur et le chef
« de la religion des mages, en changeant les rites
« anciens, et en introduisant (un mélange) d'opi-
« nions diverses et confuses. En effet, les Perses
« d'*autrefois* adoraient *Jupiter*, *Saturne* et les au-

« tres dieux des Grecs, avec cette seule différence
« qu'ils ne leur donnaient pas les mêmes noms :
« car pour eux, Jupiter était *Bel-us*, Hercule était
« *Sand-ès*, Vénus était *Anaïs*, comme l'attestent
« Bérose et d'autres écrivains qui ont traité des
« antiquités mèdes et assyriennes. »

Ainsi, jusqu'au temps d'Agathias, les savants perses ne disaient point que l'*Hyst-asp* de Zoroastre fut notre Darius, fils d'*Hystasp*, ni l'*Hystasp*, père de Darius : c'était une chose *obscure* pour eux, comme pour les savants grecs de Constantinople. Or, si Agathias, né Asiatique, vivant jurisconsulte à Smyrne, homme dont l'ouvrage annonce un esprit méthodique et cultivé; si Agathias, habitué, en sa qualité de jurisconsulte, aux recherches et aux discussions de *titres* et d'*origines*, a regardé l'identité de ces deux *Hystasp* comme une chose très-*douteuse*; cette identité n'avait donc pas la certitude qu'ont prétendu lui trouver les écrivains postérieurs; et si d'autres avant lui l'avaient déja admise, leur opinion, que sans doute il avait pesée, ne lui présentait donc pas des preuves déterminantes. Ainsi il n'admettait pas l'opinion d'*Ammien Marcellin*, autre historien du Bas-Empire, qui avait tranché la question dans le passage suivant de son histoire.

« En des temps reculés, dit cet historien (1),

---

(1) Ammien Marcellin, lib. XXIII. Il a écrit vers 380 à 390.

« l'art de la magie prit de grands accroissements
« par les connaissances que puisa chez les Chal-
« déens le Bactrien Zoroastre, et après lui (par
« le soin et le zèle) du très-savant roi *Hystaspes*,
« père de *Darius*. »

Sans doute Ammien Marcellin, par la franchise et par l'amour de la vérité que respire son ouvrage, est un historien digne d'estime; mais ayant vécu dans les camps, et s'étant bien plus occupé de l'histoire des Germains et des Goths que de celle des Perses, il n'a point discuté le fait qu'il avance, et il l'a adopté de confiance de quelque écrivain antérieur. Or, quel est-il cet écrivain antérieur? et quelle est son autorité, quand nous verrons à l'instant que Pline, l'an 70 de notre ère, professait le même doute, et un doute plus étendu qu'Agathias? Suivons néanmoins le passage d'Ammien Marcellin, qui d'ailleurs sera utile à notre but.

« Ce roi (Hystasp) ayant pénétré avec confiance
« dans certains lieux retirés de l'Inde supérieure,
« arriva à des bocages solitaires, dont le silence
« favorise les hautes pensées des brahmanes. Là,
« il apprit d'eux, autant qu'il lui fut possible, les
« rites purs des sacrifices, les causes du mouve-
« ment des astres et de l'univers, dont ensuite il
« *communiqua une partie* aux mages. Ceux-ci se
« sont transmis ces secrets de père en fils, avec
« la science de prédire l'avenir; et c'est depuis

« lui (1) (Hystaspes), que par une longue suite
« de siècles jusqu'à ce jour, cette foule de ma-
« ges, composant une seule et même (caste), a
« été consacrée au service des temples et au culte
« des dieux. »

Ce fait nous sera utile; mais nous demandons
à Ammien, de quelle source, de quel auteur a-t-il
tiré l'opinion que ce *très-savant roi Hystasp*, contemporain de Zoroastre, fût l'Hystasp père de
Darius? Est-ce des livres parsis? nous les avons,
et l'on n'y trouve rien de tel. Est-ce d'Hérodote?
nous le possédons, et nous y allons voir la démonstration du contraire. Quelle analogie y a-t-il entre
les actions et même les personnes des deux rois?
Kestasp est roi, et Hystasp, père de Darius, ne le
fut point. L'on ne saurait dire que Darius fût
*Esfendiar*; et si l'on veut qu'il fût lui-même Kestasp, *Esfendiar*, fils de celui-ci, n'a pas la moindre analogie avec Xercès, fils de Darius. Nous
pouvons le dire hardiment : tout est contradictoire,
tout est absurde dans cette opinion; et quels que
soient ses inventeurs, il est évident qu'ils ont été
induits en erreur par deux circonstances :

1° Par la ressemblance d'un nom qui paraît avoir
été commun chez les Mèdes et chez les Perses;

---

(1) Le texte porte : *ab eo* (Hystaspe...) Anquetil a traduit :
*et c'est de ces mages qu'est venue*, etc. Mém. Académ. des
Inscript., tome XXXVII, pag. 718.

2° Par la ressemblance du goût que Darius eut pour les sciences des mages, selon les témoignages d'Hérodote, de Cicéron et de Porphyre, qui nous apprennent l'inscription de son tombeau, gravée par son ordre : *Darius, roi*, etc., *docteur en magisme.*

Voilà la double équivoque qui, pour les anciens comme pour les modernes, a été la cause première d'une erreur à laquelle se sont refusés tous ceux qui ont porté plus d'attention et de réflexion.

De ce nombre est Pline le naturaliste, l'un des hommes les plus distingués de toute l'antiquité, par son esprit et par l'immensité de ses lectures. Après des réflexions pleines de sens sur la *magie*, et sur la folle passion des Romains de son temps pour cet art d'imposture et de fourberie, Pline nous fournit, au début de son livre xxx$^e$, un passage important qui mérite d'être transcrit :

« C'est dans l'Orient (dit-il), c'est dans la Perse, « que la magie fut, de l'aveu des historiens, in- « ventée par Zoroastre ; mais n'y a-t-il eu qu'un « seul Zoroastre, ou bien en a-t-il existé un se- « cond ? *Cela n'est pas clair*. Eudoxe, qui veut nous « faire regarder la magie comme l'une des sectes « philosophiques les plus utiles et les plus brillan- « tes, prétend que Zoroastre vivait 6000 ans avant « la mort de Platon (mort l'an 348 avant J.-C.), « ce qu'on lit aussi dans Aristote. Hermippe, qui « a écrit un savant Traité sur cet art, et qui a tra-

« duit *deux millions* de vers composés par Zoroas-
« tre, en indiquant les titres de chaque volume
« (d'où il les a tirés), rapporte qu'il eut pour
« maître *Azonak*, ou *Agonak*, et qu'il vécut
« 5000 ans avant la guerre de Troie. Mais il est
« étonnant que le souvenir (de l'inventeur) et
« que l'art aient été conservés si long-temps, sans
« moyens intermédiaires, et sans succession claire
« et continue (d'enseignement); car à peine se
« trouve-t-il quelqu'un qui ait ouï parler d'un
« *Apuscorus* et d'un *Zaratus*, Mèdes; de *Marmar*
« et d'*Arabantiphok*, Babyloniens; de *Tarmoenda*,
« Assyrien, dont aucun monument n'existe. »

(Après avoir remarqué que dans l'Odyssée d'Homère, la magie est habituellement mise en action, Pline continue):

« Je trouve que le premier qui a écrit sur cet
« art est le Perse *Ostanès*, contemporain de Xer-
« cès, qui en répandit dans la Grèce, non pas le
« goût, mais la *rage*. Ceux qui ont fait des recher-
« ches plus profondes placent un peu avant lui
« un autre *Zoroastre* de Proconnèse... Il est en-
« core une secte de magiciens, qui a pour chef
« *Mosès* et les Juifs *Iamné* et *Iotapé*, mais (seu-
« lement) plusieurs *milliers d'années* après Zo-
« roastre (en suivant le calcul des 6000 ans
« d'Eudoxe)... »

Pesons certaines expressions de ce passage important:

« C'est dans la Perse que la *magie* fut inventée
« par *Zoroastre*, de l'aveu des historiens. »

Selon Platon, Apulée, Porphyre, Hesychius, Suidas, etc., et selon tous les pythagoriciens, qui sans doute tinrent cette tradition de leur maître, le mot asiatique *magos*, ou plutôt *mag*, signifiait proprement *homme consacré, dévoué au culte de Dieu*, précisément comme le mot hébreu *nazaréen*; par conséquent le mot *magie* fut d'abord la science ou la pratique de ce culte. C'est dans ce sens que Platon dit (1) « que les enfants des rois
« de Perse, parvenus à l'âge de 14 ans, recevaient
« quatre instituteurs, dont le premier leur ensei-
« gnait la *magie*, qui est, dit-il, *le culte des dieux*
« (*la religion*). Ce même instituteur leur ensei-
« gnait aussi *la politique royale*. » Dans ce sens aussi Zoroastre a inventé *la théologie des mages*, et institué leur caste, qui devint la caste *nazaréenne* et lévitique du pays. Mais, parce que la *science* des *mages* se composait d'astronomie et d'astrologie judiciaire, c'est-à-dire des prédictions, divinations et prophéties attachées à cet art; qu'elle se composait encore de certaines connaissances physiques et chimiques, au moyen desquelles on opérait des phénomènes *prodigieux* et *miraculeux* pour la masse du peuple; cette *science* devint peu à peu un art d'imposture et de char-

---

(1) *Plato, de Legibus*, pag. 441, édition de 1602.

latanisme, qui reçut en un *mauvais sens* le nom
de *magie* que nous lui donnons... Sous ce rapport, c'est-à-dire, comme art d'*évocations*, d'*enchantements*, de *métamorphoses* opérées par certaines pratiques, elle est bien plus ancienne que
Zoroastre, ainsi que le disent, avec raison, les
Perses, puisqu'elle était la base du pouvoir et de
l'influence des prêtres *égyptiens*, *chaldéens*, *brahmes*, *druides*, en un mot de tous les prêtres de
l'antiquité. Le nom de *Chaldéens*, cité dès le temps
d'*Abram*, comme désignant une nation déjà ancienne, signifie *devin*, et fournit une preuve de
l'art et de sa pratique chez un peuple qui, comme
le dit Ammien Marcellin, ne fut d'abord qu'une
secte, et devint ensuite, par accroissement, une
nation nombreuse et puissante. Or, si, comme il
est vrai, ce genre de *magie* et de *magiciens* remonte à des milliers d'années, ce ne peut être qu'en
le confondant avec le *zoroastérisme*, qu'Eudoxe
et Hermippe en ont rejeté le fondateur à 5 ou
6,000 ans avant Platon et la guerre de Troie. Diogène Laërce nous fournit une troisième variante :

« Selon *Hermodore* le platonicien (dit-il *in proœ-*
« *mio*), depuis les mages, *dont on dit que Zoro-*
« *astre fut le premier chef* (princeps), jusqu'à la
« guerre de Troie, il s'écoula 5,000 ans. »

Voilà mille ans de différence avec Eudoxe : remarquez qu'Hermodore ne dit pas depuis Zoroastre, mais depuis les *mages*; en sorte qu'il faut

que quelque équivoque soit la cause de cette méprise, car il est bien certain que ces 5 ou 6,000 ans sont hors des limites de toute biographie connue, et que Zoroastre, comme nous l'allons voir, n'a pas vécu plus de huit siècles avant Platon. Suidas paraît avoir changé ces 5,000 en 500 : mais le témoignage de ce moine du IX<sup>e</sup> siècle est de peu de poids; il a voulu sauver l'époque juive de la création.

Actuellement, puisque le fondateur des mages est Zoroastre, auteur du système des *deux principes* ou des deux génies du bien et du mal (*Oromaze* et *Ahriman*), si célèbres en Asie, il s'ensuit, 1° que celui-là seul est l'homme dont nous cherchons l'époque; 2° que partout où nous trouverons le nom de ses mages, ou quelqu'un de ses dogmes, cet homme aura déja existé. Or, si au siècle de Pline l'époque de Zoroastre était déja *si peu claire* ou si obscure, que l'on ne savait plus où le placer, cela seul prouve que le législateur des Perses, des Mèdes et des Bactriens ne vécut point au temps de Darius; qu'il ne fut point ce magicien de Proconnèse, qui vécut un peu avant Ostanès, et qui prit ou porta le nom de *Zerdoust*, comme l'ont porté depuis et le portent encore beaucoup de *mobeds* ou prêtres parsis, comme des Juifs célèbres ont porté celui de Mosès (1).

---

(1) Témoin Rabbi *Mosès*, Maimonides.

Les faits contemporains de Darius et de Xercès furent trop bien connus des Grecs pour qu'il pût s'opérer dans l'Asie un schisme religieux, aussi éclatant que celui de Zoroastre, sans qu'ils en eussent ouï parler, et sans qu'Hérodote, qui y voyageait à cette époque, nous en eût dit un seul mot.

Néanmoins, puisqu'au temps de Pline il existait une incertitude, une équivoque sur un second *Zoroastre, lequel, selon ceux qui avaient fait des recherches plus profondes, aurait vécu un peu avant Ostanès* ( et cela peut s'étendre jusqu'à 60 et 80 ans ), il faut qu'un fait quelconque ait donné lieu à cette équivoque, et que réellement quelque mage et magicien, du nom de *Zardast* ou *Zoroastre*, ait été mêlé à quelque anecdote venue à la connaissance des Grecs. Et en effet Apulée, ce grand panégyriste de la magie, dans son absurde roman de l'*Ane d'or*, écrit en latin, 80 ans après Pline, nous fournit le passage suivant, tout-à-fait conforme à notre aperçu :

« *On dit* que Pythagore ayant été amené ( à Ba-
« bylone ) parmi les prisonniers égyptiens de Cam-
« byse, eut pour instituteurs les mages des Perses,
« et surtout *Zoroastre*, premier ou principal dé-
« positaire de toutes sciences secrètes et divi-
« nes (1). »

---

(1) Apulée, lib. II. Iamblique, qui a compilé la vie de Pythagore, d'après une foule d'auteurs, vers l'an 320, répète la même tradition.

Cet *on dit* annonce une tradition populaire qui peut remonter assez haut, comme tout ce qui concerne Pythagore. *Prisonnier de Cambyse* est un anachronisme grossier, puisque Pythagore, né en 608, avait 84 ans (1) lorsque Cambyse conquit l'Égypte en 525; mais la fausseté de l'accessoire ne détruit pas le fait principal.

Ce fait, c'est-à-dire le voyage de Pythagore en Égypte, et de là à Babylone, se retrouve dans Diogène de Laërte, qui, 20 ans après Apulée, compilant aussi la vie de ce philosophe, nous dit que,

« Dès sa jeunesse, passionné du désir d'ap-
« prendre, Pythagore quitta sa patrie, et voyagea
« en divers pays, où il se fit initier à tous les mys-
« tères des Grecs et des *Barbares* (des étrangers);
« qu'entre autres il alla en Égypte, au temps du
« roi Amasis, à qui Polycrates de Samos le recom-
« manda par une lettre, comme le rapporte *An-*
« *tiphon;* qu'ensuite il visita les *Chaldéens* et les
« *Mages*, avec qui il eut des entretiens; et qu'en-
« fin il passa en Crète, à Samos et en Italie, où
« il s'établit et fonda son école, comme le racon-
« tent Hermippe dans l'histoire de sa vie, et *Alexan-*
« *dre* (Polyhistor) dans son livre de la Succession
« des philosophes. »

Ici le règne d'Amasis peut convenir, parce que

---

(1) *Voyez* Chronologie de Larcher, année 608.

ce prince régna dès l'an 570, lorsque Pythagore avait environ 38 ans; mais Polycrates et sa lettre sont inadmissibles, parce que ce tyran de Samos ne commença de régner que vers 532, lorsque Pythagore avait environ 76 ans. Antiphon, en ajoutant que Pythagore, chagrin de voir Polycrates tyran, quitta Samos à 40 ans, pour s'établir en Italie, a sûrement confondu le départ pour l'Égypte, lorsque Pythagore, après avoir déja visité la Grèce, la Thessalie et la Thrace, commença ses voyages pour l'Égypte et l'Orient : la lettre de Polycrates (placée entre les années 532 et 523), apocryphe comme celles de Pisistrate et de Solon, en tombant dans le règne de Cambyse, décèle la même source que le *on dit* d'Apulée : la seule chose que l'on puisse induire de cette tradition, est que Pythagore, ayant réellement passé d'Égypte en Chaldée, put y converser avec quelque *docteur mage* du nom de Zerdast ( *Zoroastre* en grec), dont il aura cité le nom à ses disciples, qui, en le conservant, l'ont confondu, ou ont donné lieu de le confondre avec le *législateur*. Clément d'Alexandrie nous offre un passage à l'appui de cet aperçu :

« Pythagore, dit-il (1), alla à Babylone, où il
« se fit disciple des mages : or Pythagore (nous) y
« montre *Zoroastre, mage persan......* dont les hé-

---

(1) *Clemens Alexandrinus*, p. 131. Il écrivait vers l'an 215.

« rétiques prodiciens prétendent posséder les li-
« vres.... Alexandre Polyhistor, dans son livre des
« *Symboles pythagoriciens*, dit que Pythagore fut
« disciple de l'Assyrien *Nazaret*, que quelques-
« uns prennent pour Ezékiel; mais cela n'est pas
« exact. »

Moins de 60 ans après Clément, Porphyre puisait aux mêmes sources, lorsqu'il écrivait :

« Que Pythagore fut purifié par *Zabratas* ou
« *Zaratas* des souillures de sa vie précédente, et
« qu'il apprit de lui ce qui concerne la nature et
« les principes de l'univers. »

*Zaratas* est évidemment le nom parsi de *Zerdast*; mais, 1° en admettant que le maître de Pythagore ait été *perse*, comme le dit Clément, il n'est plus le législateur, car nous verrons les meilleurs auteurs attester unanimement que celui-ci fut *mède*. Clément lui-même le dit, lorsque, citant les philosophes qui se sont livrés à la divination, il nomme *Zoroastre le Mède* avec Abarès, Aristœas, Pythagore, Empédocles, etc.

2° Si le mage *Zaratas* a été perse, il a dû être postérieur à Kyrus et à la conquête de Babylone par ce prince, en 538..... Or, à cette époque, Pythagore avait déja près de 72 *ans*, ce qui rend son voyage improbable à cette date tardive, et toujours nous ramène à la tradition fabuleuse du romancier Apulée.... Un soupçon se présente: en considérant que des noms juifs se trouvent mêlés ici; que le mage *Zaratas* est cru *Ezékiel* par les uns, *Daniel* par les autres; que le mot hébreu *nazaret* est une traduction littérale du mot *mag*, qui décèle une main juive; et qu'Alexandre Polyhistor, qui cite ce mot, a en général copié Eupolème, qui lui-même a copié les Juifs, qu'il fréquenta beaucoup : ne devons-nous pas croire que ce sont des contes fabriqués à Alexandrie, dans l'intention, de la part des Juifs, de prouver que tout venait de leur source; et de la part des pythagoriciens, que leur maître avait tout connu?

D'autre part, la circonstance des livres *montrés* par les *prodiciens* ne prouve pas l'identité du *mage* avec le *législateur;* car, outre que les savants Porphyre et Chrysostôme *les* traitent d'*apocryphes*, il est encore possible qu'un mage, entrant en fonctions à cette époque, en ait composé qui seraient devenus le rituel dominant; et, ici, nous touchons à un point historique qui est peut-être le nœud de toute cette question......

Après Cambyse, fils de Kyrus, le mage Smerdis, comme l'on sait, usurpa le trône par une supposition de personne et de nom. Darius avec les autres conjurés l'ayant tué, il s'ensuivit une proscription générale des *mages*, qui furent massacrés dans tout l'empire, et le souvenir de ce massacre resta dans une fête anniversaire appelée *Magophonie :* il est évident qu'après ce massacre, la caste des mages atterrée, fut à la discrétion de Darius, fils d'Hystasp. Si ensuite ce roi se fit honneur d'être appelé *docteur mage*, il trouva donc politique de la relever; mais en la relevant, il aura été le maître des personnes et des choses; il aura nommé les fonctionnaires, le grand-prêtre, les mobeds, etc. ; il aura même introduit les changements qu'il aura voulu dans les rites; et si c'est lui qui, en s'emparant d'une partie du Haut-*Indus*, comme le dit Hérodote, *eut des entretiens avec les brahmes*, comme le dit Ammien Marcellin, il a pu être l'auteur d'une modification qui aura fait époque dans le système zoroastrien : par un procédé semblable à celui d'*Ardéchir*, il aura changé, subrogé, substitué à son gré; alors si, par un cas très-plausible, le grand-prêtre constitué par lui, a porté ou a pris le nom révéré de *Zoroastre*, nous aurons à la fois le *Zaratus* de Pline, le *Zabratas* de Porphyre, et le *Zerdoust*, auquel appartiendrait l'oracle cité au temps d'*Ardéchir* : toujours est-il certain que cet oracle est *apocryphe* (1), plein de contradictions, et qu'il

---

(1) Vers le temps où l'on place cette prophétie, les prêtres chaldéens montraient celle de Nabukodonosor, qui annonçait la ruine de son empire (*voyez* Mégasthènes): les prêtres juifs présentaient à Kyrus une prophétie d'Isaïe, annonçant son élévation avec son *propre nom*; malheureusement nous n'avons pas le manuscrit d'Isaïe: encouragé par ces exemples, le grand-prêtre Iaddus montra aussi au conquérant Alexandre sa venue prédite; enfin le livre de Daniel prédisait aussi (*après Antiochus*) les quatre monarchies, dont celle des Romains fut une.

ne peut convenir au législateur, comme nous l'allons voir. Or, puisqu'il est certain que les mu-

---

Ces siècles furent ceux des *prophéties :* les époques des révolutions sont des paroxysmes de superstition. D'ailleurs l'exposé de Masoudi, ou plutôt des *Parsis,* ses auteurs, est plein de contradictions... *Il y a,* dit-il, *entre Zerdust et Alexandre environ* 300 *ans, parce que Zerdust a paru du temps de Kai-Bistasp* ( Darius Hystasp ); mais entre Darius, élu roi l'an 520, et Alexandre, roi d'Asie en 327, il n'y a que 193 ans, et un *environ* de 107 ans ne peut se permettre... D'Alexandre, mort en 324 avant J.-C., jusqu'à Ardéchir, roi en 226 après J.-C., il y a 550 ans, et Masoudi en compte *environ* 500; autre erreur trop forte. Son calcul de la prophétie est d'ailleurs inintelligible... *L'empire périra au bout de* 300 *ans; la religion avec l'empire, au bout de* 1000... Est-ce 1300 en tout, ou bien seulement 1000? Il prend ce dernier parti. Mais, si au temps d'Ardéchir il y avait 800 ans écoulés, les 100 qu'il voulut ajouter aux 200 restants faisaient 1100, et cependant, en retranchant 300 ans ( moins 10 ), comme il fit, il augmenta de près de 500 ans. Or ces 500, ajoutés aux 800 que l'on disait écoulés, font 1300. La prophétie n'était donc pas de 1000 ans en total, comme le dit Masoudi, mais de 1000 plus 300... En outre, si Zerdust parut, comme il le dit encore, 300 ans avant Alexandre, ce fut donc en 630, au temps de Kyaxar, roi des Mèdes, et de Jérémie, chez les Hébreux. Ici Masoudi, en contradiction avec lui-même, se place au nombre de ses compatriotes qui font Zerdust disciple de Jérémie, trompés peut-être par l'équivoque du nom de ce prophète, avec celui d'*Urmih,* ville natale de Zoroastre. Ce calcul favoriserait l'hypothèse d'un académicien ( l'abbé Foucher ), qui, dans un savant Mémoire ( tome XXVII des Inscript. ), a voulu prouver que Zoroastre, législateur, parut au temps de Kyaxarès; mais nous allons voir que ce système est plein d'incohérences. Cette anecdote d'*Ardéchir,* en nous donnant la mesure de l'ignorance et de l'audace des *gouvernants asiatiques,* ne

sulmans, nés seulement après l'an 622 de notre ère, n'ont pu recevoir que des rabbins juifs toutes leurs fables sur la prétendue éducation de Zoroastre par Élie, par Esdras, par *Jérémie*, par *Ézékiel*, il devient infiniment probable, comme

---

pourrait-elle pas nous donner la clef d'une autre énigme du même genre? savoir pourquoi le texte grec compte depuis la création du monde jusqu'à notre ère............ 5508 ans, tandis que le texte hébreu n'en compte que.... 3760

Différence............. 1.748.

Si, comme il est vrai, c'était une opinion générale dans la basse Asie, 100 ans avant et après notre ère, *que le monde allait finir*; si, comme il est vrai, cette opinion prenait sa source dans la théologie de Zoroastre, qui dit que le monde, gouverné par *Ormuzd*, après avoir duré *6000 ans*, est supplanté et détruit par Ahriman, qui règne *six* autres *mille* (total, 12000, c'est-à-dire les douze mois du grand *cercle* de l'année, appelé *mundus*, le *manda* sanscrit); ne pourrait-on pas croire que les Juifs, imprégnés des opinions perses, ont pu et dû s'effrayer de voir s'approcher la fin du sixième mille, compté sur la Genèse; qu'alors la prudence de leur synagogue aurait jugé nécessaire de faire une suppression qui, comme celle d'Ardéchir, reculât l'*époque du destin*; et que cette opération n'ayant eu lieu qu'après la traduction et la divulgation du texte grec, elle n'aurait agi que sur l'hébreu pur, et qu'elle aurait été effectuée spécialement à une époque où elle aurait pu embarrasser la secte naissante des chrétiens, qui n'usait que du texte grec? Tout cela est tellement asiatique et juif, qu'on peut le regarder comme vrai. Ajoutons que ces *cinq* et *six* mille de Zoroastre, qui n'étaient que des mois, que des signes du Zodiaque chaldaïquement divisés en *mille parties*, pris ensuite par méprise pour des années, doivent être le vrai texte sur lequel Hermippe et Eudoxe ont bâti leur *cinq* et *six mille ans*? Qu'est-ce que l'histoire ancienne!

nous l'avons déja dit, que ces amalgames des noms de Pythagore, de Zaratas-Zoroastre et de *Nazaret*, cru Ézékiel, ont été faits à Alexandrie, sous le règne des Ptolémées, lorsque les pythagoriciens et les Juifs confrontèrent et mêlèrent leurs traditions, leurs raisonnements et leurs explications sans beaucoup de critique, surtout en chronologie. De tout ceci il restera seulement pour faits historiques :

1° Que Pythagore vint et résida à Babylone entre les années 569 et 550, et qu'il put y converser avec des mages et des Juifs, comme avec des prêtres chaldéens;

2° Que le nom de *Zoroastre* ou de *Zardast*, commun chez les Perses (1), comme celui de *Mohammad* chez les Arabes, et celui de *Mosès* chez les Juifs, a occasioné une confusion de per-

---

(1) Clément d'Alexandrie nous en fournit encore une preuve. « *Platon*, dit-il, fait mention d'un certain *Ér* (ou *Hèr*), fils « d'*Armenius*, Pamphilien d'origine, qui est *Zoroastre*; car il « a écrit ces paroles... Voici ce qu'écrit Zoroastre, fils d'Ar- « menius, Pamphilien d'origine : Ayant été tué à la guerre, je « suis descendu aux enfers (ou cieux inférieurs), et les dieux « m'ont dit ce que je vais raconter. »

Il est évident que ce *Hèr* a reçu ou pris le nom de *Zoroastre*, et qu'il a été un de ces charlatans dont l'Asie abonda au temps de *Darius* et d'*Ostanès*. Sa vision, racontée par Platon, livre X de sa République, est d'ailleurs curieuse, en ce qu'elle nous montre des idées zoroastriennes sur l'autre monde, qui se trouvent presque littéralement chez les musulmans et chez les chrétiens.

3.

sonnes, de temps et d'actions, qui a égaré la foule des écrivains.

Après le débat de toutes ces erreurs, il faut, pour arriver à connaître l'époque réelle de *Zoroastre*, fils de *Pourouchasp*, nous adresser aux plus anciens historiens, et à ce titre nous devons d'abord interroger Hérodote.

Dès long-temps l'on a remarqué que son livre n'offrait nulle part le nom de Zoroastre; et ce silence a toujours été une objection très-pénible pour ceux qui ont voulu que ce prophète, plus célèbre en Asie que l'hébreu Moïse, eût été contemporain de Darius, fils d'Hystaspes. En effet, comment concevoir que Zoroastre eût opéré, dans le vaste empire de ce prince, un schisme aussi éclatant que celui de Luther en Europe, sans qu'Hérodote, qui visita l'Asie presque dans le même temps, et qui a décrit la vie de Darius dans le plus grand détail, eût fait la moindre mention d'un homme et d'un événement aussi marquants? Ce premier argument négatif, déja si puissant, est d'ailleurs appuyé d'un second, positif et concluant.... Tous les anciens s'accordent à dire que Zoroastre fut l'auteur et le fondateur du magisme et de la magie, c'est-à-dire de la secte philosophique des *mages*. Or le nom des mages est cité plusieurs fois par Hérodote, et cela avec des circonstances riches en inductions.

« Les mages (dit cet historien) diffèrent beau-

« coup des autres hommes, et particulièrement
« des *prêtres d'Égypte* : ceux-ci ne souillent point
« leurs mains du sang des animaux, et ne font
« périr que ceux qu'ils immolent; les mages, au
« contraire, égorgent de leurs propres mains tout
« animal, excepté l'homme et le chien; ils se font
« même gloire de tuer les fourmis, les serpents
« et tous les reptiles et volatiles (1). »

Voilà bien certainement les mages zoroastriens, définis par leurs rites, et même par leur comparaison, comme *ordre sacerdotal*, aux prêtres égyptiens... Et déjà ils sont *très-anciens, ces mages*, puisque Hérodote ajoute : « Mais laissons ces usa- » ges tels qu'ils ont été *originairement* établis. » Le mot *originairement* nous recule lui seul à des siècles : ce n'est pas tout; le roi mède Astyag, ayant eu un premier songe, consulte (2) *ceux d'entre les mages qui faisaient profession de les expliquer* : les mages étaient les *devins*, les *prophètes*, par conséquent les prêtres des Mèdes, dès avant Kyrus.

Un second songe épouvante Astyag : il mande les *mêmes mages*, et leur réponse est encore plus instructive dans notre question (3).

« Seigneur ( disent-ils *au roi mède* ), la sta-
« bilité et la prospérité de votre règne nous im-

---

(1) Hérodote, lib. I, § CXL.
(2) Lib. I, p. 88, § CVII.
(3) Lib. I, p. 99, § CXX.

« portent beaucoup;..... car enfin si la puissance
« souveraine venait à tomber dans les mains de
« Kyrus, qui est *Perse*, elle passerait à une autre
« *nation ; et les Perses, qui nous regardent comme*
« *des étrangers*, n'auraient pour nous, qui som-
« mes Mèdes, aucune considération ; ils nous *trai-*
« *teraient en esclaves;* au lieu que vous, seigneur,
« qui êtes notre *compatriote*, tant que vous occu-
« perez le trône, vous nous comblerez de gra-
« ces, etc. (1) »

Donc les mages étaient *Mèdes* de nation, et
non pas *Perses*. Donc Zoroastre n'était pas né
*Persan*, comme on le croit vulgairement, mais
*Mède*, ainsi que le disent les Parsis.

Cette concordance entre eux et notre auteur,
en prouvant la justesse de ses informations, met
le fait hors de doute. Ces mots : « *Les Perses nous*
« *traiteraient comme des étrangers* » ( et chez les
anciens, l'étranger, *hostis*, était l'ennemi ); « s'ils
« étaient les maîtres, *ils nous traiteraient en escla-*
« *ves ;* » ces mots indiquent que les Perses avaient
une autre religion que celle des Mèdes. En effet,
la description très-détaillée qu'en donne Héro-

---

(1) En relisant Hérodote, nous trouvons deux autres traits non moins concluants. Liv. III, § LXV, Cambyse mourant conjure les Perses de ne point souffrir que le mage *Smerdis* s'empare du trône, et que par son imposture l'empire retourne aux *Mèdes*..... Et *ibid.*, § LXXIII, le Perse Gobrya, haranguant les conjurés, leur dit : « Quelle honte pour des *Perses* d'obéir
« à un *Mède*, à un *mage !* »

dote (1), ne convient point au *zoroastérisme* ; le traitement que Kyrus veut faire subir à Krésus, serait le sacrilége le plus impie dans ce culte, qui défend, par-dessus toute chose, de *souiller* le feu, en y jetant les corps soit morts, soit vivants. Ainsi, de la part d'Hérodote, tout indique, tout prouve que Zoroastre ne fut point Perse; qu'il ne vécut point au temps de *Darius*, et que sa religion, d'*origine mède*, ne fut introduite chez les Perses que lorsque, par des vues politiques, Kyrus introduisit chez ses sauvages compatriotes tout le système des usages, des mœurs, des lois et du gouvernement des Mèdes amollis et civilisés.

Après Hérodote, ou plutôt avant lui, le premier écrivain grec connu qui ait articulé le nom de *Zoroastre*, n'est pas Platon, comme on l'a dit quelquefois, mais *Xanthus* de *Lydie*, qui, sous le règne de *Darius*, publia, en quatre livres, une histoire de son pays, très-estimée et souvent citée par les anciens. Hérodote, qui ne publia la sienne qu'environ 40 ans plus tard, s'en est beaucoup servi, selon Plutarque ; et nous devons l'en louer, puisqu'en matière de faits, la meilleure méthode de les narrer est d'emprunter le langage du premier témoin ou narrateur, quand on le sait fidèle. Or l'historien Xanthus, selon Dio-

---

(1) § CXXXI.

gène Laërce (1), estimait que, depuis *Zoroastre*, chef des mages, jusqu'à l'arrivée de *Xercès en Grèce*, il s'était écoulé 600 ans ; c'est-à-dire que Zoroastre aurait fleuri 1080 ans avant notre ère, ce qui déjà est une antiquité hors de la portée des chronologies grecques. Mais ce passage de Xanthus n'est pas le seul de cet auteur qui nous soit parvenu ; *Nicolas de Damas*, qui vivait au temps d'*Auguste*, nous a conservé dix pages in-4° de détails curieux sur les rois de Lydie, et il n'a dû les tirer que de Xanthus (2). Parmi ces détails se trouve l'anecdote du bûcher de Krésus, qui nous offre encore le nom de *Zoroastre*. L'historien dit en substance :

« Kyrus fut touché du traitement qui se préparait pour Krésus ; mais les (soldats) Perses insistèrent pour que ce prince fût livré au feu, et ils s'empressèrent de lui dresser un vaste bûcher, où ils firent monter avec lui quatorze des principaux seigneurs de sa cour. Kyrus, pour les dissuader, leur fit lire un oracle de la sibylle ; ils prétendirent qu'il était controuvé, et ils allumèrent le bûcher.... Alors éclatèrent de toutes parts les gémissements des Lydiens.... Cependant un orage qui s'était approché (durant les apprêts assez longs) commence de gronder ;

---

(1) *In Procemio*.
(2) *Valesii excerpta*, pagés 460 et suivantes.

« les nuages s'amoncellent et obscurcissent le ciel.
« Krésus, voyant ce secours d'Apollon, implore
« la faveur du dieu auquel il a offert tant de dons;
« les éclairs redoublent, le tonnerre éclate, la
« pluie tombe à torrents.... Le désordre se met
« dans les rangs des soldats; les chevaux, effrayés
« par la foudre et par les éclairs, augmentent le
« tumulte..... Alors une terreur (religieuse) s'em-
« pare des *Perses*. Ils se rappellent l'oracle de la
« sibylle et ceux de *Zoroastre* : ils crient de tou-
« tes parts que l'on sauve Krésus; et c'est à cette
« occasion que les Perses ont établi en loi, con-
« *formément aux oracles de Zoroastre*, que les ca-
« davres ne seraient plus brûlés, ni le feu souillé
« par eux, ce qui ayant déja eu lieu par d'*an-
« ciennes institutions*, fut alors rétabli et con-
« firmé. »

Dans ce récit nous voyons, 1° qu'à cette époque les Perses n'avaient point encore la religion
de Zoroastre, et c'est ce qu'indique Hérodote;
2° qu'en appelant *ancienne institution* le culte du
feu qui caractérise cette religion, l'antiquité de
Zoroastre est également énoncée. Quant à ce que
*ces institutions* auraient eu lieu jadis chez eux, il
est probable que, sous l'empire des Assyriens et
des Mèdes, quelques tribus, quelques familles
auront imité la religion de leurs voisins et maîtres, comme il arriva aux Juifs, chez lesquels, au
temps d'Achab, s'introduisirent les rites assy-

riens. Mais la masse de la nation ne fut point zoroastrienne; l'obstination des soldats perses à brûler Krésus, c'est-à-dire, à en faire un sacrifice à la manière des Phéniciens, des Indiens et des Keltes, en est une démonstration complète : l'on doit donc regarder comme un fait positif cette remarque de Xanthus, *que ce fut l'incident merveilleux de l'orage éteignant le bûcher de Krésus, qui opéra la conversion des Perses au zoroastérisme*, comme la victoire de Tolbiac convertit au christianisme les Francs de Clovis (1).

De tout ce que nous venons de voir, il résulte que, même au temps de Xanthus et d'Hérodote, c'est-à-dire, près de 500 ans avant notre ère, l'époque de Zoroastre était déjà enveloppée des nuages de l'antiquité. Nous n'insistons pas sur les 600 ans donnés par Xanthus, parce que cette date n'est suivie d'aucune preuve, et que le savant Athénée en conteste la citation; mais nous avons le droit d'en conclure que si dès lors les idées n'étaient pas plus claires sur ce fait que sur la guerre de Troie et sur l'époque d'Homère, il ne faut pas s'étonner qu'elles soient devenues plus obscures dans les siècles suivants, et surtout dans les premiers de

---

(1) Xanthus, au début de son article, observe que Kyrus s'était fait *instruire de la doctrine des mages :* donc il n'y était pas né; il les caressait pour se faire un parti chez les Mèdes.

notre ère, où les écrivains en général furent moins érudits et néanmoins plus tranchants.

Voyons si, en continuant nos recherches, nous ne parviendrons pas à découvrir quelque témoignage positif sur l'époque de Zoroastre.

Nous devions l'attendre de Ktésias ; mais ses extraits en Photius et Diodore ne font pas mention de ce nom, et l'on ne sait s'il faut lui attribuer ce qu'en un autre endroit Diodore dit de *Zathraustes*, inventeur du *dogme du bon génie* chez les Arimaspes ; toujours est-il vrai que le dogme convient, et que ce nom de *Zathraustes* correspond assez à *Zérétastré*, qui, selon Anquetil, doit avoir été le nom zend de Zoroastre.

Après Ktésias, le chaldéen Bérose a eu plus de moyens que personne d'éclaircir la question ; mais, soit inimitié de secte, soit défaut d'occasions, ses fragments ne nous apprennent rien. Il faut descendre jusqu'au temps de Pompée pour trouver une phrase riche d'instruction, malgré sa brièveté : nous la devons à Justin (1), abréviateur de *Trogus*, qui accompagna en Asie le général romain.

« Ninus (dit-il), ayant subjugué tout l'Orient,
« eut une dernière guerre avec Zoroastre, *roi des*
« *Bactriens*, que l'on dit avoir le premier *inventé*
« les pratiques des mages, et avoir profondément
« étudié les mouvements des astres et les princi-

---

(1) Lib. I, cap. 1.

« pes moteurs de l'univers. Ninus, l'ayant mis à
« mort, mourut lui-même, et laissa son trône à sa
« femme Sémiramis, et à son fils Ninias, encore
« jeune (1). »

Ce passage est d'autant plus précieux, que son auteur, *Trogus*, avait voyagé en Médie et en Assyrie à la suite de Pompée, et qu'il put y consulter les monuments et les traditions du pays. *Zoroastre, roi de Bactriane*, est une circonstance désavouée des Parsis, et contredite par Ktésias, qui dit que le roi de Bactriane attaqué par Ninus se nommait *Oxuartès*; à la vérité, ce nom paraît être générique, puisque, en le décomposant, on l'explique *roi de l'Oxus*. Mais, outre l'accord que cette circonstance forme avec le récit des Parsis, en laissant croire que le nom propre de ce roi put être *Kestasp*, cette guerre elle-même d'un prince étranger contre la Bactriane, le rôle important et presque royal que Zoroastre y joue, sa mort qui y arriva selon la plupart des Orientaux modernes, sont autant d'accessoires qui, par leur ressemblance, constatent le fait fondamental, savoir, que *Zoroastre vécut au temps de Ninus* : et si l'on remarque qu'aucune chronique grecque

---

(1) Ce qu'Augustin, *De civitate Dei*, lib. XXI, cap. 14; ce qu'Orose, lib. I, cap. 4, dans le Ve siècle; et ce qu'Arnobe, lib. I, dans le IIIe siècle, disent de Zoroastre et de Ninus, ne sont que la répétition de ce passage.

n'a pu remonter d'un fil continu jusqu'au temps d'Homère et de Lycurgue; que dès le siècle d'Alexandre, les idées étaient obscures sur Pythagore, sur Thalès, sur Solon, l'on concevra qu'Hérodote et Xanthus ont pu être embarrassés sur le temps infiniment plus reculé de Zoroastre.

Au témoignage de Trogus, vient se joindre celui de *Képhalion* (vers l'an 115 de notre ère), dont les recherches profondes et variées en chronologie sont fréquemment citées par Eusèbe et par le Syncelle. Ce dernier nous a conservé un trait qui s'encadre très-bien ici :

« Jadis, selon Képhalion, régnèrent les Assy-
« riens, à qui commanda Ninus... Puis cet auteur
« illustre joint la naissance de Sémiramis et du
« mage Zoroastre ; il parcourt les 52 années du rè-
« gne de Ninus... etc. (1). »

Voilà donc encore Zoroastre contemporain de Ninus, puisqu'il l'est de son épouse Sémiramis : et Képhalion ne se bornait pas là; car l'Arménien *Moïse de Chorène*, qui eut en main son ouvrage, le censure, *pour avoir placé immédiatement après l'avénement de Sémiramis, la guerre que cette reine ne fit à Zoroastre qu'après son retour des Indes*, et pour avoir dit que Zoroastre y succomba, tandis que ce fut elle qui y périt.

Le livre de Moïse de Chorène n'ayant été publié

---

(1) Syncelle, p. 167.

qu'en 1736, les chronologistes antérieurs à cette date ont été privés de cette citation importante ; et comme tout le fragment contient des détails précieux et décisifs sur la question qui nous occupe, le lecteur les verra avec d'autant plus de plaisir, que ce livre n'est pas très-commun.

Après avoir rapporté, conformément au livre chaldéen d'Alexandre, les guerres mythologiques de Haïk et de Bélus, Moïse de Chorène arrive à des guerres réellement historiques, et sa transition se marque par quelques observations dont la substance mérite d'être citée.

« A l'égard des conquêtes nombreuses, dit-il,
« qui signalèrent le règne d'Aram, principal fon-
« dateur de notre état, si elles ne se trouvent pas
« dans les archives publiques des temples ou des
« rois, ce n'est pas une raison d'en douter; car ou-
« tre qu'elles ont précédé l'époque de Ninus, et
« qu'elles sont arrivées dans des temps où l'on ne
« croyait pas nécessaire d'écrire ce qui se passait
« hors du pays et chez les étrangers; Mar-Ibas nous
« apprend encore que ces récits ont été faits par
« des particuliers anonymes, dont les Mémoires
« furent joints aux archives royales, et il ajoute
« que si l'on a perdu le souvenir de beaucoup de
« choses, *c'est parce que Ninus, enflé d'or-*
« *gueil* (1) *et avide de célébrité, fit brûler beau-*

---

(1) Chap. 13, p. 40.

« *coup de livres et d'histoires des temps qui l'a-*
« *vaient précédé, afin qu'on ne parlât que de lui*
« *et de son règne* (1).

« Or Aram laissa un fils appelé *Araï* (2), qui,
« lui ayant succédé peu de temps avant la mort de
« Ninus, obtint de ce monarque la même faveur
« qu'avait obtenue son père [ c'est-à-dire celle
« d'être confirmé dans sa principauté à titre de
« vassal, de porter un bandeau orné de perles, et
« d'être le second personnage de l'empire (3) ]».

Moïse de Chorène raconte ensuite comment,
après la mort de Ninus, Sémiramis, éprise de la
beauté d'Araï, voulut en faire son amant et même
son époux. Le prince arménien s'y étant refusé,
l'Assyrienne lui fit la guerre, et battit son armée
dans la plaine qui *reçut alors le nom d'Ararat.*
Le corps d'Araï, tué dans le combat, tomba aux
mains de Sémiramis, qui d'abord, pour calmer les
Arméniens, fit courir le bruit que ses dieux et ses
*magiciens* ( ou prophètes) l'avaient ressuscité pour
satisfaire ses désirs ; puis elle attaqua tout le pays,
et le subjugua. L'historien ajoute que, charmée
de la beauté du climat, bien plus tempéré que
celui de Ninive, cette reine bâtit une ville, un
palais et des jardins délicieux près du lac de *Vanck*

---

(1) *Érostrate* brûla aussi le temple d'Éphèse pour qu'on *parlât* de lui : d'Érostrate à Ninus, quelle est la différence ?
(2) Chap. 14.
(3) *Ibid.* pag. 37.

( et en effet les anciens géographes placent dans ce local *Semiramo Kerta,* la ville de Sémiramis ). Mosès décrit l'aspect général du pays, le site particulier du lieu, sa disposition variée en collines, vallons et prairies, etc.; ses ruisseaux d'eaux vives et douces, et la chaussée dispendieuse qui fut construite pour former un lac charmant; il spécifie et le nombre des ouvriers employés à ces travaux, lequel fut de 42,000, et les constructions et les distributions, et les genres d'ornements; tout cela avec des détails qui prouvent que le livre chaldéen d'Alexandre fut composé sur des documents officiels (1).

Moïse de Chorène continue : « Alors que Sémi-
« ramis se fut fait cette habitation délicieuse, elle
« prit l'habitude d'y venir passer l'été. Elle confia
« le gouvernement de Ninive et de l'Assyrie *au*
« *mage Zerdust* (2), *prince des Mèdes;* elle finit

---

(1) La preuve que Mosès n'a pas fait un roman, est qu'ayant présenté sa description à M. Amédée Jaubert, aujourd'hui auditeur au conseil-d'état, qui a voyagé dans le pays, il nous a assuré, dès la seconde page, qu'il reconnaissait parfaitement les environs du lac de *Vanck*, et particulièrement le local appelé *Arnès*, lieu redouté à cause des voleurs qui s'y cachent dans les trous d'une ruine dont la forme retrace une vieille digue.

(2) La traduction latine porte Zoroastre à la manière des Grecs; mais le texte porte *Zerdust* à la manière des Parsis. Les traducteurs ne devraient jamais se permettre ces changements de noms propres : il en résulte quelquefois de graves contre-sens; par exemple, cette même traduction rend à la

« même par lui laisser l'administration de tout l'em-
« pire...... La vie dissolue qu'elle menait lui ayant
« attiré des reproches de la part des enfants de
« Ninus, elle les fit tous périr, excepté Ninyas;
« mais par la suite Zerdust manqua à sa confiance,
« et comme il voulut se rendre indépendant, Sé-
« miramis lui fit une guerre dont les suites, deve-
« nues très-graves, la contraignirent à fuir devant
« lui en Arménie, où son fils Ninyas la fit mettre
« à mort. Ceci, ajoute Moïse de Chorène, me rap-
« pelle le récit de Képhalion, *qui, comme bien
« d'autres*, place après l'avénement de Sémiramis
« au trône, d'abord sa guerre contre Zoroastre,
« guerre dans laquelle il prétend qu'elle fut victo-
« rieuse, puis son expédition aux Indes. Mais je
« regarde comme bien plus certain ce que Mar-
« Ibas rapporte, d'après *les livres chaldéens;* car
« il explique avec ordre et clarté les événements
« et les causes de cette guerre; et ce savant Syrien
« a en sa faveur nos traditions populaires, qui, en
« récitant la mort de Sémiramis, disent, dans leurs
« chansons, que cette reine fut obligée de fuir à
« pied; que, dévorée de soif, elle demanda un peu
« d'eau dont elle but, et que, se voyant approchée

---

page 97, le pays de *Klesoi* par *Cœlésyrie*, pendant que c'est l'*Akilis-ène* de Strabon. Avec ces interprétations, on a introduit une foule d'erreurs et de difficultés dans l'histoire ancienne.

« par les soldats, elle jeta son collier dans *la mer*.(1),
« d'où est venu le proverbe : *Jeter les joyaux de*
« *Sémiramis à l'eau.* »

Après des détails aussi précis, provenus d'une source aussi authentique, il ne peut rester de doute sur l'époque de Zoroastre; et si nous comparons les faits divers qui nous sont fournis, tant par les Parsis que par les historiens grecs, et par le livre chaldéen d'Alexandre, nous pouvons tracer de la vie de ce législateur, un tableau plus probable que tout ce que l'on en a écrit jusqu'ici.

## § III.

### Vie de Zoroastre.

Selon Hérodote et selon les Parsis, Zoroastre naquit *Mède*. Ceux qui l'ont cru *Bactrien* furent induits en erreur par le théâtre de sa mission; comme ceux qui l'ont dit *Perse* l'ont été par la prédominance du peuple qui fit le plus connaître

---

(1) Les Arméniens, comme les Arabes, nomment d'un même mot tout grand espace d'eau : cette mer est le lac de *Vank*. En Égypte, le fleuve s'appelle *Bahr*, comme l'Océan même. Tout ce récit de Mosès a cela de remarquable, qu'en le confrontant à celui de Ktésias, l'on trouve que le Grec nous a donné le commencement de l'histoire de Sémiramis, et l'Arménien, le dénouement; tous les deux sont parfaitement d'accord sur le caractère. Et Mosès paraît n'avoir connu Ktésias que par Diodore.

sa religion. A l'époque de sa mission, entre les années 1220 et 1200, le vaste pays qui depuis a composé l'empire des Perses était partagé entre plusieurs nations indépendantes et ennemies.

1° La nation *mède*, composée de six peuples ou tribus (1), occupait les pays actuellement nommés *Aderbibjan*, *Djebál*, et *Iráq-Adjami*, ayant pour limites, au nord, le fleuve *Araxes*; au midi, la chaîne des monts *Élyméens*, aujourd'hui *Louristan*; et à l'est, celle de l'ancien *Zagros*, bornant les plaines assyriennes du Tigre.

2° La nation Perse, composée d'un grand nombre de tribus, dont Hérodote nomme jusqu'à onze, les unes sédentaires, livrées à la culture; les autres vagabondes, nourrissant des troupeaux; toutes sauvages et guerrières : cette nation s'étendait depuis les monts Élyméens, au nord, jusqu'au golfe Persique, à l'ouest et au midi.

3° Le *Khorasan* actuel était habité par les *Bactriens*, autre race, partie agricole, partie nomade, qui semble être d'origine scythique, et qui forma un état puissant et très-anciennement civilisé.

4° Le *Mazanderan* et le *Ghilan* avaient encore d'autres peuples indépendants, cités comme féroces, tels que les *Marses*, les *Gelæ* et les *Caddusii*, qui occupaient les montagnes jusqu'au lac *Ourmi*.

---

(1) Hérodote, lib. I, § ci, nomme les *Busi*, le *Pareta keni*, les *Struchates*, les *Arizanti*, les *Boudini* et les *Magoi* (mages).

4.

5° Enfin le *Kurdistan* propre, d'où le Tigre et le Zàb tirent leurs sources, avec le pays de *Sennaar* ou *Sindjar*, était le patrimoine des Assyriens divisés en tribus, dont l'une, celle des *Chaldéens*, jouait chez eux le même rôle sacerdotal que les lévites chez les Hébreux, que les brahmes chez les Indiens, et que les mages chez les Mèdes. Ninus fut le premier qui soumit tous ces peuples à un même joug, et qui en composa un corps politique, dont le temps amalgama peu à peu et identifia les parties. Depuis ce conquérant, le pays compris entre le *Tigre* et l'*Indus* ayant presque toujours formé un même empire, sous l'influence d'un même pouvoir et d'un même langage, les habitudes de cette réunion, en faisant perdre de vue l'ancien état de choses, ont induit les écrivains orientaux en une foule de méprises géographiques; et comme ils n'ont plus compris le vrai sens des anciennes descriptions, ils ont fait de vicieuses interprétations des noms, et ont fini par défigurer totalement l'histoire. Par exemple, le nom d'*Aïr-an* (1) ne désigna d'abord que la *Médie* propre, appelée *Aria* dans Hérodote, *Ériané* dans les livres parsis; mais par la suite, et probablement sous les rois

---

(1) Prononcé Irâne ou Èrane: *an* est la désinence, comme *us* en latin et *os* en grec. Aïr-an. L'Arménien Mosès fait observer que Arioï signifie (fortes) les *braves*, mot analogue à *virtus* (*firtus*) et à *vir*, qui dans le sanscrit ont le même sens qu'en latin.

mèdes, ce nom ayant été attribué à tout leur empire, ses habitants n'ont plus su à qui appartenait le nom de *Tour-an;* et parce qu'ils ont trouvé le *Tourk-estan* à l'est de la mer Caspienne, ils ont placé là le royaume de *Tour*, qui était réellement à l'ouest, et se composait de tout le pays montueux du *Taur-us* (1), et spécialement de l'*Atouria* des Grecs, c'est-à-dire que l'ancienne division était la *plaine* (*Aïr-an*), et la montagne (*Tour-an*) : aussi est-il échappé aux écrivains persans de conserver, comme malgré eux, cette circonstance, *que des possessions d'Ardjasp se trouvaient au couchant de la Caspeinne;* elles y étaient toutes, par la raison qu'*Ardjasp, roi de Tour-an*, ne fut autre que *Ninus*, roi de l'*Atouria* et de tout le *Taurus*. Lorsque ce prince eut subjugué la Médie et crucifié son roi *Pharnus*, le mède Zoroastre put avoir des raisons de quitter sa patrie, traitée avec la dureté qui caractérise les anciens temps. Peut-être fut-ce à cette époque et à cette occasion qu'il se réfugia dans l'*antre* que nous décrit Porphyre, d'après Eubulus. (Il devait, selon nos calculs, avoir alors 30 à 31 ans.)

« Nous lisons dans Eubulus que Zoroastre fut
« le premier qui, ayant choisi dans les montagnes

---

(1) *Tour* et *Taur* s'écrivent par les mêmes lettres arabes, et dans les radicaux du phénicien et du chaldéen, *Tour* et *Tsour* sont le nom général des montagnes.

« voisines de la Perse, une caverne agréablement
« située, la consacra à *Mithra*, créateur et père de
« toutes choses; c'est-à-dire qu'il partagea cet antre
« en divisions géométriques figurant les climats et
« les éléments, et qu'il imita en partie l'ordre et la
« disposition de l'univers par Mithra. De là est venu
« l'usage de consacrer les antres à la célébration des
« mystères, et de là l'idée de Pythagore et de Platon,
« d'appeler le monde *un antre*, *une caverne*. (Por-
« phyrius, *de Antro nympharum*.) »

C'est-à-dire que Zoroastre se composa une grande sphère armillaire en relief, pour mieux étudier les mouvements des astres, et connaître le mécanisme du monde, comme l'a dit Justin.

« Ce fut d'après ce modèle que les Perses, au
« rapport de Celse (1), représentaient, dans les céré-
« monies de Mithra, le double mouvement des étoi-
« les fixes et des planètes, avec le passage des ames
« dans les cercles ou sphères célestes... Pour figurer
« les propriétés ou attributs des planètes, ils mon-
« traient une échelle le long de laquelle il y avait
« 7 portes, puis une 8$^e$ à l'extrémité supérieure. La
« 1$^{re}$, en plomb, marquait *Saturne*; la 2$^e$, en
« étain, *Vénus*; la 3$^e$, en cuivre, *Jupiter*; la 4$^e$, en
« fer, *Mars*; la 5$^e$, en métaux divers, *Mercure*;

---

(1) *Voyez* Origène contre Celse, lib. VI; Vie de Zoroastre, pag. 28; Zend-avesta, tom. II.

« la 6ᵉ, en argent, la *Lune*; la 7ᵉ, en or, le *Soleil*
« (puis le ciel empyrée). »

Sans doute voilà l'échelle du songe de Jacob;
mais toutes ces idées et allégories égyptiennes et
chaldéennes ayant existé bien des siècles avant
Abraham et Jacob, l'on n'en peut rien conclure
pour et contre l'antériorité de la Genèse, relativement à Zoroastre.

Ce fragment précieux nous prouve que la théologie de ce chef de secte, semblable à celle des
Égyptiens et des Chaldéens, et généralement de
tous les anciens, ne fut, comme le disent Plutarque et Chérémon, *que l'étude de la nature et de ses
principes moteurs dans les corps célestes et terrestres:*
si, comme le dit Pline, Zoroastre passa *vingt ans*
dans cette grotte; et s'il y entra à l'âge de 30 ans,
comme le disent les Parsis, il dut arriver en Bactriane vers l'âge de 50 ans, et cette date coïncide-
rait avec la seconde attaque de Ninus; mais, ainsi
que nous l'avons dit, l'on ne peut guère compter
sur l'exactitude de ces données. Le choix qu'il
fit de ce pays s'expliquerait bien par l'aversion
qu'il dut porter à Ninus, et par le caractère dési-
reux de nouveautés qu'Ammien et Lactance donnent au roi de Bactriane. Cette contrée, extrêmement fertile, formait alors un royaume puissant
qui, par son heureuse position, touchant à l'Inde,
à la mer Caspienne, et à tout le nord de l'Asie,
était l'entrepôt naturel de cet ancien commerce,

au sujet duquel Pline nous dit que *jadis les marchandises de l'Inde remontaient par le fleuve Indus*, se versaient dans l'Oxus, et de là, par la Caspienne, dans tout le nord de l'Europe et de l'Asie. L'or des mines de Sibérie venait s'y échanger contre les produits de l'Inde et de l'Asie occidentale; et de là l'extrême abondance de ce métal, jusqu'au temps d'Hérodote, chez les *Massagètes* et les Bactriens. Cet état d'opulence, qui dut être un motif d'attrait et de cupidité pour Ninus, put n'être pas indifférent à l'ambitieux Zoroastre.

La vie monacale du père d'*Hystasp*, sa tête rasée, ses abstinences, ses mortifications, sont l'exacte copie des pratiques des brahmes et de plusieurs rois dont fait mention le livre *Oupnekhat* à pareille époque (1). Le récit que nous font les livres perses, de la multitude et de la puissance des *devins* ou *magiciens* de ce temps-là, et des *miracles* opérés par eux et par Zoroastre, encore qu'il soit un conte oriental dans ses circonstances, n'est pas une fable absolue au fond...... Il correspond à ce que nous disent les livres hébreux des enchanteurs égyptiens, de leurs miracles et de ceux de Moïse devant Pharaon, deux siècles

---

(1) L'original de l'*Oupnekhat*, si bizarrement traduit ou plutôt défiguré par Anquetil, est bien reconnu pour être l'un des livres les plus authentiques après les Vedas : il date au moins de 1200 ans avant J.-C.

avant Zoroastre. C'était là le règne de ce qu'on a depuis appelé *magie*, ou l'art d'opérer des *prodiges*, et ces prodiges n'étaient pas tous de pures fables ou illusions.

Au sein des peuples agricoles, composés de paysans grossiers et de guerriers féroces, s'étaient formées des corporations d'hommes studieux, livrés par état à l'observation des astres et des influences célestes qui régissent les moissons. Bientôt ils avaient pu prédire les *éclipses*, ce phénomène solennel qui en impose si puissamment à la multitude; dès lors, appelés avec raison *prédiseurs*, *prophètes*, *devins*, ces hommes furent considérés comme les confidents des intelligences célestes..... Le hasard d'abord, puis des expériences méditées, leur ayant fait découvrir des opérations singulières, physiques et chimiques, ils en usèrent habilement pour augmenter leur crédit; ils firent entendre des voix là où il n'y avait point de bouche, apercevoir des objets là où la main ne trouvait point de corps; ils allumèrent des feux spontanés, par des pyrophores et des phosphores; en un mot, ils opérèrent des prestiges de fantasmagorie, d'optique, d'acoustique, qui aujourd'hui, quoique divulgués et connus, nous causent encore de la surprise; et ils furent regardés comme des *ministres* de la *divinité* : et parce que ces secrets, couverts d'un mystère profond, ne furent possédés que par certaines familles, dont ils assuraient l'existence et le pouvoir, ils purent se transmettre, subsister, et périr avec leurs dépositaires, sans que la multitude en ait jamais connu l'artifice. Ainsi, nous dit-on, Zoroastre fit verser sur son corps de l'airain fondu, pour convaincre Kestasp : et de nos jours, nous avons vu un Espagnol se faire arroser d'huile bouillante. La limite de ces prodiges n'est pas si facile à tracer qu'on le croirait d'abord; nous avons déjà remarqué que le nom de *Kaldéens*, *Kasd*, signifie proprement *devins;* il paraît que ce fut spécialement contre eux qu'eut à lutter Zoroastre. L'anecdote du brahme *Tchengregatchah*, qui vint de l'Inde pour le réfuter, nous prouve, d'autre part, l'existence déjà ancienne du *brahmisme;* par conséquent le dogme trinitaire des Védas précéda le *dualisme* de Zoroastre : et Cléarque, cité par Diogène Laërce (*in Proœmio*), ne fut pas bien instruit, lorsqu'il dit que les *gymnosophistes dérivaient des mages;* cela est inexact, même à l'égard des *boudhistes :* mais ceux-là eurent raison qui, selon le même Diogène, soutenaient que la philosophie des Juifs venait de celle des mages; car il est bien certain que, depuis la captivité de Babylone, ce fut à cette source que les Juifs puisèrent tout ce que l'on trouve dans leurs livres, sur le *Dieu de lumière* (Ormusd), sur l'*ennemi Satan*, qui est *Ahrimanes*, sur les anges, *sur la résurrection en corps et en ame*, etc., tous dogmes zoroastriens, dont on ne trouve pas une seule trace dans les livres de Salomon, de David, ni dans les lois de Moïse : la seule analogie qui existe entre la théologie de ce dernier et celle de Zoroastre, est 1° d'avoir proscrit toute image de la divinité, *tout culte d'idoles*, ce qui a préparé la réunion de leurs sectateurs, et marqué leur schisme avec les *Sabiens*, ou *idolâtres;* 2° de la part de Moïse, d'avoir représenté *Dieu* par le *feu*, tandis que le Mède le représente par la *lumière;* ce qui, dans l'un et l'autre cas, appartient à l'opinion bien plus ancienne, *que l'élément du feu était le principe de tout mouvement, de toute vie, la source incorruptible de toute existence;* aussi le nom de *Iehou*, que donna Moïse à ce principe, signifie-t-il réellement *l'existence* et *ce qui est* (Ego sum qui sum), et cela dans l'idiome sanscrit comme dans l'hébraïque : le *Iou* (*piter*), ou *Pater* des anciens Grecs et Pélasgues, dont nous trouvons le culte dès long-temps avant Abraham, prouve que cette doctrine indienne et égyptienne est de la plus haute antiquité. Sous ce rapport le docte Aristote a eu raison de dire que *Iou* était *Oromaze*, et que Pluton était *Ahrimane* (1). Tout cela indique que la plupart des dogmes de Zoroastre existaient déjà avant lui, et que, selon l'usage de presque tous les novateurs, il ne fit qu'une nou-

---

(1) *Voyez* Diog. Laërce, *in Procemio.* Mais lorsqu'il ajoute que les mages sont antérieurs aux Égyptiens, il est en erreur et il copie Hermippe et Eudoxe.

velle combinaison (comme a fait Mahomet). Il n'est pas du ressort d'une chronologie d'exposer un système religieux aussi compliqué que celui de Zoroastre ; il nous suffira d'observer que Thomas Hyde, plein de partialité pour les *Guèbres*, n'a fait qu'embrouiller ce sujet. Pour le bien traiter, il eût fallu, avec son érudition, y porter l'esprit ferme et libre de Hume ou de Gibbon. La doctrine des modernes Parsis, modifiée à différentes époques depuis Kyrus, n'est pas une image parfaite de l'ancienne ; plusieurs traits cités par Plutarque (1) et

---

(1) Le passage suivant de son Traité sur *Isis* et *Osiris* est surtout remarquable :

« Il est des hommes qui croient qu'il existe deux dieux, « dont le caractère opposé se plaît à faire l'un le bien, l'autre « le mal. Zoroastre les a nommés *Oromaze* et *Ahrimane*. Il a « dit que la lumière est ce qui représente le mieux l'un, comme « les ténèbres et l'ignorance représentent le mieux l'autre. Les « Perses disent qu'*Oromaze* fut formé de la lumière la plus « pure ; *Ahrimane*, au contraire, des *ténèbres* les plus épaisses : « Oromaze fit six dieux bons comme lui, et Ahrimane en op- « posa six méchants. Oromaze en fit encore vingt-quatre au- « tres, qu'il plaça dans un *œuf* ; mais Ahrimane en créa autant, « qui percèrent l'*œuf*, ce qui a produit dans le *monde* le mé- « lange des biens et des maux. »

Théopompe ajoute, d'après les livres des mages, « que tour « à tour l'un de ces dieux *domine* ( est *supérieur* ) trois *mille* « ans, pendant que l'autre est *inférieur* ; qu'ensuite ils com- « battent avec égalité pendant trois autres *mille* ans... mais « enfin le mauvais génie doit succomber, etc. »

En réduisant ces allégories à leur sens naturel et simple, il en résulte que Zoroastre, d'après ses méditations physico-astronomiques, considérait le monde ou l'univers, comme régi

par d'autres auteurs grecs, ne s'y retrouvent plus;
l'on n'aperçoit entre autres dans toute la compilation d'Anquetil, qu'une seule phrase sur le dogme
*du temps sans bornes*, et cette phrase en dit moins
que celle de Théodore de Mopsueste, toute tronquée qu'elle est par Photius (1).

« Théodore explique dans son premier livre sur
« la *magie perse*, le dogme infame de Zarasdes
« touchant *Zarouan, principe* de toutes choses,
« appelé *fortune* (ou *hasard*). Théodore rapporte
« comment *Zarouan*, en faisant une libation
« (priapique), engendra *Ormisdà* et *Satan* (Ahri-

---

par deux principes ou pouvoirs, l'un de *production*, l'autre
de *destruction;* que le premier gouvernait pendant les six
*mille*, c'est-à-dire pendant les six *mois* d'été, depuis l'équinoxe du Belier jusqu'à celui de la Balance; et le second pendant les six *mille* ou six *mois* d'hiver, depuis la Balance jusqu'au Belier. Cette division de chaque signe du Zodiaque en
1000 parties, se retrouve chez les *Chaldéens;* et Anquetil,
qui a si bien saisi l'allégorie, parle en plus d'un endroit des
douze *mille* de Zoroastre, comme des douze *mois* de l'année.

L'*œuf* est, comme l'on sait, l'emblème du *monde* chez les
Égyptiens; les vingt-quatre dieux *bons* sont les douze mois
divisés par *quinzaines* de lune croissante et de lune décrois-
sante, dont l'usage se retrouve chez les Indiens comme chez
les Romains; ainsi du reste: c'est-à-dire que tout le système
zoroastrien ne fut que de l'astronomie et de l'astrologie,
comme tous les systèmes anciens; et qu'ensuite, défiguré par
ses sectaires, qui ne l'entendirent pas, il reçut un sens mys-
tique moral et des applications politiques qui ont eu, en plusieurs occasions, et spécialement chez les Juifs, des conséquences singulières, puisqu'un nouveau système en naquit.

(1) Page 199, édit. de Rouen, 1653.

« man ) : il parle aussi du mélange de leur sang,
« et réfute tout ce dogme très-obscène. »

Ceci a un rapport évident avec les *idées anciennes* sur la *fécondation*, ou création annuelle, figurée par le *Phallus*, dans le tableau du sacrifice de Mithra; (1) en même temps que, sous un autre aspect, c'est aussi le mystère de la création première, ou *extraction* du chaos, par le grand agent des *anciens*, le *fatum*, la *fatalité*, le *hasard*, qui est aussi l'*éternel*, l'*ancien des jours*. Le mot persan *hazarouan* a lui-même ce sens, puisqu'il désigne des *millions d'années*. C'est de ce dogme que les Valentiniens tirèrent leurs *aïons*, ou *toujours vivants*; et ce mot grec *aïôn* est l'*Aïum*, l'*Aeuum* des anciens Latins, qui l'ont tiré du sanscrit AUM. Ici nous avons, pour la première fois, la valeur véritable de ce mot indou si mystérieux, dont la méditation doit absorber toutes les facultés de l'ame; et en effet, quel sujet plus absorbant que l'éternité! Ce n'est pas le seul point de contact que le système de Zoroastre ait eu avec le brahmisme. Ses deux principes ne sont au fond qu'une simplification de la trinité indienne; et il a eu un avantage véritable à soutenir que tout *pouvoir*, toute *action* consistait à produire et à détruire; que par conséquent l'intermédiaire introduit par les brahmes, comme *conservateur*, sous

---

(1) *Voyez* Dupuis, Origine de tous les cultes, pl. n° 17.

le nom de *Vishnou*, était imaginaire, puisqu'il n'y a point de véritable stase entre *croître* et *décroître*, *augmenter* et *diminuer*.

Ce furent toutes les analogies de ce genre avec les idées déja existantes, qui préparèrent les esprits à l'admission de la nouvelle religion. Peut-être le roi des Bactriens y trouva-t-il encore l'avantage politique, en se donnant un système particulier, de se soustraire à quelque influence, à quelque suprématie exercée sur les prêtres de son pays, par ceux de Ninus. Quant à l'identité d'*Ardjasp* et de *Ninus*, d'Hystasp et de l'*Oxuartes* de Ktésias, elle résulte de la ressemblance de leurs actions:

« Ninus attaque une première fois *Oxuartes*,
« c'est-à-dire *le roi de l'Oxus, résidant à Bactre;*
« il est repoussé par une armée de guerriers vail-
« lants (1). »

« Arjasp, roi d'un pays à l'ouest de la Caspienne,
« attaque Gustasp résidant à Balk; il est battu et
« forcé de se retirer. »

« Ninus, après quelques années de repos, pen-
« dant lesquelles il fonde Ninive, revient contre
« Bactre. Cette ville est prise, son roi tué, et l'on
« n'entend plus parler de la Bactriane que comme
« d'une *satrapie* sous Asar-adan-pal. »

---

(1) *Voyez* le fragment de Ktésias en Diodore, lib. II, p. 118.

« Ardjasp, après quelques années, revient sur-
« prendre Balk, et le roi Lohrasp est tué. »

Les Orientaux continuent la vie de Gustasp, et
le font régner à *Estakar,* dans la Perse propre ;
mais les anciens Grecs nous assurent que *Estakar,*
qui est Persépolis, doit, comme Pasargade, sa
fondation à Kyrus (1); et les Parsis alors ont confondu Kestasp avec *Darius Hystasp,* qui réellement embellit *Estakar,* comme il est prouvé par
les inscriptions de cette ville. Sans doute Zoroastre se déroba au vainqueur, puisque ensuite on le
voit reparaître à la cour de Sémiramis ; et la persécution qu'il avait essuyée de la part de Ninus,
put lui devenir un titre de faveur près de cette
femme, *assassin* de son mari. L'histoire ne nous
apprend pas ce que devint Zoroastre sous le règne de Ninyas dont il fut le complice; et nous
n'avons point de conjectures à avancer sans soutien. Il nous suffit d'observer que l'origine de sa
religion, à cette époque, résout toutes les difficultés chronologiques, qui jusqu'à ce jour l'ont
embarrassée. L'on ne saurait, dans le système
d'Hérodote, y opposer la mention que fait la Genèse de *l'arbre de la science du bien et du mal,*
et du serpent d'Ève, qui, par une allusion manifeste au nom d'*Ahrim-an* (appelé dans les livres

---

(1) *Voyez* Diodore de Sicile, lib. I ; *Stephanus, de Urbibus,
et Strabo.*

parsis la *grande couleuvre*, et *le menteur*), est appelé *Aroum* (*rusé*) par le livre hébreu; car nous avons prouvé, dans l'article des Hébreux, que la Genèse, *telle que nous la possédons*, ne saurait être l'ouvrage de Moïse; et que, par inverse, ce passage, joint à plusieurs autres, devient l'un des arguments de la posthumité de ce livre, rédigé au temps du roi Josias, par le grand-prêtre Helqiah, ou plutôt par *Jérémie*, lorsque le système de Zoroastre régnait, depuis plus de cinq siècles, dans toute l'Asie occidentale.

Il nous reste à expliquer sur quelles bases, dans notre tableau, sont combinés les rapports chronologiques de Ninus, de Sémiramis et de Zoroastre.

L'âge de Sémiramis, à l'époque où Ninus l'épousa, exige deux conditions: l'une, qu'elle fût encore assez belle pour le séduire; l'autre, qu'elle fût déja assez mûre pour posséder les talents et les connaissances qu'elle développa. Le terme moyen convenable nous semble être 30 à 32 ans; elle dut enfanter Ninyas vers l'âge de 32 à 34. Lorsque nous la voyons périr, elle est encore dans la force des passions, et son fils est déja assez grand pour devenir l'un des objets de ses désirs. Il doit avoir eu entre 20 et 24 ans, puisque, devenu roi, il adopte immédiatement un système d'administration calculé avec astuce et profondeur. A pareil âge, dans des circonstances semblables, le fils également adultérin du conquérant David, *Salomon*, nous montre le même esprit, la même conduite; en reprenant ce sujet, dans l'article des Babyloniens, nous verrons que Sémiramis a dû périr vers l'âge de 62 ans, comme le dit Ktésias.

Ninus, en commençant son règne, dut, avec le génie d'Alexandre et de Kyrus, avoir à peu près leur âge : supposons 24 ou 25 ans : il régna en 1237 : il dut naître vers 1260 ou 62 : s'il établit son fils *Agron* roi des Lydiens en 1230, ce ne put être que sous la direction d'un vizir; ce cas a des exemples : Ninus employa 17 *ans* à subjuguer l'Asie (le pays de *Bactre* excepté) : il serait donc revenu vers l'an 1220 fonder et bâtir Ninive, qui, selon les historiens, fut plus grande que Babylone... Supposons pour cette entreprise, et pour une période de paix et de soin d'administration, 10 à 12 ans : il aurait repris la guerre de Bactriane vers l'an 1208, assiégé Bactre et épousé Sémiramis vers l'an 1207 ou 1206. Ninyas serait né vers 1205. Par la suite Sémiramis tend à son mari une embûche, où il périt dupe de sa trop grande confiance : il fallait que ses forces morales eussent décliné : l'âge de 65 à 66 ans serait convenable; il aurait péri vers l'an 1196 ou 95, et aurait régné 42 ans. Ktésias lui en donne *dix* de plus; mais Ktésias est convaincu d'avoir falsifié tous les règnes de sa liste : Sémiramis, devenue épouse de Ninus

vers 1206 ou 1207, aurait pu naître vers 1239 ou
40. Selon Ktésias, elle aurait vécu 62 ans : cela nous
conduirait vers 1180 ou 1179; son règne se trouverait de 15 à 16 ans, plus 10 ans avec Ninus : ce
serait en tout 25 à 26 ans, au lieu des 42 de l'auteur
grec : les 15 à 16 ans suffisent à ses travaux et à
ses conquêtes, puisque la fondation de Babylone
ne dura qu'un an, et que les deux millions d'ouvriers employés à cet ouvrage rendent le fait
croyable. La guerre des Indes daterait de l'an 5 de
son règne; celle d'Arménie, de l'an 7 ou 8; et la
mort de cette femme étonnante serait arrivée 6
ans après, vers l'an 1180. Nous ne parlons point
de ses prétendues conquêtes d'Afrique, frauduleusement imaginées par les Perses.

A la date de 1180, Zoroastre dut être avancé
en âge; supposons 70 ans : il serait né en 1250 :
si, comme le disent les livres parsis, il était déja
à Balk lors de la première attaque de Ninus, il
n'aurait eu que 32 ans à cette époque; mais l'on
ne saurait compter sur leurs récits chronologiques.
A la seconde expédition, il avait 50 ans, et cela
s'accorde bien mieux avec les 20 ans de retraite,
et les 30 ans d'âge que lui donnent Pline et les
Parsis, lorsqu'il commença sa mission. Il serait
devenu *vizir* de Sémiramis vers l'âge de 65 ans,
et l'on voit que toutes les vraisemblances sont
observées.

5.

Un incident de la vie de Sémiramis nous indique l'espèce des années usitées chez les Assyriens. Après avoir raconté, selon Ktésias, l'origine fabuleuse de cette femme, Diodore ajoute :

« Athénée (1) et d'autres écrivains assurent (au « contraire) que Sémiramis fut une courtisane qui, « par ses graces et sa beauté, se fit aimer de Ni-« nus; elle jouit d'abord d'une faveur médiocre, « mais ensuite elle éleva son crédit au point d'ob-« tenir le nom d'épouse, et d'engager le roi à lui « faire cadeau de *cinq jours* de royauté. Le premier « jour, vêtue du manteau royal, le sceptre à la « main, elle fit les honneurs d'une grande fête et « d'un festin magnifique, dont elle employa la « durée à séduire les généraux, et à leur faire pro-« mettre d'obéir à tous ses ordres. Le second jour, « voyant tout le monde disposé convenablement « à ses intentions, elle fit disparaître Ninus. »

Pourquoi Sémiramis demande-t-elle 5 *jours*, plutôt que tout autre nombre? La raison nous en paraît saillante. Depuis des siècles, les Égyptiens usaient de l'année de 360 jours, auxquels on ajoutait les 5 épagomènes, comme une appendice disparate, qui gâtait la symétrie du nombre principal. Sémiramis, profitant de cette

---

(1) Ce n'est pas le grammairien, puisqu'il vécut après Diodore.

idée, a pu dire beaucoup de choses ingénieuses à ce sujet, pour faire croire qu'elle ne demandait qu'un temps insignifiant et hors de compte. Notre opinion est d'autant plus fondée, que cette même espèce d'année se trouve au temps de Nabonasar, dans la vigueur de l'empire assyrien, et dans une de ses satrapies, chez les Kaldéens, caste sacerdotale de toute la nation. En admettant le récit d'Athénée, qui en effet est le plus probable, rien ne change dans nos calculs, excepté l'époque du mariage de Sémiramis, qui alors ne dépend plus de la guerre de Bactriane, et peut remonter quelques années plus haut.

## § IV.

#### Des anciens rois de Perse, selon les Orientaux modernes.

Il nous reste à jeter un coup d'œil sur la liste des anciens rois de Perse, que les Orientaux modernes nous présentent en concurrence et en contradiction des listes grecques. Selon les Orientaux, deux dynasties seulement ont rempli l'espace de temps qui s'est écoulé depuis la création (juive) du monde, jusqu'à la conquête d'Alexandre. La première dynastie est celle des *Piche-dâd*, ou *donneurs de* (lois) *justes*; et la seconde, celle des Kèans ou *Kaians*, c'est-à-dire les *rois géants*, ou *grands*. En voici les noms et les règnes :

## CHRONOLOGIE

|  | régnèrent, selon les uns. |
|---|---|
| *Dynastie I<sup>re</sup>, dite Piche-dâd.* | |
| Kéiomors ou Kèomaras.... | 560 ans. |
| Siamek règne peu; Kéiomors règne encore.......... | 30 |
| Interrègne............... | 200 |
| Houchenk.............. | 50 |
| Tehmourás............. | 700 |
| Djemchid.............. | 30 |
| Zohák ou Dohâk........ | 1,000 |
| Feridoun, ou Fredoun..... | 120 |
| Menutchehr, { Dès son temps, dit Firouz. vivait *Roustam*. } | 500 |
| Nodar, ou Nuzer........ | 7 |
| Afrasiáb............... | 12 |
| Záb.................... | 30 |
| Kershasp............... | 30 |
|  | 3,269 ans. |

*Dynastie II<sup>e</sup>, dite Kéane, ou Kaian.*      Selon les Grecs.

| | | | | ans. | mois. |
|---|---|---|---|---|---|
| Ké Qobád............ | 120, ou 100 | | | | |
| Ké Kaous. { De son temps, *Roustam* vivait encore. } | 150 | | | | |
| Ké Kosrou............ | 60 | Kyrus............ | 30 | | |
| Ké Lohr-asp............ | 120 | Cambyses......... | 7 | 5 | |
| | | Smerdis........... | » | 7 | |
| Ké Gustasp........... | 120 | Darius, fils d'Hystasp. | 37 | | |
| | | Xercès I<sup>er</sup>.......... | 21 | | |
| Son petit-fils Ardéchir-Bahman.............. | 112 | Artaxercès Longuemain............ | 41 | | |
| | | Xercès II.......... | » | 2 | |
| | | Sogdien........... | » | 7 | |
| Sa fille Homaï......... | 32 | | | | |
| | | Ochus ou Darius bâtard............ | 19 | | |
| | | Artaxercès Mnemo... | 46 | | |
| | | Artaxercès Ochus... | 21 | | |
| | | Arsès............. | 6 | | |
| Darab I<sup>er</sup>........... | 4, ou 14 | Darius Codoman.... | 6 | | |
| Darab II<sup>e</sup> (*nié par plusieurs*). | 14 | | | | |
| | 732 ans. | | 230 | 9 | |
| D'autres comptent | 938 | | | | |
| Eskander, ou Alexandre. | | Alexandre. | | | |

Il n'est pas nécessaire de discuter l'extravagante chronologie de ces règnes; nous remarquerons seulement que les auteurs arabes et persans ont une foule de variantes sur la durée des règnes, parce qu'il n'y a point d'autorités réelles. Si, selon notre espoir, nous parvenons à reconnaître la personne de ces rois, malgré leur déguisement, les temps se classeront d'eux-mêmes. Raisonnons sur les faits, et d'abord rappelons-nous la suppression ordonnée par *Ardéchir*. Il est évident qu'elle a nécessité la perquisition, la saisie de tous les manuscrits existants dans la Perse : l'autorité royale s'étant coalisée avec l'influence ecclésiastique, il y a eu inquisition civile et religieuse sur tous les livres ; et il a dû en échapper d'autant moins, qu'étant tous manuscrits, ils ont toujours été rares en Asie, et que, de plus, on y sait en quelles mains ils existent. A cette époque (en 226), ils devaient être d'autant plus rares, que des guerres non interrompues depuis Alexandre, tantôt extérieures, tantôt civiles, avaient produit sur les esprits cet abattement et ce dégoût de tout travail, qui en sont l'effet constant. Les censeurs préposés par *Ardéchir* ont donc détruit les anciens livres, et ils en ont refait de nouveaux, tels qu'il leur a plu. Qu'on juge des altérations introduites alors! et cependant, ce ne sont pas là les livres que nous possédons; ceux-là ont encore été détruits par les musulmans, 400 ans après, ensuite de leur invasion en 1651. Ce n'est que plus de trois siècles après (vers l'an 1000), qu'un conquérant étranger, plus généreux, ordonna, pour son instruction, que l'on recueillît de toute part avec soin ce qui restait de traditions populaires consignées dans les romances, uniques monuments..... Et c'est de cette source que nous tenons des *histoires* composées en vers et en prose *par des musulmans !* Telle est la profonde ignorance des Persans modernes sur l'histoire ancienne de leur pays, que non-seulement ils n'ont pas la plus légère idée de Kyrus, de Xercès et de leurs actions, mais qu'encore on ne trouve chez eux aucune trace d'une ère conservée à la Chine par une colonie de Persans *pyrolâtres*, qui s'y réfugièrent l'an 519 de notre ère. Ce fait curieux mérite d'être plus connu ; nous le devons au savant Fréret, qui l'a consigné dans les Mémoires de l'Académie (1). Anquetil y a joint des explications dans le tome XXXVII, pag. 732.

« On lit dans les annales chinoises, que dans
« une année correspondante à l'an 599 de J.-C.
« (commencée le 25 décembre 598), il arriva à la
« Chine une colonie d'hommes occidentaux qui
« s'établirent (à tel endroit) et qui conservèrent,
« avec leurs lois une forme d'année et une ère par-
« ticulière à eux. Or, un auteur chinois remarque

---

(1) Mémoires de l'Acad. des Inscript., tom. XVI, p. 245.

« que l'année correspondante à 1384 de J.-C. (com-
« mencée au solstice d'hiver 1383) était 586ᵉ de-
« puis l'arrivée de cette colonie à la Chine, et la
« 1942ᵉ de leur ère, formée *d'années de* 365
« *jours.* »

Si de l'an 1384 nous remontons au delà de
notre ère pour compléter une somme de 1,942,
nous aurons 558 pour première année de l'ère
de ces Occidentaux. *Fréret* veut trouver 560, et
il voit ici l'époque de Kyrus, qui en effet parvint
à l'empire cette année là; mais puisque l'an 558
est le résultat naturel, n'est-ce pas plutôt l'époque
de cette *conversion* des Perses à la religion de Zoroastre, dont nous avons parlé page 250, et qui
réellement tombe à la jonction des années 557
et 558 (1)? Toujours est-il certain que ces *Occidentaux* furent des *Perses zoroastriens*, comme
le démontre *Anquetil*, par les noms de leurs
mois, et que cette époque est entièrement ou-
bliée en Perse. Maintenant que nous avons le secret de l'ignorance et de l'audace des compilateurs
de ce pays, procédons à l'analyse de leurs listes,
et voyons de quels rois factices ils ont composé
leurs premières dynasties.

D'abord, partant d'un point connu, c'est-à-dire
de *Kestasp*, pris pour *Darius* Hystasp, remontons,
et voyons si les rois mentionnés par Mirkhond et

---

(1) Il faut qu'il y ait erreur dans les 599 cités par Fréret.

par Ferdousi, ne répondent pas à quelques rois cités par Hérodote et par les autres Grecs.

## § V.

### Dynastie Kéan ou Kaian.

Le mot *ké* ou *kai* signifie *géant* et *grand* en pehlevi, nous disent les auteurs; et nous ajoutons qu'en arménien *skai* signifie la même chose.

Selon Mirkhond,

« L'art de *tirer l'arc* fut porté à sa perfection « sous ces princes; et de là s'est établi le proverbe « persan, un *arc kéanien*, pour dire un arc très-« fort, dont peu de gens sont capables de tirer. »

Ce fait remarquable nous rappelle l'anecdote de *Kyaxar*, qui ayant donné l'hospitalité aux *Scythes chasseurs*, leur confia des jeunes gens de sa cour, pour être instruits à tirer l'*arc* à la manière scythe. De cette école a dû venir la supériorité des *Parthes*, qui furent un peuple mêlé de *Kurdes* et de *Mèdes*. Ces rois kéaniens doivent donc être les Mèdes d'Hérodote : nous trouvons le *ké* persan dans *kyaxar*, qui s'explique très-bien : *le grand vainqueur.*

Selon Ferdousi et selon Mirkhond, *Ké Qobâd* ne fut point fils de roi; il vivait simple particulier retiré. L'Iran était dévasté par des étrangers. Zâl, gouverneur de Zablestan, et père du célèbre Roustam, ayant rassemblé une armée pour les repousser et rétablir l'ordre, forma un grand conseil de guerre, et tint ce discours aux chefs :

« Guerriers magnanimes, instruits par l'expé-
« rience et les dangers, j'ai assemblé cette armée
« et tâché de la rendre formidable; mais tous les
« cœurs sont découragés faute d'un roi qui unisse
« leurs bras : les affaires roulent sans guide; l'ar-
« mée agit et marche sans chef; lorsque *Zou* oc-
« cupait le trône, notre situation avait un meil-
« leur aspect. Choisissons un homme de race
« royale; donnons-lui les marques distinctives (de
« la royauté). Un roi établira l'ordre dans le monde.
« Un *corps* de nation ne peut exister sans *chef.*
« Les prêtres nous indiquent pour cette dignité
« un descendant de Feridon, un homme éminent
« par sa grandeur d'ame et par sa *justice.* »

Maintenant comparons ce qu'Hérodote nous dit de l'élection de Déiokès, liv. 1$^{er}$, § xcvi et suivants.

Après que les Mèdes eurent détruit l'empire assyrien, devenus indépendants, ils furent bientôt tourmentés de tous *les désordres de l'anarchie* :

« Or il y avait chez eux un sage appelé *Déiokès*,
« qui, s'étant fait remarquer par ses bonnes mœurs
« et par sa justice, fut établi juge de sa bourgade,
« par le suffrage de ses concitoyens....

« Lorsqu'il vit sa réputation répandue, et les
« clients affluer, il se retira... Les brigandages re-

« commencèrent; les Mèdes s'assemblèrent, tin-
« rent conseil sur leur situation; les amis de
« Déiokès y parlèrent, je pense, en ces termes :
« — Puisque la vie (troublée) que nous menons
« ne nous permet plus d'habiter ce pays, choisis-
« sons un roi.... La Médie étant alors gouvernée
« par de sages lois, nous pourrons cultiver en
« paix nos campagnes, sans crainte d'être chassés
« par l'*injustice* et la violence.... — Ce discours
« persuada les Mèdes de se donner un roi. »

L'on voit que le fond des deux récits est semblable..... Aussi Kê Qobâd est-il peint comme un
roi pacifique, livré aux soins administratifs..... Il
fit le premier poser sur les chemins les bornes
milliaires appelées *farsang* (de 2,568 toises); il
établit une dîme pour payer les troupes réglées;
il fit sa résidence dans l'*Iráq Adjàmi*, c'est-à-dire
en *Médie*; et comme les Perses n'ont aucune idée
d'*Ecbatanes*, ils supposent que ce fut à *Ispahan* :
tout cela convient à Déiokès.

Le second roi, *Kai Kaôus*, fut fils de *Qobâd*
selon les uns, mais la chronique *Madjmal-el-
Taoûarik*, qui en général est savante, observe que
plusieurs le disent fils d'*Aphra*, fils de Qobâd.....
*Aphra* est sûrement *Phraortes*, qui a été supprimé
par les Perses, pour les avoir subjugués et soumis
aux Mèdes.

*Kai Kaoús*, dans les premières années de son
règne, entreprend, contre un peuple belliqueux,

une guerre dont Ferdousi rapporte une circonstance notable. Ce poëte dit que,

« Pendant une bataille livrée par *Ké Kaôus*, « son armée et lui-même furent frappés d'un *aveu-* « *glement subit et magique*, et que cet événement « avait été *prédit* à l'ennemi *par un de ses magi-* « *ciens.* »

N'est-ce pas là évidemment l'*éclipse* de Kyaxarès, dans sa bataille contre Alyattes? et cela d'autant mieux que, pour les Orientaux, *magie*, *astronomie*, sont tous synonymes. Cette guerre est placée dans le *Manzanderan;* mais nous avons déja dit qu'il ne faut attendre aucune exactitude géographique des Orientaux. Nous en avons des preuves, même dans les traducteurs syriaques, arabes, arméniens et persans des livres hébreux, qui très-fréquemment ont commis de grossières erreurs. Quant à *Ferdouzi* et à *Mirkhond* même, tout fait principal est pour eux un canevas sur lequel ils brodent à discrétion ; et comme ces deux écrivains, payés par des princes, avaient en vue de les flatter, ils ont souvent introduit des accessoires, des motifs, des sentences, qui n'existaient pas dans leurs auteurs : sans compter que ces auteurs, eux-mêmes compilateurs et copistes de troisième, quatrième et dixième main, avaient pris les mêmes libertés avec les originaux; en sorte que toutes ces narrations ne ressemblent pas plus à la vérité historique, que les romans de

Roland et de ses preux à l'histoire de Charlemagne.... Aussi, après l'*aveuglement magique*, *Ké Kaôus* se trouve-t-il prisonnier ; mais le paladin *Roustam* accourt, le délivre, et le pays se soumet. Peu de temps après, *Ké Kaôus* tourne ses armes contre l'Égypte, la Syrie et le *Roùm*, qui est le nom de l'Asie mineure depuis sa possession par les Romains. Tout lui réussit par la valeur de *Roustam*. Ce héros, que l'on fait vivre *plus de 200 ans*, joue un grand rôle sous *Kai Kaôus*, c'est-à-dire *Kyaxar*. Or, en considérant que d'abord il jouit de la plus grande faveur, qu'ensuite il fut disgracié, et se retira dans un pays éloigné, où il finit par avoir la guerre avec les rois de Perse ; que de sa personne il était le *guerrier le plus accompli*, le *cavalier le plus adroit*, le *chasseur le plus habile*, etc. ; il nous semble évident que *Roustam* fut le *Parsondas* de Ktésias, si célèbre par ses exploits, par sa faveur près d'*Artaïos-Kyaxarès*, par son aventure romanesque à Babylone ; finalement, par sa révolte contre le roi mède, et par sa retraite chez les Cadusiens, dont il devint *roi*, et où il soutint une guerre dont il sortit avec tout l'honneur. D'Herbelot, à l'article de *Roustam*, fait observer que, selon quelques auteurs, *Ké Kaôus* lui envoya son fils pour le convertir au *magisme*, c'est-à-dire à la doctrine de *Zerdust*. Cependant ces auteurs nous assurent ensuite que Zerdust ne parut que quatre générations plus tard.

Selon eux encore, *Ké Kaôus* porte la guerre en Iémen, épouse la fille du roi, est fait prisonnier par surprise, est délivré par *Roustam*. Pendant ce temps, les *Turks*, dit Ferdousi (c'est-à-dire les *Scythes*), conduits par Afrasiab, avaient fait une invasion dans le *Tourân*, qu'ils accablaient de maux. Roustam les combat long-temps, sans pouvoir les chasser. Ceci ressemble à l'invasion des Scythes, sous Kyaxarès.

Quant à la guerre de l'Iémen, elle paraît géographiquement étrange : mais si les anciens Orientaux désignèrent ce pays par le nom et l'épithète de *felix (Arabia)*, et si ce mot est l'exact synonyme du châldéen *Assur*, l'*Assyrie*, qui signifie également *heureux* et *riche*, les auteurs n'auraient-ils pas été trompés par équivoque, de manière à transporter dans l'*heureuse* (Arabie), la guerre que fit *Kyaxarès* contre l'*heureuse* contrée de Ninive?

Ici les traductions arabes publiées par M. *Schultens* nous présentent des faits qui ont quelque analogie.

Selon l'historien Nouëiri, l'un des *Tobbas*, successeur de *Balqis*, appelé *Chamar Iérâche* (Shamar le *trembleur*), *sortit en Iráq au temps de Gustasp, qui lui rendit obéissance*. Ce *Châmar*, ayant pris la route du *Sinn* (qu'il voulait conquérir), descendit dans le pays de *Sogd*, dont les habitants se rassemblèrent dans la ville capitale (pour la défendre) : *Chamar* les y assiégea, prit la ville et la ruina, après avoir massacré un monde immense. Le vainqueur continua sa marche vers le *Sinn*; mais il périt dans le désert.

Selon *Hamza*, il est bien vrai que quelques auteurs placent *Chamar* au temps de *Gust-asp*; mais d'autres assurent qu'il fut plus ancien, et qu'il *fut tué par Roustam* : ce serait lui qui, sous le nom de *Chamar-ben-el-emlouk*, aurait rendu obéissance à *Manutchehr*, qui, selon les Parsis, eût le paladin *Zal* pour vizir, et son fils, le paladin *Roustam* pour l'un de ses généraux.

Nous allons voir, dans la dynastie *Piche-dâd*, que Manutchehr porte les traits de *Déiokès* et de *Kyaxar*, c'est-à-dire de *Ké Qobâd* et de *Ké Kaóus*: or l'identité de Roustam et de Parsondas étant admise, il se trouverait que le règne de *Kyaxar*, ou de son père, serait l'époque de cette expédition célèbre des *Tobbas arabes*, dont les traces subsistaient encore au XIe siècle; car le géographe *Ebn-haukal* dit avoir vu l'inscription de *Chamar* sur l'une des portes de *Samarkand*, qui aurait tiré son nom de ce *Tobbas* (château de Charmar) (1), et cette expédition ne peut guère trou-

---

(1) Son petit-fils *El-Aqrân* l'avait réparée, en marchant, pour venger son père, contre le pays de *Sinn*, dont il prit la capitale, et où il établit une colonie de 30,000 Arabes. La postérité de ces colons subsistait encore en 1168, selon Ebn Hamdoun, dans le *Thibet*, qui est le *Sinn* des auteurs arabes.

ver sa place en un autre temps ; parce que, d'une part, remontant d'Alexandre à Kyrus, elle n'a ni trace, ni probabilité, vu la puissance des Perses ; et néanmoins les auteurs font *Chamar* antérieur à Eskander ; et parce que, d'autre part, sous l'empire des Assyriens, après les liaisons qui existèrent entre eux et les *Arabes*, il est invraisemblable que ceux-ci aient traversé hostilement les états des enfans de Ninus, pour aller attaquer les *Sogdiens* qui furent leurs sujets. Au contraire, lorsque cette famille alliée et amie eut été détrônée par Arbâk, les *Tobbas* dûrent considérer les Mèdes comme des rebelles et des ennemis, et ils purent faire contre Deïokès, Phraortes et *Kyaxar*, des expéditions qu'Hérodote n'aura point connues ou mentionnées. Soit le temps de l'anarchie ou les premières années de Deïok encore faible, soit l'invasion des Scythes et leur domination pendant 28 ans, l'une et l'autre époques furent également favorables à l'attaque de *Chamar*; et si l'on considère que, par les calculs de Masoudi et de la fausse prophétie de *Zerdust*, le règne de Gustasp se trouve placé au temps de *Kyaxarès*, l'on trouvera que notre interprétation reçoit des appuis dans tous ses détails.

Quant à ce qu'ajoute Hamza, « que *Manutchehr* « fut contemporain de Moïse ; qu'Afridoun le fut « d'Abraham ; qu'Abd-el-chems, dit *Saba*, le fut « de *Kê Qobâd*, etc..... » ce sont des anachronismes produits par les comparaisons vicieuses que les écrivains musulmans ont faites des chronologies arabes et juives prises dans leur état brut, et sans en avoir discuté les parties.... Ce genre d'erreurs leur est habituel; l'on ne peut compter sur l'exactitude de leurs synchronismes, que lorsqu'ils sont fondés en faits positifs, passés entre les personnages qu'ils citent; par exemple, le tribut imposé par *Chamar* à *Gustasp*, ou payé par lui à *Manutchehr;* ce qui forme une circonstance contradictoire, mais laisse subsister un fait fondamental; savoir, l'*attaque* et le *tribut*.

Après *Ké Kaôus-Ky-axar*, nous devrions trouver *Astiag;* mais ce roi manque entièrement : son règne paraît avoir été fondu dans celui de *Ké-Kaôus*, dont la durée surpasse les deux règnes réunis. Le mariage avec la fille d'un roi, à l'issue d'une guerre et pendant un armistice, doit être celui d'Astyage après la bataille de l'Éclipse : c'est encore à lui que convient l'histoire très-compliquée et diversement racontée, des suites de ce mariage, dont l'issue unanime est que le successeur du roi régnant ne fut point son fils propre, mais son petit-fils, *Ké Kosrou*, élevé en Perse par Roustam, puis appelé en cour, lorsqu'il est grand, par le roi, qui lui résigne sa couronne, et finit ses jours dans la retraite.

Si Hérodote et Ktésias diffèrent tellement sur

ce chapitre, à plus forte raison nos romanciers ont-ils dû avoir des variantes dictées sans doute, dès avant Ardéchir, par la *politique royale des Perses*, pour voiler une période peu honorable à Kyrus et à son aïeul. Mais les traits principaux subsistent, et rendent Kyrus encore reconnaissable sous le nom de *Kosrou*. Ce que Ferdousi rapporte de sa naissance clandestine, de son enfance passée dans l'état de berger, etc., ajoute encore à la ressemblance.

*Ké Kosrou* eut de grandes guerres avec *Afrasiab* roi de Turkestan, qui, après bien des combats, fut tué en *Adârbidjân*, c'est-à-dire en *Médie*.... Un roi du *Turkestan* par-delà l'*Oxus*, qui vient se réfugier en Médie, au cœur des états de son ennemi, est une circonstance bizarre et absurde; mais si le *Touran* fut le pays montueux d'*Atouria* et de *Media*, comme nous l'avons dit, le récit devient naturel; *Afrasiab* est *Astyag*, à qui Kyrus fit en effet la guerre en Médie, et qui, selon Ktésias, fut ensuite tué par un eunuque chargé de l'amener à Kyrus.

*Ké Kosrou* laissa un grand nom et passe pour un prophète. Parmi les variantes de son règne, il en est une qui lui donne une durée de 30 ans. Tout cela convient à Kyrus. Il est très probable que c'est à ce prince même qu'il faut attribuer les variantes sur le règne de son aïeul, et la *sup-*

*pression des faits véritables* qui eussent été peu avantageux à son orgueil, et d'un exemple dangereux pour ses successeurs.

Maintenant nous devrions trouver l'histoire de Cambyses et du mage Smerdis, tué par les conjurés, dont l'un (Darius, fils d'Hystasp) devint roi ; mais la *politique royale* des Perses a encore supprimé le premier, à titre de fou furieux, et la *politique sacerdotale* des mages a supprimé le second, comme souvenir fâcheux du massacre de leur caste, arrivé alors. Pour remplir le vide, on a introduit, après *Kosrou*, mort sans enfants, le roi *Lohr-asp*, descendant supposé de *Qobád*.

Mirkond le peint cruel et fier, par opposition aux autres auteurs, qui le peignent bon et juste :

« Devenu roi par élection, il eut des opposants
« qu'il réduisit bientôt au silence; il institua un
« tribunal de justice particulière pour l'armée; il
« établit une solde réglée, au lieu des pillages
« qu'exerçaient les soldats; il rendit la justice sur
« *une estrade dorée*, avec un *rideau* tendu de-
« vant sa personne, *qui devint invisible*, etc. »

Tous ces traits conviennent à Déiokès. Écoutons Hérodote.

« *Déiokès* ayant bâti son palais en la ville d'Ek-
« batanes, fut le premier qui établit pour règle
« que personne n'entrerait chez le roi; que toutes
« les affaires seraient traitées par l'entremise de
« certains officiers, qui lui en feraient leur rap-

« port (c'est-à-dire, par des secrétaires d'état, des
« *vizirs* ); que personne ne *regarderait le roi*; que
« l'on ne rirait ni ne cracherait en sa présence.
« Il institua ce cérémonial imposant, afin que ceux
« qui avaient été ses égaux ne lui portassent pas
« envie, et ne conspirassent pas contre sa per-
« sonne.... Il pensa qu'en se rendant *invisible*, il
« passerait pour un être d'une espèce différente.
« Ces règlements établis, il rendit *sévèrement* la
« justice. Les procès lui étaient envoyés *par écrit*;
« il les jugeait et les renvoyait avec sa décision....
« Quant à la police, il eut dans tous ses états des
« émissaires qui épièrent les discours et les actions
« de chacun (c'est-à-dire qu'il institua l'espion-
« nage); et si quelqu'un faisait une injure, il le
« mandait et le punissait. » Hérodote, lib. I, §§ xcix
et c.

N'est-ce pas là le portrait de Lohrasp? On ajoute que ce prince fit de grandes conquêtes, d'abord au *levant*, puis au couchant ( en Asie mineure ). Ce fut lui qui envoya en Palestine un de ses lieutenants, *Raham*, surnommé *Bakhtnasar* ou *Naboukodon-asar; Raham* détrôna *le fils de David*, qui y régnait alors, et il *enleva du pays un butin immense* (1).

---

(1) Que les Perses de Kyrus et de Darius, possesseurs de *Babylone*, aient cru que les rois de cette ville avaient toujours été leurs lieutenants et vassaux, cela se conçoit, parce que,

Ici Lohrasp devient ce *Kyaxar-Astibaras* qui s'entendit avec Nabukodonosor (selon Eupolème), pour envoyer une armée contre Jérusalem; et en effet cette ville fut prise et rançonnée sous le roi Ioaqim.

D'après tous ces récits, nos romanciers persans sont convaincus, comme Ktésias, de confusion d'époque, et de redoublement de personnes. Le fils de *Lohrasp*, appelé *Kestasp*, prince inquiet, ambitieux, se retire chez *Afrasiab*, roi de *Touran*; Mirkond dit chez *Kaisar*, roi de *Roum* (Cæsar, roi des Romains), dont il épouse la fille, par une suite d'aventures romanesques : il fait déclarer la guerre à son père, et conduit l'armée contre lui. Lohrasp, pour épargner le sang, lui résigne la tiare, se retire dans un couvent et pé-

---

relativement aux Mèdes, prédécesseurs des Perses, il y a un fond de vérité. Mais que les auteurs persans du XIe siècle viennent nous dire que Kyrus et Xercès n'étaient que des vassaux et des lieutenants d'un *châh* imaginaire, cela ne prouve que leur ignorance profonde de l'antiquité, et ne mérite aucune discussion. On ne peut voir sans regrets que M. *Mouradja d'Ohson* ait adopté et préconisé chez nous ces rêves asiatiques, dans son *Tableau historique de l'Orient*; mais l'on conçoit que né *Arménien*, élevé à *Stamboul* dans le respect et l'admiration d'un grand pouvoir, M. Mouradja, en devenant *drogman* et *comte* suédois, n'ait pu changer d'esprit comme de vêtement : son livre, que nous venons de citer, écrit sans ordre, sans indication d'aucune autorité, n'est propre qu'à donner des idées fausses et vagues, et ne doit, en aucun cas, être regardé comme une *histoire* de l'ancien Orient.

rit, comme nous l'avons vu dans l'article de Zoroastre.

Ceci est un mélange de l'histoire d'Astyag, marié en Lydie, et de celle de Kyrus détrônant Astyag, le tout arrangé selon la convenance d'Ardéchir et de ses mages, ou de quelque roi parthe avant lui; la suite ne vaut pas la peine d'être examinée : mais jetons un coup d'œil sur la dynastie *Piche-dâd*.

## § VI.

### Dynastie Piche-Dâd.

Si les Kêaniens ont été les Mèdes, leurs prédécesseurs devraient être les Assyriens de Ninive. Nos romanciers ne citent et ne connaissent pas un seul de ces noms, et cependant ils disent que leurs monuments sont anciens. *Kéomors* fut, selon eux, le premier *homme* ou *roi*. Nous saurons bientôt qu'en penser.

Le cinquième des *Piche-dâd* fixe d'abord notre attention; nous croyons le reconnaître dans tous ses traits et même dans son nom. Écoutons les chroniques :

« *Djem-Chid* régnait depuis 5 ou 600 ans sur
« la Perse (les années ne coûtent rien) : il rési-
« dait à *Estakar*, qu'il avait embellie; il y avait

« fait une entrée triomphale à l'équinoxe du prin-
« temps, le jour où le soleil entrait au bélier ; et
« de là vint le *Naurouz* des Perses.... Il avait divisé
« la nation en *trois* classes, les *guerriers*, les *labou-*
« *reurs*, les *artisans* ; il avait composé ou soumis
« *sept* provinces. Son règne était glorieux, lorsque
« Dieu, pour le punir d'avoir voulu se faire ado-
« rer, suscita contre lui un ennemi puissant, qui
« le renversa.

« Cet ennemi fut *Zohâk*, qui, selon quelques
« auteurs, fut son parent ; mais qui, de l'avis de
« tous, fut un prince *Tâzi*, c'est-à-dire *arabe*. Les
« uns le disent fils immédiat de *Cheddâd*, fils
« d'*Aâd*, ancien roi d'Iémen : d'autres disent seu-
« lement qu'il en descendait par *Olouân* ou *Olouïan*.
« *Zohâk*, à la tête d'une puissante armée, chassa
« Djemchid, qui disparut, et voyagea incognito
« pendant 100 ans sur toute la terre... Devenu
« roi, *Zohâk* fut un tyran très-cruel ; ce fut lui qui
« inventa divers supplices, entre autres celui de
« *mettre en croix* et d'écorcher vif : on lui donna
« divers surnoms, tels que *Piour-asp*, c'est-à-dire,
« en pehlevi, l'homme *aux dix mille chevaux*,
« parce qu'il marchait toujours escorté de *dix mille*
« *chevaux arabes* brillants d'or et d'argent (il est
« évident que ce fut un corps de cavalerie d'élite).
« On le nomma aussi tantôt *Homairi*, c'est-à-dire
« Homérite ; tantôt *Qaislohoub*, c'est-à-dire le

« *Qaisi aux armes étincelantes* (1); tantôt ajdehâc
« et *mâr*, c'est-à-dire *serpent*, par la raison qu'il
« avait sur les épaules deux serpens attachés à
« deux ulcères que le diable y avait imprimés par
« deux baisers. Pour remède, il avait conseillé à
« *Zohák* d'y appliquer des cervelles d'hommes et
« d'enfants : on remplissait les prisons de victimes
« destinées à cette œuvre exécrable. Les geôliers,
« touchés de pitié, en laissèrent échapper quel-
« ques-uns, qui se réfugièrent dans les monta-
« gnes, et devinrent la souche des *Kurdes*. Deux
« enfants d'un forgeron de la capitale du Pars (la
« Perse) ayant été saisis, leur père, appelé *Gao* ou
« *Kao*, ameuta le peuple par ses cris, et devint
« chef d'abord d'une sédition, puis d'une armée
« régulière, dont l'étendard principal fut *le tablier*
« *de cuir* que *Gao* avait élevé au bout d'une perche.
« Ce tablier, qui ne cessa depuis d'être l'étendard
« royal, fut successivement enrichi de tant de
« pierreries, que lorsque les Arabes s'en emparè-
« rent à la bataille de *Qadesia* (l'an 652 de notre
« ère), il fit la fortune du corps arabe qui le
« prit.

« *Gao*, devenu général, ne voulut point accep-

---

(1) La racine *lahab* manque dans l'arabe (*Voyez* Golius), mais elle subsiste dans l'hébreu, qui, en plusieurs cas, explique très-bien le vieil arabe.

« ter la royauté ; il la déféra à un descendant des
« anciens rois d'*Aderbidján* (la Médie), qui me-
« nait une vie retirée dans ce pays-là. Ce nouveau
« roi, appelé *Fridon* ou Feridon, secondé de *Gao*,
« battit *Zohâk*, parvint à le saisir, le tua, selon
« les uns, ou, selon d'autres, l'enferma dans les
« cavernes du mont *Demaouend* (en *Hyrcanie*).
« Or Zohâk avait régné dix générations ou dix
« siècles (car l'on n'est pas bien d'accord sur ce
« point). »

Voilà les contes populaires que débitent sérieusement, et que croient dévotement la plupart des historiens musulmans et parsis : certainement nous avons ici bien des fables ; mais, sous leur broderie, nous avons aussi un fond de vérités historiques. Essayons de les démêler.

La Perse proprement dite (ayant pour capitale Estakar), envahie et subjuguée par un roi étranger, reporte nos idées vers l'Assyrien Ninus et le Mède Phraortes, seuls conquérans que lui connaisse l'histoire. Mais cet étranger, nous dit-on, fut un arabe, un *Homairi*, c'est-à-dire un roi sabéen. Nous en connaissons plusieurs ; recherchons celui-ci : *son père, ou l'un de ses pères, était le célèbre Cheddád*, fils d'*Aád*, l'un et l'autre anciens rois d'Iémen ; nous avons vu ces noms dans les traditions arabes de Schultens. Aboulfeda, parlant de *Haret Arraies*, nous a dit qu'il était *fils de Cheddâd*, fils d'*Aâd* (1), anciens rois d'Iémen ; Haret serait donc le *Zohâk* des Perses ;

---

(1) Il est évident que ce nom d'*Aâd* fut, chez les anciens Arabes, le nom de beaucoup d'individus, en même temps qu'il était celui d'une tribu. Ainsi, chez les Hébreux, *Manassé, Siméon, Éphraïm*, noms de tribus, sont aussi des noms d'individus. Parmi les *merveilles du monde*, les Arabes citent le puits de *Moattala* chez les *Madianites*, issus d'*Aâd*, tribu expulsée de l'Iémen. Les *Madianites* sont cités avant Moïse : donc l'expulsion des Aâdites date de bien plus loin.

Dans leurs récits mêlés de fables, les auteurs arabes citent, relativement à *Cheddâd*, plusieurs faits d'une exactitude vraiment historique et très-instructifs. Par exemple, *Chehab-eldin*, dans son livre *El-Djoman* (les Perles), rapporte que *
« Aâd eut un grand nombre d'enfants dont trois régnèrent
« après lui (savoir) : *Mondâr, Cheddâd*, et *Loqman. Ched-*
« *dâd* ayant succédé à *Mondâr*, fit de grandes conquêtes dans
« l'Afrique jusqu'à l'Océan. Après 200 *ans* d'absence, revenu
« en Iémen, il ne voulut point résider au château de Mâreb,
« et il acheva le château appelé *El Mocheyâd*, commencé par
« son frère Mondâr. Il y employa avec profusion l'or, l'argent
« et les pierres précieuses (qu'il avait rapportées de ses con-
« quêtes). Les murs étaient ornés intérieurement des pierres
« les plus rares, et le pavé était de marbre de diverses cou-
« leurs (c'était une mosaïque). *Cheddâd* avait reçu de la na-
« ture une *force* de corps prodigieuse (son nom en dérive :
« *chedid* signifie *fort*) ; il pliait le fer avec les doigts, et l'éclat
« de sa voix eût *pu tuer un lion...* Il vécut très-âgé, et vit sa
« postérité se multiplier à l'infini...

« Le *jardin* nommé *Aram-Zât-el-èmâd* (Aram aux co-
« lonnes), est encore un ouvrage de ce prince. Ayant lu dans
« (certains) *livres révélés* la description du paradis, dont les

* *Voyez* Notice des manuscrits orientaux, tome II, pag. 139. Extrait par M. de Sacy.

comme il est, dans Ktésias, l'*Arraïos* allié de Ninus et coopérateur de ses conquêtes : or la Perse

« colonnes sont d'or et d'argent, la poussière de musc et
« d'ambre, les gazons de safran et d'iris, les cailloux d'hya-
« cinthe et d'émeraude, etc., il voulut imiter cette magnifi-
« cence... Il choisit une plaine délicieuse, coupée de 1000
« ruisseaux, et il y bâtit un palais enchanté, etc.

« Dans son livre des *merveilles de Dieu* \*, Iaqouti s'exprime
« plus historiquement sur cet ouvrage : *Aram aux colonnes*,
« dit-il, est une ville située entre *Sanaà* et *Hadramaut* : elle a
« été bâtie par *Cheddâd*, fils d'*Aâd*, ancien roi des Arabes ;
« elle avait de longueur 12 parasanges, et autant de largeur
« ( c'est presque la dimension de Moscou ); elle renfermait un
« nombre infini d'édifices merveilleux, etc. »

Il faut laisser à l'écart toutes les fables que les écrivains ont brodées sur ce riche canevas : les 200 ans de *Cheddâd* ne doivent pas être de leur invention : leur analogie avec les âges prodigieux des antiquités juives, prouve seulement qu'alors les années n'étaient pas composées de 12 mois, comme nous l'avons vu dans la *Chronologie* des Hébreux. En ne prenant que l'essence des faits rapportés dans l'article ci-dessus, nous y trouvons une indication claire... que dès avant le temps de *Haret* et de *Ninus*, et en remontant jusqu'à celui de *Sésostris*, les Arabes d'Iémen avaient déja fait en Afrique ces grandes expéditions qu'ils répétèrent au temps de Salomon : ils avaient pu déja, bien antérieurement, établir cette colonie d'*Éthiopiens-Abissins*, dont l'origine, suivant le savant Ludolf, se perd dans la haute antiquité, et qui, différant totalement de la race *nègre* par leurs cheveux longs, leur figure ovale et leur idiome tout-à-fait arabique, attestent une invasion étrangère qui expulsa les naturels du riche pays qu'arrosent les affluents du Haut-Nil. On conçoit comment un prince doué de moyens éminents comme *Cheddâd*, put faire des expéditions dont ses prédécesseurs lui avaient ouvert les voies, et ensuite déployer un luxe dont le royaume de Thèbes lui offrait les modèles : il

---

\* Notice des manuscrits orientaux, tome II, pag. 393.

fut précisément l'une de ces conquêtes. D'autres circonstances viennent appuyer ces analogies : par exemple, le corps de *dix mille chevaux arabes brillants d'or et d'argent*, d'où vient l'épithète de *qaislohoub*. En effet, plusieurs auteurs font Haret, *fils* ou partisan de *Qais*, nom qui, chez les Arabes, fut de toute antiquité celui d'un parti distingué par le *drapeau rouge*, en opposition au *Iamani* distingué par son *drapeau blanc* : enfin, l'invention du *supplice en croix* rappelle la cruauté de Ninus envers Pharnus, roi de Médie, et lie ensemble les récits de Ktésias, de Mirkond et d'Aboulféda. Mais, selon Ktésias, la Perse fut assujettie à l'empire assyrien, et non aux rois *Tobbas*, *arabes*; il faut donc supposer que *Haret*, en ayant fait la conquête comme lieutenant et allié de Ninus,

---

est à remarquer que le mot *Aram*, qui dans les langues arabiques ne signifie rien, dans le sanscrit signifie *jardin ;* et que le *paradis* décrit par *certains livres révélés*, est le paradis *indou*, tel que le décrivent les *Pouranas* : en sorte que nous avons ici l'indication évidente de la diffusion du *brahmisme* dès ce temps reculé; et ce nom d'*Aram*, *jardin*, donné au riche pays de la Mésopotamie, prouve, avec bien d'autres noms géographiques, que le système indien s'étendit jadis, comme l'a très-bien vu Wilford, dans tout le continent de l'Asie. Pour des yeux libres, l'horizon de l'antiquité s'éloigne et s'étend à mesure que l'observateur avance; mais pour qui porte les *lunettes juives*, dès quelques pas au-delà d'Abraham, l'horizon est obstrué par le *mont Ararat* et par les ténèbres chaldéennes, où l'imagination fascinée n'aperçoit que des figures *gigantesques* et des êtres fantastiques dans des nuages bizarrement dessinés.

l'ayant peut-être gouvernée quelque temps, a porté tout l'odieux de l'invasion, et qu'ensuite l'ayant remise aux Assyriens, le nom de *Zohâk*, que nous allons voir désigner *tout être puissant malfaisant*, a passé collectivement, selon le style oriental, à la dynastie *entière* de *Ninus*: de là ce règne de 1,000 *ans*, attribué à *Zohâk*, durée qui a quelque analogie avec les 1,070 que Velleïus attribue aux rois d'Assyrie (1).

Si notre manière de voir est juste, *Féridoun*, vainqueur de *Zohâk* et libérateur de l'*Irân*, doit être *Arbâk*, vainqueur de Sardanapale et libérateur des Perses amenés par *Gaô* au secours des Mèdes; et réellement, ainsi qu'*Arbâk*, *Féridoun* est *Mède* de naissance; il vit en *Aderbidjân* ou Médie; il est de race royale, mais il vit en simple particulier. Il devient roi par élection, promu par *Gaô*, comme Arbâk l'est par Bélésys; il règne à *Ourmi*, ancienne capitale de la Médie propre; enfin *il abdique*, et tout indique qu'*Arbâk dut abdiquer*.

Ferdousi ajoute que la ville où *Zohâk* fut attaqué par Féridoun, s'appelait la Forte *Nevehet*, ou *Nuhet*; et c'est le nom oriental de *Nin-nuh* ou

---

(1) La qualité de parent de Djemchid se trouve même en harmonie avec la tradition citée par *Maseoudi*, *que l'une des 4 tribus arabes primitives possédèrent la Perse*, et furent une portion alliée de ses habitants; l'une de ces tribus portait le nom d'*Aâd*, qui a dû faire équivoque avec le père de *Cheddâd*.

*Nin-Nevet* ( *séjour de Ninus* ), où Sardanapale fut attaqué par Arbâk. Quant à ce que le poète ajoute de son chef, que *Nevehet* est *Aïlia*, c'est-à-dire Jérusalem, on voit là l'ignorance historique et géographique du musulman, puisque le nom d'*Aïlia* ne fut introduit qu'au temps d'Adrien. C'est par suite de cette fausse interprétation que, décrivant la marche de Féridoun, Ferdousi lui fait traverser le Tigre, au bord duquel l'action se passa.

Un écrivain antérieur à ceux que nous copions, l'arménien *Moïse de Chorène*, a connu au 5ᵉ siècle (vers 450) toutes ces traditions perso-mèdes, et en nous présentant les noms de *Zohák* et de *Fridoun*, sous une forme plus ancienne, il nous fournit d'utiles renseignements.

« Comment vous amusez-vous (dit-il à son ami
« Isaac Bagratou), comment vous amusez-vous des
« plates fables populaires sur *Biour-asp-Azdahák?*
« Et comment m'imposez-vous la tâche de vous ré-
« péter les contes absurdes sur son *bienfait-mé-*
« *fait*, sur les démons qui le servent? de vous
« raconter comment *Hrodan* ( ou *Vrodan* ) le lia
« avec des chaînes d'airain, et l'emmena au mont
« Dembaouend? Comment *Hrodan* s'étant en-
« dormi en route, *Biourasp* l'entraînait vers une
« colline, lorsque Hrodan réveillé le conduisit à
« la caverne, où il l'enferma?... etc. » (p. 77).

Ici notre épithète connue de *Piourasp*, jointe à

*Azdehâk*, nous prouve que ce dernier nom est la véritable forme ancienne de celui de *Zohâk*, et que les Persans modernes lui ont fait une mauvaise étymologie, en l'expliquant *deh-âq*, ou dix *hontes*. Moïse de Chorène est plus autorisé et mieux instruit qu'eux, lorsqu'il nous dit que, dans la langue arménienne [analogue en plusieurs points à l'ancien mède] (1), le mot *Azdehâk* signifie *draco*, *grand serpent*; ce qui est le sens même du mot persan *mâr*, que nous avons vu être une épithète de *Zohâk*, ayant pour type fondamental le *Draco borealis*, génie de l'hiver et de tous ses maux, dont Zoroastre fit sa *grande couleuvre*, *Ahrimân*.

D'autre part, l'arménien Mosès nous dit, pag. 38, que le nom arménien et mède d'*Astyag*, fils de Kyaxar, était *Azdehâk*, qui n'en diffère que par l'échange des consonnes fortes avec les consonnes faibles (aSTuaG aZDehâK); d'où il résulte qu'Astyag, roi méchant et fourbe, fut aussi un *Zohâk* (2); et ce nom dut être appliqué par les Ar-

---

(1) On trouve dans l'ancienne Arménie le mont *Capotes*, qui est un mot pur sanscrit, signifiant le *Lingam* (Phallus); l'Araxès perce une montagne à un lieu appelé *Ordovar*, et le Gange en fait autant au lieu appelé *Héridvâr*, etc.

(2) Si l'on observe qu'en parlant de la défaite d'Astyag par Tigrane et Kyrus, *Mosès* fait mention de sa maison (militaire) de 10,000 *âmes*, l'on pensera qu'il a voulu désigner le corps des 10,000 *cavaliers* devenu partie constituante de l'état militaire des Assyriens, puis des Mèdes, puis des Perses, où nous le trouvons sous le nom des 10,000 *immortels*. Deïôkes et Ky-

méniens et les Perses à toute la dynastie mède ; car, d'une part, Mosès ajoute que dans les vieilles chansons des paysans de son temps, la race d'*Astyag* était appelée *race* des *Dragons* : et d'autre part, si nous analysons le nom de *Déïók* dans sa prononciation grecque, nous y trouvons nettement *Dohák*, synonyme incontestable de *Zohák*.

Alors que les rois mèdes, et spécialement *Astyag*, ont, comme les Assyriens et *Sardanapale*, reçu des peuples opprimés le nom de *Zohák* ou de *génies du mal*, leur libérateur *Féridoun* devra se trouver *Kyrus*, qui effectivement le fut comme *Arbák*. Dans les récits de *Moïse* de Chorène, *Hrodan* ou *Urodan* est le mot même de *Fridoun* ou *Féridoun*, attendu que les Arméniens ne prononçant pas *f*, ils le remplacent par *H*, comme font les Espagnols dans les mots *hijo, hacer, hierro*, etc., pour *fijo, facere, ferro*. Ce qu'ajoute une autre tradition persane, « que « Féridoun, après avoir vaincu Zohâk, envoya en « *Abissinie* une armée contre *Koús-Fil-Dendan*, « c'est-à-dire contre l'*Éthiopien aux dents d'élé-* « *phant*, frère de Zohâk » ; ce récit, qui porte un caractère antique dans ses expressions, ne peut convenir à Arbâk, et convient très-bien à

---

rus ne firent que copier Ninus : par suite d'imitation, les Tartares ont copié les Perses dans leur *Touman* de 10,000 cavaliers.

*Kyrus*, dont le fils Cambyses fit la guerre aux *Éthiopiens*, que nous savons être une race fraternelle des Homérites; enfin cet entraînement d'Azdebâk au mont Dembaouend; convient encore à Kyrus, qui, selon Ktésias (1), confina Astyag chez les *Barcaniens* ou *Hyrcaniens*, dans le pays desquels se trouve le mont Dembaouend : ceci nous expliquerait un fait historique cité par Mirkond :

« (2) Vers l'an 1000 de notre ère, dit-il, lorsque
« Mahmoud Sebecteghin détruisit la dynastie des
« princes de *Gaur*, la tradition du pays était qu'ils
« descendaient des enfants de *Zohâk*, auxquels
« Féridoun laissa la vie, en transportant leur père
« au Dembaouend. »

Or Ktésias dit qu'Astyag (3), pour sauver *ses enfants* et *ses petits-enfants*, se livra lui-même à Kyrus.

Un autre fait paradoxal cité par un écrivain grec, se trouve redressé en prenant encore *Astyag* pour *Zohâk*. Clitarque, cité par Athénée (4), prétendait, contre tous les autres historiens, que *Sarda-*

---

(1) Ktésias dans Photius, p. 110.

(2) *Voyez* d'Herbelot, Biblioth. orient., au mot *Sâm ben Souri*. En général le lecteur trouvera les traditions que nous citons, soit dans la Bibliothèque orientale, soit dans le livre I de l'Histoire universelle, tom. iv, in-4°, dans lequel est inséré un extrait de Mirkond.

(3) Ktésias en Photius, pag. 107.

(4) Athénée, lib. XII, édit. de Schweighauser, tome iv, page 468.

*napâle*, après avoir perdu son trône, n'avait point perdu la vie, mais qu'il avait vécu jusqu'à une grande vieillesse. Clitarque aura entendu les Perses dire cela de *Zohák*; et comme Sardanapale est aussi un *Zohák*, cet auteur s'est mépris dans l'application, et il a attribué au dernier roi assyrien ce qui appartenait au dernier roi mède; l'un et l'autre vaincus par un *Féridoun*, avec des circonstances très-ressemblantes.

Selon les anciens romanciers persans, Féridoun, vainqueur de *Zohák*, épousa une de ses filles dont il eut deux fils, *Tour* et *Salem*. Rien de tel ne peut se dire d'Arbâk, vis-à-vis de Sardanapale; mais, selon Ktésias, Kyrus, vainqueur d'*Astuigas-Azdehak*, épousa sa fille, et en eut deux fils, *Cambyses* et *Tanyo-Xarcès* (1). Féridoun épousa une autre femme de sang perse, dont il eut *Iredj* : leur ayant partagé l'empire, il abdiqua. Nous ne connaissons point d'abdication à Kyrus; mais nos auteurs sont sujets à ces fictions : d'ailleurs le récit de Ktésias a ici quelque analogie.

« Kyrus mourant, nomma pour son successeur
« *Cambyses*, son fils aîné; en même temps il éta-
« blit *Tanioxarcès souverain indépendant* des Bac-
« triens, des Choramniens, des Parthes et des
« Kermaniens ( c'est-à-dire de la partie orientale

---

(1) Hérodote est d'accord ; seulement il donne à ce second le nom de *Smerdis*.

« de son empire ); et de plus il donna aux deux
« petits-fils d'*Astuigas* les deux satrapies des Der-
« bikes et des Barkaniens. »

Voilà une sorte de partage tripartite. Ktésias (1) ajoute que *Cambyses* fit périr son frère *Tanyo-Xarcès*, et les romanciers disent qu'Iredj fut tué par ses frères. Quant à ce qu'ils ajoutent, qu'Iredj donna son nom à l'*Iran*, et *Tour* au *Tour-an*, ils oublient, ou plutôt ils ignorent que, dès la plus haute antiquité, l'histoire nous présente la Médie sous le nom d'*Aria* et d'*Ériéné*, et le pays montueux de l'ouest et du nord, sous le nom générique de *Taur* et *Tour*; ils confondent tout, et leurs récits ressemblent à un jeu de cartes brouillé.

Ce fils d'*Iredj*, nommé *Manutchehr*, venge sa mort, en faisant à ses oncles une guerre où ils périssent : ce dernier trait ne ressemble à rien de connu. Quant aux actions de *Manutchehr*, pendant son règne de 50 ans, elles ressemblent à celles de *Déïok* et de *Kyaxarès*. Phraortes est toujours supprimé. Manutchehr, comme Déïokès, rétablit l'ordre public, divise l'empire en provinces, crée des gouverneurs, institue des chefs de bourgade indépendants des gouverneurs, de peur que ceux-ci n'eussent trop de moyens de se révolter : il fait creuser des canaux par tout l'Aderbidjan,

---

(1) Hérodote dit la même chose de *Smerdis*.

c'est-à-dire par toute la *Médie* ; il élève des remparts autour des villes (allusion aux remparts d'Ekbatane), et se livre uniquement à l'administration : comme Kyaxarès, il est troublé par une irruption de *Turks* (les Scythes) que conduit Afrasiab : il se réfugie dans les montagnes près de la mer Caspienne ; il y est assiégé long-temps inutilement, et finit par expulser les Turks, en négociant avec eux. Il y a deux ou trois successeurs, *Nouder*, *Zou* et *Kershasp*, qui n'ont que des règnes très-courts troublés par Afrasiab, ennemi opiniâtre, vainqueur et possesseur final de la Perse et de tout l'*Iran*... Alors s'élève *Ké Qobad* et la dynastie des *Kéaniens*, que nous avons vu n'être réellement que la copie défigurée des quatre rois mèdes d'Hérodote : Manutchehr ne serait-il point le *Mandaukès* de Ktésias, que plusieurs dialectes prononceraient *Mandautchehr ?* Et ses insignifiants successeurs seraient des doublures du même Ktésias ; en sorte que le système persan établi au temps de cet auteur, serait devenu la base de ces récits *parthiques* ou *pasaniens* ; et réellement ils nous présentent le même système de doublement et de répétition que nous avons vu dans Ktésias. En remontant au premier roi de la dynastie Pichedâd, *Kéomors* lui-même semble en être une preuve nouvelle : tout ce qui en est rapporté convient à *Déïokès* et à *Ké Qobâd*. D'abord son titre de *Ké* est mède, et l'associe aux *Kéaniens* ; ensuite sa qualité de *premier roi*, et son épithète de *Pishdâd*, c'est-à-dire *donneur de (lois) justes*, caractérise spécialement le premier roi mède d'Hérodote.

« Selon Kondemir, (1) *Kéomors* était né dans
« l'*Aderbidjan*, c'est-à-dire en Médie; ce fut là, et
« non en Perse, qu'il résida et régna. Il était fils de
« simple particulier : les habitants du pays éprou-
« vant les tristes effets de l'*anarchie*, résolurent
« d'établir un *chef unique*, dont la volonté fût la
« loi générale. Les vertus de *Kéomors* le firent
« choisir : on le revêtit de la robe royale, on lui
« plaça le *Tâdj* (la tiare) sur la tête. Il fut le *pre-*
« *mier* roi à qui on baisa les pieds. Il *érigea des*
« *tribunaux* de justice; il ordonna *de construire*
« *des villages* et de vivre en société; il inventa
« (ou introduisit) des fabriques de toile, de draps
« et de coton. Le bonheur dont jouirent ses su-
« jets, engagea ses voisins, de proche en proche,
« à le reconnaître aussi pour roi. *Plusieurs assu-*
« *rent qu'il fut aussi de la religion des mages.* »

Tout cela n'est-il pas exactement ce qu'Hérodote nous a déja dit(2) de Déiokès? La dernière phrase, absurde dans le système persan, qui fait naître Zerdoust bien des siècles plus tard, est

---

(1) *Voyez* l'Histoire universelle, in-4°, tome IV, page 5 et suivante.

(2) *Voyez* tome IV, page 414, et ci-devant, pag. 77.

au contraire, dans notre système, et lumineuse et vraie.

Désormais, il devient superflu d'analyser les quatre successeurs de Kéomors, dont l'un, tué à la guerre, ressemble à Phraortes; il suffira d'avoir démontré que ces prétendues histoires anciennes, compilées par les Perses modernes, ne sont que des copies défigurées des mêmes histoires originales que nous ont fait connaître les écrivains grecs, plus voisins des temps, et plus raisonnables : il est arrivé ici au sens moral, ce qui arrive au sens physique, lorsque d'un tableau ou d'un portrait primitif, l'on fait tirer par des mains peu habiles plusieurs copies l'une sur l'autre : dès la seconde, on voit s'altérer la ressemblance, et à la troisième ou quatrième, le modèle n'est plus reconnaissable que par l'analogie des traits principaux. Malgré tout ce que l'amour des choses nouvelles ou merveilleuses a dicté d'éloges à quelques partisans outrés de la littérature orientale, on peut assurer que, dans le genre historique spécialement, les fruits qu'elle rend ne valent pas, à beaucoup près, la peine qu'ils coûtent. Notre conclusion n'est pas qu'il faille entièrement la négliger; nous pensons, au contraire, qu'une gratitude particulière est due à ceux qui exploitent cette mine pénible et peu abondante; mais nous ajoutons qu'il est nécessaire que, dans le choix des matériaux, ils portent un genre d'esprit très-différent de celui des *vrais-croyants*, pour qui la critique est un art inconnu. L'article suivant, où nous traitons des *Babyloniens*, en nous fournissant à chaque pas l'occasion d'exercer cet art, va nous donner de nouvelles preuves de son importance.

## LISTE CHRONOLOGIQUE DES ROIS DE JUDA.

|  |  | Avant J.-C. |
|---|---|---|
| Saül règne | 20 ans | 1078 |
| David | 40 | 1058 |
| Salomon | 40 | 1018 |
| Roboam | 17 | 978 |
| Abia | 3 | 961 |
| Asa | 41 | 958 |
| Iosaphat | 25 | 918 |
| Ioram | 8 | 892 |
| Ochozias | 1 | 884 |
| Athalie | 6 | 883 |
| Joas | 39 | 877 |
| Amasias | 29 | 838 |
| Ozias règne seul | (42) | 809 |
| (Manahem, roi de Samarie) |  | 771 |
| Ioathan règne seul 6 ans, et du vivant d'Ozias 10 | 16 | 767 |
| Achaz | 16 | 751 |
| Ezechias | 29 | 735 |
| Manassé | 55 | 706 |
| Amon | (12) | 651 |
| Josias | 31 | 638 |
| Ioachaz | 3 mois, fin de l'an | 609 |
| Ioaqim | 11 | 608 |
| Ioakin | 3 mois, fin de l'an | 598 |
| Sédéqiah | 10 ans 5 mois | 597 |
| Ruine de Jérusalem |  | 587 |
| Incendie du temple |  | 586 |

## LISTE CHRONOLOGIQUE DES ROIS CHALDÉENS DE BABYLONE.

|  |  | Avant J.-C. |
|---|---|---|
| Nabon-asar................ | 14 ans. | 747 |
| Nadius................... | 2 | 733 |
| Xôzirus et Porus........... | 5 | 731 |
| Ilulaïus.................. | 5 | 726 |
| Mardok-empad (Bélésys)..... | 12 | 721 |
| Arkeanus................. | 5 | 709 |
| Premier interrègne......... | 2 | 704 |
| Belibus (ou Belithus)....... | 3 | 702 |
| Apro-nadius............... | 6 | 699 |
| Rigebelus................. | 1 | 693 |
| Mosési-mordak............ | 4 | 692 |
| Deuxième interrègne........ | 8 | 688 |
| Asaridius ou Asaradinus..... | 13 | 680 |
| Sogdoxenus............... | 20 | 667 |
| Kiniladanus............... | 22 | 647 |
| Nabopolasar............... | 21 | 625 |
| Nabokol-asar ou Nabukodonosor | 43 | 604 |
| Ilouarodam............... | 2 | 561 |
| Nirikassolasar............. | 4 | 559 |
| Nabonadius............... | 17 | 555 |
| Kyrus.................... |  | 538 |

# CHRONOLOGIE

### DES

# BABYLONIENS.

La *chronologie*, c'est-à-dire la succession des faits historiques chez les Babyloniens, a toujours été considérée par les savans critiques, comme l'un des sujets les plus épineux et les plus obscurs de l'histoire ancienne : le lecteur va s'en convaincre par le nombre et la complication des difficultés que nous allons passer en revue; nous espérons que sa patience trouvera quelque indemnité dans la concision de notre travail, dans la clarté, et même dans la nouveauté de nos résultats.

Commençons par la fondation de Babylone dont l'époque divise d'opinion les auteurs anciens, comme nous le dit Quinte-Curce (1) en cette phrase : « Babylone fut bâtie par Sémiramis, ou, « comme la plupart le croient, par Bélus, dont on « y voit le palais. »

---

(1) Quint. Curt., lib. V, cap. 1.

# CHAPITRE PREMIER.

#### Fondation de Babylone.

EFFECTIVEMENT, la première de ces opinions est ou paraît être celle de Ktésias, c'est-à-dire celle des livres assyriens, dont cet auteur s'autorise, et qui attribuent la fondation de cette grande cité à Sémiramis, avec des détails empreints d'un cachet particulier d'information locale et même officielle : néanmoins le prêtre babylonien Bérose, homme très-instruit, postérieur d'un siècle seulement à Ktésias, ne craignit pas dans son *Histoire des antiquités chaldaïques*, présentée au roi Antiochus, de démentir l'écrivain grec, et d'assurer que Babylone avait été fondée par Bélus, dieu ou roi du pays, bien des siècles avant Sémiramis, et cela en invoquant et citant les traditions et les monuments publics de sa nation. Hérodote, de qui nous devions attendre ici quelque lumière, ne nous en fournit aucune; mais un autre historien judicieux et assez souvent bien instruit, Ammien-Marcellin, qui a pu et dû lire Bérose et Ktésias, semble nous donner le nœud de la question quand il dit (1):

---

(1) Lib. XXIII, pag. 351. *De bello persico.*

« Sémiramis entoura de murs Babylone, mais la
« citadelle avait été bâtie auparavant par le très-
« ancien roi Bélus. » Ce terme moyen qui con-
cilie les deux avis, se trouve d'ailleurs appuyé
par une phrase de Ktésias que l'on n'a pas assez
remarquée. Cet historien dit :

« Lorsque Ninus attaqua la Babylonie, la ville
« de Babylone *qui existe aujourd'hui*, n'était pas
« encore bâtie. » Ces mots *Babylon quæ nunc est*,
ne semblent-ils pas indiquer qu'il en existait une
autre ; et si, comme l'atteste Bérose, l'antique Bélus
était dès long-temps le dieu tutélaire du pays ; si,
comme l'on en convient, le nom oriental *Babel*,
pour Babylon, signifie la *porte*, c'est-à-dire, le *palais de Bel* ou *Bélus*, il devait exister dès lors une
*Babel* ou *Babylone* primitive, que Sémiramis en-
globa dans ses vastes constructions et qu'elle orna,
comme nous le verrons : ainsi ce serait faute d'a-
voir bien déterminé le sens du mot *fondation*,
que les anciens se seraient disputés dans le cas présent comme dans beaucoup d'autres. Prenons de
ce mot une idée claire.

En général, ces grandes réunions de maisons
que l'on appelle *villes*, ont eu deux manières d'être
fondées : 1° la première par un concours lent et
progressif d'habitants que des motifs de défense
commune, de facilité de commerce, d'aisances de
la vie ont appelés et fixés autour d'un premier noyau
d'habitation : à ce premier genre de ville, l'on ne

saurait presque désigner de *fondateur*, ni d'époque de *fondation*.

La seconde manière se fait par un concours subit de colons que leur propre volonté ou celle d'un gouvernement, engagent ou contraignent à bâtir une ville, comme un particulier bâtit une maison : ici appartient et s'applique le nom de *fondation*, parce que la date est aussi précise que le fait est remarquable.

Mais si, comme il est souvent arrivé, le lieu choisi pour une telle *fondation* avait déja une habitation antérieure, soit village, soit bourgade; (1) si même il y existait déja une ville du premier genre, c'est-à-dire *sans fondateur connu*, actuellement ruinée par la guerre ou par d'autres accidens, cette seconde fondation pourra devenir un sujet de controverse, parce que l'habitation antérieure suppose une *fondation* originelle, après laquelle il ne doit plus y avoir que *restauration*. Enfin, si des princes et des rois avaient, par vanité, fait ou simulé de telles *fondations*, pour donner leur nom à des villes qui déja avaient un *fondateur connu;* si les peuples ou leurs agens municipaux avaient, par *adulation*, provoqué de telles fondations fictives, on sent que le mot et la

---

(1) Par exemple, le fort de Rhacotis où les rois d'Égypte entretenaient une garnison sur le lieu où fut bâtie Alexandrie *Voyez* Strabon, lib. XVII, p. 792.

chose seraient tombés dans un désordre assez
difficile à éclaircir. Voilà ce qui est arrivé à une
foule de villes anciennes, spécialement dans les
pays dont nous traitons, dans l'*Asie mineure*, la
*Mésopotamie*, la *Syrie*, etc., où les géographes
trouvent quantité de villes *fondées*, c'est-à-dire
*rebâties*, restaurées par des rois grecs, par des
empereurs romains dont elles prirent le nom,
quand néanmoins il est certain qu'elles existaient
long-temps auparavant, qu'elles avaient par conséquent une *fondation* première, véritable, connue
ou inconnue.

Appliquant ce raisonnement à Babylone, nous
pensons que Ktésias et les livres perso-assyriens
ont eu raison de dire que Sémiramis *fonda* cette
grande cité, parce qu'en effet il paraît que cette
reine fit bâtir, par les *fondements*, les murs et les
ouvrages gigantesques qui, même dans leur déclin, étonnèrent l'armée d'Alexandre (1). L'assentiment des meilleurs auteurs, du géographe Strabon
entre autres, qui eut en main toutes les pièces du
procès, ne laisse pas de doute à cet égard; mais
d'un autre côté, Bérose nous semble également
fondé à soutenir que long-temps avant Sémiramis,
il existait une *Babel* ou *Babylone*, c'est-à-dire, un
palais, un temple du dieu *Bel*, de qui le pays

---

(1) 330 ans avant notre ère, 8 siècles et demi après la fondation.

avait formé son nom *Babylonia*; et dont le temple, selon l'usage de l'ancienne Asie, était le lieu de ralliement, le pélerinage, la métropole de toute la population soumise à ses lois; en même temps que ce temple était l'asile, la forteresse des prêtres de la nation, et le séminaire antique et sans doute originel de ces études astronomiques, de cette astrologie judiciaire, qui rendirent ces prêtres si célèbres sous le nom de *Chaldéens*, à une époque dont on ne sait plus mesurer l'antiquité. Ktésias lui-même et ses livres perso-assyriens fournissent un argument à l'appui de cette opinion; car puisque Ninus, plus de 30 ans avant Sémiramis, trouva un peuple *agricole et pacifique*, par conséquent industrieux et riche; puisqu'il trouva un roi, une cour et plusieurs *bonnes villes*, il existait donc dès lors un *royaume puissant*, un état civilisé et tout ce qui en dépend. Ktésias ne nous donne point les limites de ce royaume; mais puisque, chez les anciens comme chez les modernes, les royaumes réduits en *provinces* conservaient les limites qu'ils avaient avant d'être conquis; puisque la *Babylonie*, dès avant les rois perses Darius et Kyrus, nous est dépeinte comme s'étendant du désert de Syrie jusqu'aux monts de la Perse, et du golfe Persique jusqu'au nord du pays (1) d'*Arbèles*, on peut dire que c'étaient là ses limites

---

(1) *Voyez* le récit de Ktésias en Diodore, dont le lecteur

dès le temps de Ninus; d'où il résulte que ce royaume avait une surface de 3000 lieues carrées, d'un sol que les anciens comparent, pour la fertilité, à celui de l'Égypte, et qui par conséquent comporte une population probable de près de 3,000,000 d'habitans. Enfin, si la nation babylonienne nous est peinte comme divisée de tout temps en 4 *castes*, à la manière de l'Égypte et de l'Inde, division qui elle seule est une preuve de haute antiquité, l'on a le droit de dire que dès avant *Ninus* existait la caste des prêtres chaldéens, semblable en tout à celle des *brahmes* de l'Inde; ce qui suppose tout le système politique indiqué par le récit de nos deux historiens.

Quant à la prétention ultérieure de Bérose, qui veut enlever à Sémiramis, reine assyrienne, la construction des *grands ouvrages* de Babylone, pour la donner à *Nabukodonosor*, roi chaldéen, nous allons rechercher, par la discussion exacte des textes originaux, quel fondement peut avoir cette opinion, et si, par un cas naturel, elle n'a pas pour motif l'antipathie nationale d'un Babylonien contre un peuple étranger, oppresseur de son pays, ou la partialité systématique d'un prêtre chaldéen élevé dans l'école réformatrice de *Nabonasar*, ce brûleur des livres historiques des rois

---

trouvera une traduction littérale dans la Chronologie d'Hérodote, pag. 97. Comparez aussi Strabon, lib. XVI, au début.

qui l'avaient précédé. Écoutons d'abord le récit des livres assyriens cités par Ktésias, où se trouvent des détails très intéressans et circonstanciés. Cet historien, à la suite du fragment conservé par Diodore, continue ainsi l'histoire de Ninus et de son épouse (1).

## CHAPITRE II.

#### Récit de Ktésias, système assyrien.

« Après la mort de Ninus, Sémiramis, passionnée
« pour tout ce qui respirait la grandeur, et ja-
« louse de surpasser la gloire des rois qui l'avaient
« précédée, conçut le projet de bâtir une ville ex-
« traordinaire dans la Babylonie. Pour cet effet,
« elle appela de toutes parts une multitude d'ar-
« chitectes et d'artistes en tout genre, et elle pré-
« para de grandes sommes d'argent et tous les ma-
« tériaux nécessaires; puis ayant fait dans l'étendue
« de son empire une levée de 2,000,000 *d'hom-*
« *mes,* elle employa leurs bras à fermer l'enceinte
« de la ville par un mur de 360 stades de lon-

---

(1) *Diod. Sicul.*, lib. II, p. 120, édit. de Wesseling.

« gueur (1), flanqué de beaucoup de tours, en ob-
« servant de laisser le cours de l'Euphrate dans le
« milieu du terrain. Telle fut la magnificence de
« son ouvrage, que la largeur des murs suffisait
« au passage de 6 chars serrés. Quant à la hau-
« teur, personne ne croira Ktésias, qui lui donne
« 50 orgyes. Clitarque et les écrivains qui ont suivi
« Alexandre, ne la portent qu'à 50 coudées, ajou-
« tant que leur largeur passait un peu celle de 2
« *chars* de front. Ces auteurs disent que le circuit
« fut de 365 stades, par la raison que Sémiramis
« voulut imiter le *nombre des jours* de l'année.
« Ces murs furent faits de briques crues, liées avec
« du bitume. Les tours, d'une hauteur et d'une
« largeur proportionnée, ne furent qu'au nombre
« de 250; ce qui, pour un si long espace, serait
« surprenant, si l'on ne remarquait que sur cer-
« taines faces, la ville est flanquée de marais qui
« ont dispensé d'ajouter d'autres moyens de dé-
« fense. Entre les murs et les maisons, l'espace
« laissé libre fut large de *deux plèthres*. Sémiramis,
« afin d'accélérer son ouvrage, assigna à chacun
« de ses favoris (ou de ses plus dévoués servi-
« teurs) la tâche d'un stade, avec tous les moyens
« nécessaires, en y joignant la condition d'avoir
« achevé dans *un an*. Ce premier travail étant fini

---

(1) Nous examinerons dans un article séparé la valeur de ces mesures.

« et approuvé par la reine, elle choisit l'endroit
« où l'Euphrate était le plus étroit, et elle y jeta
« un pont dont la longueur fut de 5 stades. Par
« des moyens ingénieux, on fonda dans le lit du
« fleuve des piles espacées de 12 pieds, dont les
« pierres furent jointes avec de fortes griffes ou
« agrafes de fer, scellées elles-mêmes par du plomb
« fondu qui fut coulé dans leurs mortaises. L'avant-
« bec de ces piles eut la forme d'un angle qui, di-
« visant l'eau, la fît glisser plus doucement sur ses
« flancs obliques, et modérât ainsi l'effort du cou-
« rant contre l'épaisseur des massifs. Sur ces piles,
« l'on étendit des poutres de cèdres et de cyprès,
« avec de très-grands troncs de palmiers; ce qui
« produisit un pont de 30 pieds de large, dont
« l'habile mécanisme ne le céda à aucun autre ou-
« vrage de Sémiramis. Cette reine fit ensuite con-
« struire à grands frais, sur chaque rive du fleuve,
« un quai dont le mur eut la même largeur que
« celui de la ville, sur une longueur de 160 stades.
« En face des deux entrées du pont, elle fit élever
« deux châteaux flanqués de tours, d'où elle pût
« découvrir toute la ville, et se porter, comme
« d'un centre, partout où besoin serait. L'Eu-
« phrate traversant la ville du nord au midi, ces
« châteaux se trouvèrent l'un au levant, l'autre au
« couchant du fleuve. Ces deux ouvrages occasio-
« nèrent des dépenses considérables; car le châ-
« teau du couchant eut une triple enceinte de

« hautes et fortes murailles, dont la première,
« construite en briques cuites, eut 60 stades de
« pourtour; la seconde, en dedans de celle-ci,
« décrivit un cercle de 40 stades : sa muraille eut
« 50 orgyes de hauteur sur une largeur de 300 *bri-*
« *ques*, et les tours s'élevèrent jusqu'à 70 orgyes.
« Sur les briques encore crues, on moula des fi-
« gures d'animaux de toute espèce, coloriées de
« manière à représenter la nature vivante. Enfin
« une troisième muraille intérieure, formant la
« citadelle, eut 20 stades de pourtour, et surpassa
« le second mur en largeur ou épaisseur et lon-
« gueur (1). Sémiramis exécuta encore un autre
« ouvrage prodigieux : ce fut de creuser dans un
« terrain bas, un grand bassin ou réservoir carré,
« dont la profondeur fut de 35 pieds, et dont cha-
« que côté, long de 300 stades, fut revêtu d'un
« mur de briques cuites, liées avec du bitume. Ce
« travail fait, on dériva le fleuve dans ce bassin,
« et aussitôt on se hâta de construire dans son lit,
« mis à sec, un boyau ou galerie couverte qui
« s'étendit de l'un à l'autre château. La voûte de
« ce boyau, formée de briques cuites et de bi-
« tume, eut 4 coudées d'épaisseur : les deux
« murs qui la soutinrent eurent une épaisseur de

---

(1) Il y a ici une absurdité évidente. *Le plus petit mur intérieur* plus *long* que *l'extérieur qui l'enveloppe !* Sûrement il faut lire : *surpassa en largeur et hauteur.*

« 20 briques; et sous la courbe intérieure, 12 pieds
« de hauteur; la largeur de ce boyau, en dedans,
« fut de 15 pieds. Tout ce travail fut exécuté en
« 7 jours, au bout desquels le fleuve étant rame-
« né dans son lit, Sémiramis put passer à pied sec
« par dessous l'eau, de l'un à l'autre de ses châ-
« teaux. Elle fit poser aux deux issues de cette
« galerie deux portes d'airain qui ont subsisté jus-
« qu'au temps des rois de Perse, successeurs de
« Kyrus.

« Enfin elle bâtit au milieu de la ville le temple
« de Jupiter, à qui les Babyloniens donnent le
« nom de Bélus. Les historiens n'étant pas d'accord
« sur cet ouvrage, qui d'ailleurs est ruiné, nous
« n'en pouvons rien assurer : seulement il est cer-
« tain qu'il fut excessivement élevé, et que c'est
« par son moyen que les Chaldéens, livrés à l'ob-
« servation des astres, en ont connu exactement
« les *levers* et les *couchers* ( Diodore décrit ce
« temple construit en briques et bitume). Aujour-
« d'hui le temps a détruit tous ces ouvrages : une
« partie seulement de cette vaste cité a quelques
« maisons habitées; tout le reste consiste en terres
« que l'on laboure. Il y avait aussi ce que l'on
« appelle *le jardin suspendu*; mais cet ouvrage
« n'est point de Sémiramis : ce fut un certain roi
« syrien qui, en des temps postérieurs, le bâtit
« pour une de ses concubines née en Perse. Cette
« femme, désirant avoir des collines verdoyantes,

« obtint du roi qu'il fît construire ce paysage fac-
« tice, en imitation des sites naturels de la Perse.
« Chaque côté de ce jardin avait 4 plèthres de
« longueur, etc. »

Tel est le récit de Ktésias ou des livres anciens dont il s'autorise. On peut reprocher à quelques détails une exagération qui atténue la confiance; mais outre que la limite du possible et du vrai n'est pas aussi facile à tracer ici que l'on a voulu le croire, nous aurons encore l'occasion, dans un autre article, de prouver que l'exagération apparente vient surtout des fausses valeurs que l'on a attribuées aux mesures appelées *stades*, *plèthres*, *orgyes*, *coudées*; en ce moment nous nous bornons à remarquer qu'en général les circonstances ont une physionomie locale qui donne aux faits principaux un grand caractère de vérité (1), et

---

(1) La circonstance des 2,000,000 d'ouvriers levés par corvée, suggère une observation : ce fut un spectacle étrange que cette réunion d'hommes, divers de couleur de peau, de formes de vêtement, d'habitudes d'actions, de culte, et surtout de langage. Plus de 80 dialectes ont dû se parler dans le vaste empire de Sémiramis. L'Asie retentit des récits de ce fait romanesque, brodé par l'imagination arabe : peut-être a-t-il engendré le conte de la confusion des langues survenue aux constructeurs de la tour de Babel, ainsi que nous l'avons dit, partie 1<sup>re</sup>, page 147. Nous ajoutons qu'il est probablement aussi la source de l'origine vicieuse que les Juifs donnent au mot *Babylon*. Selon eux *Babyl* signifie *confusion* : cela ne se trouve dans aucun dictionnaire hébreu, arabe, etc. Mais comme en hébreu le mot *confusio* ( *turba mixta hominum* ) s'exprime par le mot

que, selon les règles de la critique historique, ce récit prouve réellement que c'est à Sémiramis qu'appartient la *fondation* de Babylone dans le sens strict du mot, puisque cette reine créa les ouvrages majeurs qui constituent une cité, ouvrages auxquels Babylone fut uniquement redevable de la splendeur commerciale et de la force militaire qui l'ont rendue si célèbre.

En récapitulant ces ouvrages, nous en trouvons 7 principaux :

1° Le grand mur d'enceinte et de fortification, ayant 360 stades de développement;

2° Un quai élevé sur chaque rive du fleuve;

3° Le pont composé de piles de pierres et de poutres tendues sur ces piles;

4° Deux châteaux placés aux issues du pont;

5° Un vaste bassin ou lac carré de 360 stades sur chaque côté;

6° Un boyau ou galerie par-dessous le fleuve;

7° Le temple de Bélus en forme de pyramide, où l'on montait par des rampes.

---

*arab,* et que les indigènes de Babel étaient des *Arabes,* il est probable que le sens d'un mot a passé à l'autre, surtout quand la loi défendait aux Juifs de prononcer le nom des dieux étrangers, dont Babel était un composé : *Ba-bel, palais de Bel.* La ville phénicienne appelée par les Grecs *Bybl-os*, plus ancienne que Sémiramis, s'appelle en langage oriental, *Babel* : dira-t-on qu'il s'y est fait aussi une *confusion* de langues?

## CHAPITRE III.

Récit de Bérose et de Mégasthènes. — Système chaldéen.

Il est naturel de croire qu'avant la publication de l'histoire de Ktésias, les Grecs n'avaient que peu ou point de connaissance des ouvrages et du nom de Sémiramis : cet auteur doit donc être considéré comme le chef de l'opinion qui attribue à cette reine la fondation de Babylone, et cette opinion dut être dominante jusqu'au temps d'Alexandre. Mais lorsque la conquête de l'Asie par ce prince, et lorsque sa résidence à Babylone, qu'il affectionna, eurent mis les savans grecs en communication avec les prêtres du pays, avec ces *Chaldéens* si renommés pour leurs sciences, on vit s'élever une autre opinion indigène et babylonienne, contraire à celle des Assyriens de Ninive. La première trace se montre dans un fragment de Mégasthènes, historien grec, contemporain de Séleucus-Nicator, roi de Babylone jusqu'en l'année 282 avant Jésus-Christ, lequel envoya Mégasthènes, à titre d'ambassadeur, vers Sandracottus, l'un des rois de l'Inde résidant à Palybothra (1). Eusèbe, dans sa Préparation évangélique, nous a conservé le passage qui suit, livre IX, chap. 41, pag. 457.

« Babylone fut bâtie par Nabukodonosor : *au « commencement* (in principio) *le pays entier était « couvert d'eau* et portait le nom de *mer* (2); mais « le *dieu* Bélus, *ayant desséché la terre et assigné à « chaque élément ses limites,* environna de murs « Babylone, puis il disparut (3). Dans la suite, « l'enceinte qui se distingue par des portes d'ai-« rain fut construite par Nabukodonosor ; elle a « subsisté jusqu'au temps des Macédoniens. » Quelques phrases après, Mégasthènes ajoute :

« Nabukodonosor, devenu roi, entoura dans « l'espace de *quinze jours,* la ville de Babylone « d'un triple mur, et fit couler ailleurs les canaux « appelés *armakale* et *akrakan* qui venaient de « l'Euphrate ; puis, en faveur de la ville de *Siparis,* « il creusa un lac profond de 20 orgyes, ayant « 40 parasanges de circuit ; il y fit des écluses ou « vannes, appelées *régulatrices des richesses,* pour « l'arrosage de leurs champs. Il réprima aussi les

---

(1) Nous retrouvons ce roi dans les listes sanscrites des modernes indiens, sous le nom de *Tchandra-Goupta,* successeur de *Nanda.*

(2) *Bahr* en arabe, qui signifie à la fois *mer* et *grand fleuve,* toute *grande étendue d'eau.*

(3) Ce récit a une analogie frappante avec le début de la Genèse.

« inondations du golfe Persique, en leur opposant
« des digues, et les irruptions des Arabes, en con-
« struisant la forteresse de *Térédon*. Il orna son
« palais, en élevant un jardin suspendu qu'il cou-
« vrit d'arbres. »

Très-peu de temps après Mégasthènes, un savant de Babylone, Bérose (1), né de famille sa-

---

(1) On dispute sur l'époque de Bérose, et cependant la question nous semble simple aux yeux d'une critique raisonnable. Tatien, l'un des plus savants chrétiens du second siècle de notre ère, parlant de Bérose, lui rend ce témoignage: « Bé-
« rose est le plus savant des écrivains (sur l'Asie); et pour
« preuve, je citerai la préférence que le roi Juba, lorsqu'il
« traite des Assyriens, déclare donner à l'histoire de cet écri-
« vain, qui avait composé 2 livres sur les faits et gestes des
« Assyriens ». (*Oratio contra Græcos*, p. 293 *).

Quant à son âge, Tatien dit: « Bérose, prêtre baylonien,
« naquit à Babylone sous Alexandre; il dédia à Antiochus,
« troisième depuis ce prince, son histoire divisée en 3 livres,
« dans laquelle, parlant des actions des rois de Babylone, il
« en cite un entre autres appelé *Nabukodonosor*, etc. »

Maintenant raisonnons: Si Bérose naquit sous Alexandre, il faut entendre Alexandre, roi à Babylone, par conséquent vers l'an 330. Mais le traducteur latin de Tatien s'est permis d'altérer le texte grec en disant: *Bérose fut contemporain d'Alexandre* (Alexandro æqualis, quoique le grec *kata Alexandron gegonôs* signifie littéralement *né au temps d'Alexandre*). Le Syncelle, selon son usage, avait déjà altéré cette phrase en disant, pag. 28: *Bérose, dans son premier livre des Babyloniques, se fait honneur d'avoir vécu sa jeunesse sous Alexandre* (genestaï tèn-èlikian), et le traducteur du Syncelle (Goar)

* Le témoignage de l'historien Josèphe n'est pas moins avantageux à Bérose, et ces autorités sont d'un autre poids que l'opinion de l'auteur superficiel de l'article *Bérose* dans le Dictionnaire des grands hommes.

cerdotale, professa la même opinion; et parce que ses prédictions astrologiques et ses écrits en

---

l'a encore altéré en disant : *parem se Alexandro jactat.* Enfin ce même Syncelle, toujours incorrect, dévie encore plus du sens dans un autre passage, lorsqu'il dit, p. 14 : *Bérose, dans ses Antiquités chaldaïques, rapporte qu'il a fleuri sous Alexandre.*

Faute d'avoir fait ces corrections, plusieurs ont cru que Bérose avait réellement été un homme de 25 à 30 ans sous Alexandre, et alors il leur a été impossible de concilier un passage de Pline qui dit, lib. VII, chap . 11 : « Épigènes assure « que les Babyloniens ont des observations de 720 ans de date, « écrites sur des briques cuites; mais *Bérose* et Critodème ré- « duisent cette durée à 480 ans ( selon quelques manuscrits, et « 490 selon d'autres ) ».

Sur ce passage l'on raisonne et l'on dit : « Puisque Nabona- « sar ( selon Bérose ) détruisit tous les monuments historiques « antérieurs à son règne, les observations qui le précédèrent « ont dû être détruites: celles dont il s'agit ne doivent donc da- « ter que de l'an 1 de Nabonasar, qui est l'an 747 avant notre « ère : de 747 ôtez 480 de Bérose, vous avez 268. Cette an- « née fut la 15$^e$ d'Antiochus-Soter, qui succéda à Séleucus-Ni- « cator en 282. Mais si *Antiochus-Théos,* qui fut successeur « de *Soter* et 3$^e$ depuis Alexandre, ne régna qu'en 262, com- « ment Bérose lui a-t-il dédié son livre ? » Nous répondons qu'étant né sous Alexandre vers 330, Bérose avait eu, l'an 268, environ 63 ou 64 ans; ce qui est un âge convenable, tandis que la chose serait presque impossible dans l'autre hypothèse, où il aurait 85 à 90 ans. Si l'on préfère la leçon de 490 au lieu de 480, la dédicace tombera en l'an 258, et Bérose aurait 74 ans, ce qui est encore possible, mais moins probable; et néanmoins il a pu dédier son livre à Antiochus-Théos, *prince royal,* en l'an 268, tout aussi-bien qu'à Antiochus-Théos, *roi* en l'an 258 : ainsi la balance des probabilités est plus favorable à la leçon 480. Nous ne disons rien des 720 ans d'Épigènes, parce que l'époque de cet auteur n'est pas connue. Quant à la correction systématique qui veut ajouter *mille*, et

divers genres le rendirent célèbre au point que les Athéniens lui érigèrent une statue dont la langue fut d'or, nous pensons que c'est à lui qu'il faut attribuer l'ascendant que cette nouvelle opinion acquit, selon l'expression de Quinte-Curce, *chez la plupart des historiens* (vel ut plerique credidere).

L'intéressant ouvrage de Bérose, intitulé *Antiquités chaldaïques*, étant perdu, c'est à l'historien juif Flavius Josephus que nous devons les fragmens relatifs à notre question. Voici ses paroles (*Contra App.*, lib. I, § xix):

« A l'égard de ce que les monumens chaldéens
« disent de notre nation, je prendrai à témoin Bé-
« rose, né lui-même Chaldéen, homme très-connu
« de tous ceux qui cultivent les lettres, à cause
« des écrits qu'en faveur des Grecs il a publiés
« dans leur propre idiome, sur l'astronomie et la
« philosophie des Chaldéens. »

« Bérose donc, qui a copié les plus anciennes
« histoires chaldéennes, *présente absolument les
« mêmes récits que Moïse* (1) *sur le déluge, sur la
« destruction des hommes qui en résulta; sur l'ar-*

---

lire 480 *mille ans*, elle n'est appuyée ni par les manuscrits, ni par le texte de Pline, qui, en concluant que l'usage des lettres est éternel, a eu en vue leur invention sous *Phoronée* et sous les plus anciens rois de la Grèce, sans compter que cet écrivain n'est pas toujours conséquent.

(1) Phrase très-remarquable.

« *che dans laquelle Noé, père de notre race, fut*
« *sauvé ; sur la manière dont elle aborda aux mon-*
« *tagnes d'Arménie ; ensuite il énumère les descen-*
« *dants de Noé, assigne le temps de chacun d'eux*,
« et *arrive* jusqu'à Nabopolasar, roi des *Chaldéens*
« et de *Babylone*. »

Ici Josèphe raconte en détail, d'après Bérose, comment Nabukodonosor, fils de Nabopol-asar, ayant battu le roi d'Égypte *Néchos*, fut tout à coup distrait de ses conquêtes par la mort de son père; comment, sur la nouvelle qu'il en reçut, il traversa le désert de Syrie à marches forcées pour se rendre à Babylone; comment, investi de l'autorité suprême à *titre d'héritage*, il distribua ses prisonniers syriens, phéniciens et juifs en divers lieux de la Babylonie, pour y être employés à divers ouvrages, et il ajoute comme propres paroles de Bérose (1):

« Nabukodonosor, après avoir enrichi le temple
« de Bélus et de quelques autres dieux, après avoir
« *réparé la ville de Babylone qui déja existait*, et y
« avoir ajouté une ville (ou citadelle *neuve*), voulut
« empêcher que ceux qui par la suite voudraient
« l'assiéger, ne s'y introduisissent en détournant
« le fleuve : pour cet effet, *il construisit une triple*

---

(1) Ces mêmes paroles se retrouvent, à vingt mots près, dans le Syncelle, page 220, et probablement il les a copiées de Josèphe.

« *enceinte de murs, tant à la ville extérieure qu'à
« la ville intérieure*, partie en briques cuites et bi-
« tume, partie en briques seulement : lorsqu'il eut
« bien fortifié la ville, et qu'il l'eut ornée de portes
« magnifiques ( les portes d'airain ), il bâtit près
« du palais de son père un autre palais plus élevé,
« plus grand et plus somptueux. Il serait trop long
« de le décrire ; il nous suffira de dire que ce grand
« ouvrage fut fini en 15 jours : or, dans ce palais
« fut aussi construit par lui le jardin fameux ap-
« pelé *jardin suspendu*, pour complaire au désir
« de son épouse qui, ayant été élevée dans la *Mé-*
« *die*, désirait l'aspect d'un *paysage montueux*. »

Voilà, continue Josèphe, ce que Bérose dit de Nabukodonosor, dont il parle encore beaucoup dans son III<sup>e</sup>. livre des *Antiquités chaldéennes*, où il réprimande les historiens grecs, *qui croient futilement* que Babylone a été *construite par l'Assyrienne Sémiramis*, et qui ont *écrit faussement* que c'est elle qui a élevé *tous* les ouvrages merveilleux de cette grande cité.

Maintenant scrutons ce récit. A ne juger que par ces derniers mots (qui ont écrit faussement), Bérose semblerait avoir donné un démenti absolu à tout ce que Ktésias raconte de Sémiramis ; mais il faut observer que ce n'est plus ici le texte de Bérose ; c'est Josèphe qui parle et qui raisonne sur quelques passages que nous n'avons pas ; en outre, lors même que ce serait Bérose, nous aurions à lui opposer son propre texte antérieur où il dit : *Nabukodonosor enrichit le temple de Bélus et de quelques autres dieux.* S'il ne fit que *les enrichir*, ils existaient donc déja : s'il les eût bâtis, Bérose n'eût pas manqué de le dire. *Nabukodonosor ayant réparé la ville qui existait déja* : voilà une phrase tout à l'avantage de Ktésias : la ville ne devait son existence qu'à ses murs ; Nabukodonosor les *répara*, parce qu'étant bâtis depuis près de 600 ans, ils avaient subi des dégradations. Enfin dire, comme Bérose, qu'il est faux que Sémiramis ait bâti tous les ouvrages merveilleux de Babylone, n'est pas dire qu'elle n'en ait bâti aucun ; l'honneur de la fondation lui reste, et c'est Mégasthènes qui se trouve ici convaincu d'erreur, lorsqu'il a dit : *Babylone fut bâtie par Nabukodonosor. L'enceinte qui se distingue par des portes d'airain, fut construite par ce même prince.* Il est bien vrai que les portes d'airain furent posées par ce prince qui y employa entre autres l'airain enlevé au temple de Jérusalem. Mais le mur existait, Nabukodonosor ne fit que le réparer ; et c'est sans doute cette association des portes posées et des murs restaurés qui a trompé Mégasthènes. Poursuivons.

« Nabukodonosor, pour empêcher que l'en-
« nemi, en cas de siége, ne s'introduisît dans la
« ville en *dérivant* le fleuve. »

Le moyen de dériver existait donc aussi, et il

suppose la construction du grand bassin de Sémiramis (1).

« Nabukodonosor fit construire une *triple* enceinte tant à la ville *intérieure* qu'à la ville extérieure. »

A une ville comme Babylone, de plus de 24,000 toises de circuit, supposer une *triple* enceinte est une absurdité dont aucun écrivain n'a parlé : il y a certainement ici altération dans le texte. Ktésias nous a dit que Sémiramis bâtit deux châteaux forts ou citadelles, l'un à l'est, l'autre à l'ouest du fleuve, et que le château du couchant eut une *triple* enceinte ; ce doit être là l'objet désigné par Bérose : il aura donné le nom de *ville* à ces deux forteresses, et il aura appelé *extérieure* celle située à l'ouest de l'Euphrate (2), parce que, se trouvant dans le *désert* arabe, elle était réellement en dehors de la Babylonie propre ; tandis que le château de l'*est*, situé dans l'île formée par l'Euphrate

---

(1) Mégasthènes appelle ce canal de dérivation, *arma kalé* ; Pline l'appelle *amalchar*, et dit que ce mot signifie *fleuve royal* en langue chaldéenne : nous disons qu'en cette langue *fleuve royal* se dit *nahr-maleka*, qui ne ressemble en rien à *am-alchar*, mais assez bien à *ar-makalé*, que les copistes ont altéré en oubliant l'*n* dans *nar*, et en invertissant μαχαλε pour μαλαχε : nahr-malake : l'am-al-char de Pline est un mot arabe signifiant *mère de l'abondance*, de la richesse, *om-el-chair*. Quant à nahr-malake, il signifie aussi *fleuve de la reine*, et se rapporte fort bien à Sémiramis.

(2) *Voyez* le plan de Babylone, chap. 7.

et le Tigre, était placé dans *l'intérieur* du pays. Admettant ces châteaux construits par Sémiramis près de six siècles auparavant, leurs murs devaient être d'autant plus ruinés, que les rois de Ninive, inquiets et jaloux, durent négliger ces moyens de défense d'une grande cité mécontente : Nabukodonosor dut *réparer* les murs de la grande enceinte; et il put ajouter une *triple* muraille au château de l'*est* qui n'avait qu'un mur. Bérose ainsi expliqué, semblerait prétendre que Nabukodonosor les bâtit de fond en comble; mais s'il eut pour objet d'opposer un obstacle à un ennemi déja introduit, la prudente Sémiramis n'a pu manquer d'avoir la même idée.

Enfin Bérose dit que Nabukodonosor se construisit un palais plus grand, plus somptueux que celui de son père; que dans ce château fut élevé le fameux *jardin suspendu*, et que tout ce travail ne dura que quinze jours. Ktésias est d'accord pour l'ouvrage; mais quant au temps, Mégasthènes prétend que ce fut *Babylone même que Nabukodonosor entoura d'un triple mur dans l'espace de* 15 *jours*. On aperçoit ici une confusion évidente faite par cet écrivain, qui applique à la ville ce que Bérose entend du château, et cet exemple nous montre la probabilité d'une confusion inverse, mais du même genre, faite soit par Josèphe, soit par Bérose même, ou par ses copistes.

En résumant cet article, il nous semble que les ouvrages réels de Nabukodonosor sont,

1° Le palais du jardin suspendu, qui ne lui est contesté par personne;

2° La forteresse de Teredon;

3° Les écluses et les digues contre les reflux du golfe Persique;

4° Le bassin et les vannes en faveur de la ville de Siparis;

5° La réparation des murs de la grande enceinte de Babylone;

6° L'application des portes d'airain à ces murs;

7° La réparation du château à triple enceinte, et la reconstruction du château de l'est sur pareil plan.

Il reste toujours à Sémiramis,

1° La construction première et fondamentale du grand mur de 360 stades;

2° Le quai le long de l'Euphrate;

3° Le boyau ou galerie sous-fluviale;

4° Les deux châteaux aux issues de cette galerie et du pont;

5° Le grand bassin de dérivation;

6° Enfin la tour ou pyramide du temple de Bélus.

## CHAPITRE IV.

Autorités respectives de Bérose et de Ktésias, comparées et appréciées.

Dans le conflit de Bérose et de Ktésias, tel que nous le voyons, une difficulté se présente. Comment concevoir, pourra-t-on dire, qu'un indigène babylonien, qu'un prêtre chaldéen ait eu sur la fondation de sa métropole, des notions moins exactes que des étrangers perses, mèdes ou assyriens, de qui Ktésias a emprunté ses documents? Deux considérations nous rendent ceci très-concevable.

La première est que, relativement aux Babyloniens, les Ninivites étaient des usurpateurs dont le joug dut être odieux et pesant; Sémiramis dut personnellement laisser une mémoire flétrie par l'assassinat du roi son époux, par la publicité de ses débauches, par les vexations de ses immenses travaux; et l'opinion put lui refuser *les honneurs de la fondation*, ne fût-ce que par respect pour le dieu Bélus, à qui les traditions attribuaient toute l'organisation du pays.

La seconde est que le roi babylonien *Nabon-*

*Asar ayant supprimé tous les actes de ses prédécesseurs, afin que désormais la liste des rois de Babylone commençât par lui*, il ne dut rester en cette ville et dans ce pays aucune *archive ancienne*, aucun document officiel sur la fondation par Sémiramis. Dès-lors Bérose n'a dû avoir aucun moyen national de remonter historiquement au-delà du règne de Nabonasar, c'est-à-dire au-delà de l'an 747 ; et voilà pourquoi les observations recueillies par Bérose, ainsi que Pline nous l'apprend, ne remontaient qu'à 480 ans (voyez la note page 126) avant la publication de son livre, en l'an 268 ; en effet, ajoutez 268 à 480, vous arrivez juste à l'année 747, première de Nabonasar. Il était politiquement interdit à Bérose de connaître rien au-delà, comme il fut interdit aux écrivains perses depuis *Ardeschir*, de connaître le vrai temps et le vrai nombre des rois écoulés entre Alexandre et ce prince.

Par inverse, nous trouvons à l'avantage de Ktésias une circonstance qui nous avait d'abord échappé, et que l'équité nous fait un devoir de rétablir ici. Cette circonstance nous est fournie par un passage du livre d'Esdras, dont la conséquence est que les archives citées par Ktésias comme la source où il puisa, furent réellement des *archives assyriennes*, soit en original, soit traduites par les Perses : voici le passage d'Esdras.

« Aux jours d'Artahshatah (au temps de Smer-

« dis ) les Samaritains voulant empêcher les Juifs
« de rebâtir le temple, écrivirent au roi la lettre
« suivante, en langue araméenne ou syriaque.

« Qu'il vous soit connu que les Juifs renvoyés
« par le roi ( Kyrus ) à Jérusalem, veulent main-
« tenant en rebâtir les murs; et que le roi sache
« qu'au cas où les Juifs rebâtiront cette ville, de
« tout temps rebelle, elle refusera le tribut : nous,
« serviteurs du roi, qui avons *mangé le sel* et *le*
« *pain* de sa maison, nous l'en avertissons et vous
« supplions de faire rechercher dans le *livre* de
« vos pères ( parce que ) vous trouverez dans le
« *livre des histoires*, que cette ville est de tout
« temps une ville rebelle, ennemie des rois, en
« révolte dès les temps les plus anciens; c'est pour
« cela qu'elle a été détruite. »

Or, voici la réponse que fit le roi :

« L'extrait ( ou plutôt la traduction ) de la lettre
« que vous m'avez envoyée a été lu devant moi :
« j'ai ordonné, l'on a cherché et l'on a trouvé que
« cette ville, dès les temps anciens, s'est élevée
« contre les rois; qu'elle a été un siége de révolte;
« qu'il y a eu dans Jérusalem des rois puissants
« qui ont dominé sur tout le pays de l'Euphrate,
« et que le tribut royal leur était payé. »

Maintenant nous disons que ces *rois puissants
de Jérusalem qui ont dominé jusqu'à l'Euphrate* ne
peuvent s'entendre que de David et de Salomon,
qui effectivement y dominèrent et y levèrent des

tributs pendant 50 ou 60 ans. Après Salomon, le royaume s'étant divisé en deux petits états, les roitelets de Samarie et de Jérusalem, non-seulement ne perçurent plus le tribut, mais souvent y furent assujettis. Or, du temps de David et de Salomon, c'est-à-dire depuis l'an 1040 jusque vers l'an 980 avant notre ère, les Perses et les Mèdes assujettis aux Assyriens de Ninive, gouvernés par les satrapes du *grand roi*, et séparés de l'Euphrate par toute la Babylonie et la Mésopotamie, n'avaient ni moyens de communication, ni intérêt de savoir ce qui se passait en Syrie : ils ne devaient pas même avoir la faculté de tenir des régistres, des *archives royales*, tels qu'on nous les désigne : les livres cités par Smerdis ne sont donc ni mèdes, ni perses; ils ne sauraient même être babyloniens, puisqu'ils précèdent l'époque de Nabonasar, qui les brûla tous : par conséquent ils ne peuvent être qu'*assyriens-ninivites*. Objectera-t-on que *Sardanapale, ayant brûlé son palais*, les archives royales ont dû y périr? Cette conséquence n'est pas de rigueur, surtout si l'on se rappelle que le *séraï* des rois de Ninive *fut une maison mystérieuse de plaisir dont furent écartées les affaires*; par conséquent la chancellerie, qui exige l'accès de beaucoup de monde, dut naturellement être placée ailleurs : dans tous les cas, nous avons ici la preuve positive qu'au temps de Smerdis il existait en Perse des *livres officiels* où se trouvaient consignés des événements antérieurs de plus de 500 ans, c'est-à-dire d'une époque où il n'existait ni royauté, ni chancellerie royale chez les Mèdes et chez les Perses; d'où il suit que ces livres furent *assyriens-ninivites*, soit en original, soit en extrait (comme nos chroniques juives), soit encore en traduction mède, que les rois de ce peuple, qui se dirent les héritiers *des Assyriens*, auraient fait faire pour leur instruction. Une telle traduction dans l'idiome *zend*, qui diffère de l'assyrien, expliquerait comment il a pu s'y introduire diverses altérations; d'ailleurs, il est remarquable qu'au chapitre VI du même Esdras, livre 1, à l'occasion d'une pétition des Juifs, le roi Darius ayant fait chercher l'édit de Kyrus dans les archives, il est dit : « Sur l'ordre de Darius, « l'on chercha dans la *maison des livres* (la biblio- « thèque) qui est jointe au garde-meuble et au « trésor à Babylone, et l'on trouva dans le château « (ou palais), au pays des Mèdes (à Ekbatane), « un rouleau écrit ainsi : *L'an du règne de Ky-* « *rus, etc., etc.* »

Ainsi *l'on chercha à Babylone dans les archives, et l'on n'y trouva rien*; mais l'on trouva à *Ekbatane :* n'est-il pas probable que ce fut là aussi que l'on trouva le livre cité par Smerdis; et alors, n'avons-nous pas une sorte de preuve que les monuments assyriens avaient été recueillis par Déiokés ou par ses successeurs qui résidèrent à Ekbatane ?

En raisonnant sur ces faits, nous pensons y découvrir l'existence de deux systèmes chronologiques en opposition, dès avant Kyrus, au sujet de Babylone. L'un, *le système assyrien* qui nous est transmis par Ktésias, et qui paraît avoir dominé jusqu'à la chute de l'empire perse; l'autre, *le système chaldéen*, concentré d'abord en Babylonie, mais qui, par suite de la conquête d'Alexandre et du séjour des rois macédoniens en Chaldée, obtint une préférence qu'il dut en partie aux talents et aux ouvrages de Bérose dans l'idiome des Grecs, et en partie à la difficulté extrême de la langue *zend*, et à la destruction de ses livres, occasionée par les guerres des Macédoniens et des Perses.

## CHAPITRE V.

### Récit d'Hérodote.

Actuellement consultons Hérodote; et voyons quels éclaircissements il nous donnera dans ce débat.

Cet écrivain, vers la fin de son premier livre, arrivant à la guerre de Kyrus contre Babylone, nous donne, selon sa coutume, d'assez grands détails sur le climat, les productions et les mœurs du pays. Quant aux faits historiques il est plus concis qu'à son ordinaire, et ce laconisme nous devient un motif de peser ses paroles avec plus de soin.

« L'Assyrie, dit-il, a plusieurs grandes villes ;
« mais la plus célèbre et la plus forte est Baby-
« lone, qui, après la subversion de Ninive, devint
« la capitale des Assyriens. »

Ici Hérodote décrit l'enceinte carrée de Babylone, les dimensions de ses murs, la direction des rues, le palais du roi et le temple de *Ioupiter-Bélus qui*, dit-il, *subsiste encore*. « *Les Chaldéens,*
« *qui sont les prêtres de ce dieu, assurent qu'il vient*
« *en personne dans la chapelle à un certain jour de*
« *l'année, et qu'il repose sur le lit qui lui est pré-*
« *paré, où l'on a placé une femme du pays... Il y*
« *avait autrefois dans le sanctuaire une statue d'or*
« *massif haute de* 12 *coudées; mais je ne l'ai point*
« *vue: le roi Xercès l'avait enlevée après avoir fait*
« *tuer le prêtre qui s'y opposait.* »

Ces mots *je ne l'ai point vue*, montrent clairement qu'Hérodote parle ici en témoin *oculaire*; qu'il a *conversé avec les prêtres chaldéens*; qu'il a puisé tous ses renseignements sur les lieux : par conséquent nous avons lieu de penser qu'il a suivi le *système chaldéen* comme Bérose, et non pas le *système assyrien* comme Ktésias. Nous verrons l'importance de cette distinction pour apprécier

ses récits. Il continue, § 184 : « Babylone a eu
« beaucoup d'autres rois dont je parlerai dans
« mon histoire d'Assyrie; ce sont eux qui ont plus
« amplement orné ses murs et ses temples: parmi
« ces princes on compte deux reines : la première
« s'appelait Sémiramis. Elle fit faire ces digues re-
« marquables qui retiennent l'Euphrate dans son
« lit et qui préservent la plaine de la stagnation
« malfaisante des eaux après les débordements. »

§ 185. « La seconde reine, nommée Nitokris,
« fut une femme plus prudente que la première;
« elle fit faire divers ouvrages, etc. ( nous en par-
« lerons bientôt ). Ce fut contre le fils de cette
« reine que Kyrus conduisit ses troupes : il était
« roi d'Assyrie et s'appelait *Labynet*, comme son
« père. »

Ici nous avons une date connue d'où nous pouvons partir pour dresser nos calculs ; nous savons par Bérose et par la *liste officielle* dite *Kanon* astronomique de Ptolomée, que le roi de Babylone détrôné par Kyrus le fut en l'an 539; qu'il avait régné 17 ans; par conséquent il avait monté sur le trône l'an 555. Selon Bérose et Mégasthènes, il n'était pas le fils des trois princes qui l'avaient précédé; il ne put donc être fils que de *Nabukodnasar*, mort en l'an 565. Bérose le nomme *Nabonid*, qui ne diffère de *Labunet* que par la permutation naturelle de l'*N* en *L* et du *d* en *t*. Ce Nabonid semblerait même être une forme grecque employée par *Bérose* pour signifier *fils de Nabu* ou de *Naboun*. Alors Nitokris, mère de *Labynet - Nabonide*, se trouve être l'épouse de Nabu-kodn-osor qui, selon l'usage du pays, dut avoir plusieurs femmes. Et nous avons une date du règne ou plutôt de la régence de cette princesse dans cette autre phrase d'Hérodote.

§ 185. « Nitokris ayant remarqué que les Mèdes,
« déja puissants, ne cessaient de s'agrandir, et que,
« entre autres villes, ils avaient pris Ninive, elle se
« fortifia, etc. » Nous sommes certains, 1° que les Mèdes prirent Ninive sous Kyaxar en l'an 597; 2° que Nabukodonosor régnait déja à Babylone depuis l'an 604, c'est-à-dire depuis 8 ans, et qu'il y régna 43 ans jusqu'à l'an 565. Nitokris n'a donc pu être une reine en titre, une reine *indépendante*; et il est démontré qu'Hérodote appelle improprement *règne* ce qui n'a été qu'une *régence* confiée par Nabukodonosor, seul roi que Bérose et le Kanon officiel admettent dans la liste. Cette régence trouve des motifs probables dans les longues absences que fit Nabukodonosor pour subjuguer Tyr et Jérusalem : les siéges de ces deux villes coïncident très-bien à la date que donne Hérodote (596), puisqu'ils occupèrent le roi de Babylone pendant 13 ans, depuis 598 jusqu'en 586.

———

## CHAPITRE VI.

### Résultat.

Hérodote attribue cinq grands ouvrages à Nitokris.

« 1° Elle fit creuser au-dessus de Babylone, à
« l'Euphrate, un nouveau lit qui rendit son cours
« si tortueux, que les navigateurs passaient trois
« fois de suite en trois jours près du bourg d'Ar-
« derica. Ce travail eut pour objet spécial d'arrêter
« les Mèdes.

« 2° Elle fit construire dans la ville, et des deux
« côtés de la rivière, un quai en briques.

« 3° Elle établit dans le lit du fleuve mis à sec,
« des piles de pont sur lesquelles on plaçait pen-
« dant le jour des madriers que l'on retirait le soir,
« pour empêcher les habitants d'une rive d'aller
« voler ceux de l'autre.

« 4° Elle fit creuser un vaste lac de 420 stades
« de circuit, pour y dériver les eaux du fleuve dans
« les débordements. (Cela dut lui servir pour fon-
« der le pont.)

« 5° Avec les terres tirées de ce lac, elle éleva
« une digue prodigieuse pour contenir l'Euphrate. »

Aucun de ces travaux n'est attribué par Bérose

à Nabukodonosor; mais plusieurs semblent se confondre avec ceux de Sémiramis.

En se rappelant que Nabukodonosor épousa, du vivant de son père, une fille du roi mède Kyaxar (vers l'an 606), on peut se demander si cette princesse, nommée *Aroïté*, fut la même que Nitokris; cela ne serait pas impossible, quoique peu probable au premier aspect. Kyaxar, comme tous les rois d'alors, avait plusieurs femmes. Aroïté a pu naître d'une autre mère que de celle d'Astyag, héritier de Kyaxar; et selon les mœurs des *harem*, ces mères rivales les auront élevés dans une mutuelle antipathie. Aroïté, devenue épouse de Nabukodonosor, aura pu redouter, haïr Astyag avec d'autant plus de force, qu'elle aura mieux connu son ambition et ses perfidies. Ce serait pour elle qu'aurait été construit le *jardin suspendu*.

Mais alors pourquoi son fils Labynet ne fut-il pas héritier de Nabukodonosor au lieu d'Evil-Mérodak, qui ne nous est point représenté comme un fils aîné, ni comme un homme âgé? Ces incidents domestiques ne sont point expliqués par les auteurs, et l'on n'a pas le droit d'y suppléer. Bérose même ajoute à l'embarras, quand il dit que les conjurés qui tuèrent *Labo-(1)-roso-achod*, élurent à sa place un *certain Babylonien* appelé

---

(1) Ici *Labo* se trouve écrit au lieu de *Nabo*, comme *Labynet* au lieu de *Nabunet*.

*Nabonides;* comment omet-il de dire qu'il fut fils du grand Nabukodonosor ?

Quoi qu'il en soit des circonstances, il suffit à la chronologie que l'époque de Nitokris soit connue et déterminée. Supposons que la régence date de l'an 595, premier d'Astyag, et partons de là pour calculer l'époque de Sémiramis. Hérodote dit qu'elle précéda Nitokris de *cinq générations :* ce vague de mots *cinq générations*, est remarquable; il faut qu'Hérodote ait ici manqué de date fixe, de nombre précis. Si nous évaluons les générations selon son système, c'est-à-dire à 3 pour 100 ans, les *cinq* générations nous donnent 166 ans, qui, ajoutés à 595, placent Sémiramis vers l'an 761, 14 ans avant *Naboun-asar*, et quarante-cinq ans avant la ruine de Ninive, par *Bélésys* et *Arbák*. Cette date, dont aucun autre écrivain n'a fait mention pour Sémiramis, a beaucoup embarrassé les chronologistes; les uns ont supposé qu'il y avait erreur de copiste dans le nombre *cinq,* et qu'il fallait lire *quinze.* Les quinze générations vaudraient alors dans le système grec 500 ans, et Sémiramis, dans nos calculs, serait placée vers l'an 1100 ou 1095; ce qui produit cent ans de différence avec la date que nous avons trouvée par un autre calcul d'Hérodote être l'an 1195 (1). D'autres critiques ont pensé que

---

(1) *Voyez* Chronologie d'Hérodote, p. 70 et suivantes.

c'était une Sémiramis II$^e$ du nom, et quelques-uns en ont même fait l'épouse de Nabounasar; mais l'on voit que l'avénement de ce prince, en 747, est postérieur de 14 ou 15 ans à la date donnée par Hérodote (761), et, de plus, la supposition est sans autorité.

Après avoir réfléchi sur certaines circonstances du récit d'Hérodote, nous avons cru découvrir à cette difficulté une solution plus simple et plus vraie. Le lecteur n'a pas oublié que cet *historien voyageur* consulta les prêtres de Babylone, les *chaldéens* desservant le temple de Bélus; par conséquent les notions qu'il en reçut furent conformes au *système chaldéen*, tel que Bérose nous l'expose. Or, dans ce système, le roi chaldéen Nabounasar était le premier roi de Babylone; aucun autre n'était connu ou censé avoir existé avant lui. Néanmoins, comme le règne de Sémiramis était trop notoire dans Babylone, où ses ouvrages étaient des témoins vivants (1), le nom de cette reine ne put être entièrement supprimé; seulement il se trouva précéder immédiatement *Nabounasar*, sans supposer de lacune, précisément comme il est arrivé chez les Perses par la suppression qu'*Ardeschir* fit d'un grand nombre de

---

(1) Entre autres, l'une des portes de la ville portait le nom de cette reine. *Voyez* Rennel, *Geog. system. of Herodotus*, sect. XIV.

règnes entre celui d'Alexandre et le sien. Hérodote a donc été nécessairement induit en erreur par les *Chaldéens*; et comment l'eût-il évitée, lorsque Bérose lui-même l'a commise, soit de bonne foi, soit de dessein prémédité, par un effet de cet esprit *brahminique*, c'est-à-dire *mystérieux* et *dissimulé*, qui caractérise les prêtres anciens. Par la suite, Hérodote, confrontant cette donnée aux calculs qu'il avait reçus à Memphis et à *Ekbatanes*, *des savants perses et égyptiens* (1), dut éprouver beaucoup d'embarras; mais subjugué par l'autorité, il écrivit d'abord, selon son usage, sans se faire garant, et il nous en avertit par ces mots : *Voilà ce que les Chaldéens racontent du dieu Bel ; cela ne me paraît pas croyable, mais ils l'assurent.*

Si notre explication est juste, la Sémiramis d'Hérodote n'est pas autre que celle de Ktésias, la fondatrice de Babylone, et nous trouvons plusieurs appuis à cette assertion :

1° Le silence absolu de tous les anciens sur une Sémiramis II, placée à la date que donne Hérodote;

2° Un passage d'Étienne de Bysance, qui dit : « Babylone n'a pas été bâtie par Sémiramis, comme « le dit Hérodote. »

Hérodote ne parle qu'une seule fois de Sémiramis, *qui éleva les digues remarquables aux-*

---

(1) *Voyez* liv. II, § xcix et suiv., et liv. I, § 1.

quelles Babylone dut *l'assainissement de son terrain.* Étienne de Bysance a donc considéré cette
Sémiramis comme la *fondatrice* dont parle Ktésias.

3° En parlant de Babylone, Hérodote dit ailleurs : « Après la subversion de Ninive ( en 717
« sous Sardanapale) Babylone devint la capitale des
« rois assyriens. » Ne semble-t-il pas croire que
Babylone n'eut de rois que depuis cette époque
très-voisine de Nabounasar, mort en 733 ?

4° Ensuite, après avoir parlé de ce que firent
à Babylone les rois Darius et Xercès, il ajoute :

« Cette ville a eu *plusieurs* autres rois : ce sont
« eux qui ont *plus amplement orné ses murs et ses
« temples.* » Ces derniers mots font allusion aux
portes d'airain posées par Nabukodonosor, et à ses
*dépouilles opimes* mentionnées par Bérose; mais
en même temps elles impliquent *la construction
des murs comme antérieure et déja faite* (1). Hérodote poursuit :

« Parmi ces rois l'on compte deux femmes : la
« première, nommée *Sémiramis*, vécut *cinq géné-
« rations* avant la seconde. »

Remarquez qu'Hérodote n'a pas dit *cinq* règnes :

---

(1) La traduction française de Larcher porte : « Ce sont eux
« qui l'ont environnée de murailles et qui l'ont embellie par
« les temples qu'ils y ont élevés. » Cette périphrase dénature
matériellement le texte : *muros amplius ornaverunt et templa.*
Cette traduction est pleine d'altérations semblables, et l'on
peut assurer qu'Hérodote est *à traduire en français.*

il y eût eu contradiction avec l'autre phrase, *Babylone a eu plusieurs autres rois*. Le mot *plusieurs* cadre bien avec le nombre du *kanon de Ptolomée*, qui compte 21 règnes depuis Nabounasar jusqu'à Kyrus; mais si Hérodote eût connu ceux qui s'écoulèrent entre Sémiramis et Nabounasar, dans un espace de plus de 440 ans, se fût-il contenté du mot *plusieurs ?* Il a donc ignoré ceux-là.

5° Enfin, si notre explication est fausse, n'est-il pas bien singulier de voir le calcul chaldéen d'Hérodote donner 14 ans de règne à Sémiramis (de 761 à 747), précisément comme nous l'avons trouvé ci-dessus par le calcul des Assyriens?

Il est probable que lorsque cet historien voulut rédiger son histoire d'Assyrie, il s'aperçut de la lacune du système chaldéen, de sa discordance avec le système ninivite; que cette difficulté devint pour lui un motif de dégoût, un obstacle radical à la publication de son livre; en même temps que cette erreur, glissée dans l'ouvrage qui nous reste, a dû être l'un des arguments efficaces dont se servit Ktésias pour l'attaquer et le discréditer. Il nous reste deux mots à dire sur les ouvrages de Nitokris. (Voyez pag. 142 ci-dessus.)

Les *trois grands détours de l'Euphrate* paraissent lui appartenir sans opposition; mais son pont ressemble beaucoup à celui de Sémiramis. Ne peut-on pas croire que Nitokris l'aura trouvé très-dégradé et qu'elle l'aura réparé et orné?

La dérivation du fleuve et le creusement du grand réservoir ou lac sont des annexes du pont, que Sémiramis dispute également. Ce ne fut probablement qu'imitation et répétition de la part de Nitokris.

De toutes ces discussions il résulte assez clairement, d'une part, que les ouvrages fondamentaux de Babylone appartiennent réellement à Sémiramis, et que les livres assyriens à cet égard ont été mieux instruits et plus fidèles que ceux des Chaldéens; mais, d'autre part, il semble également vrai de dire que long-temps avant cette reine il existait au même local un temple très-célèbre du dieu Bel; et parce que les anciens temples en général étaient fortifiés pour la sûreté des prêtres, et qu'à raison des pèlerinages dont ils étaient le but, leur voisinage était très-habité, il y a tout lieu de croire qu'il exista une ville de *Babel* ou Babylon, antérieure à celle de Sémiramis; et à cet égard l'assertion de Bérose et de Mégasthènes est confirmée par d'autres témoignages positifs et par divers raisonnements d'induction.

Diodore de Sicile (1), en parlant des grands et nombreux ouvrages que Sésostris, au retour de ses conquêtes, fit exécuter par les captifs des peuples qu'il avait vaincus, s'autorise des livres et des monuments égyptiens, pour nous apprendre

---

(1) Liv. I, pag. 66, édit. de Wesseling.

« qu'un certain nombre de prisonniers amenés
« de la Babylonie, ne purent supporter patiem-
« ment la dureté des travaux, et qu'étant parvenus
« à s'échapper ils s'emparèrent d'un lieu très-fort
« situé au bord du Nil; que de cet asile ils firent
« dans le voisinage des excursions et des pillages
« pour subsister, jusqu'à ce qu'une amnistie leur
« ayant été offerte ou accordée, ils donnèrent le
« nom de *Babylon* au local choisi par eux pour y
« habiter. »

Or si, comme les chronologistes en sont d'accord, sur la foi d'Hérodote, le roi égyptien Sésostris revint de ses conquêtes vers l'an 1348 avant J.-C., il s'ensuit qu'il existait des *Babyloniens*, et par conséquent une *Babel* dès cette époque, plus de 150 ans avant Sémiramis. Diodore ajoute immédiatement cette observation remarquable :

« Je n'ignore pas que Ktésias de Knide donne
« une autre origine à plusieurs des villes d'Égypte
« qui ont des noms étrangers, lorsqu'il dit qu'un
« certain nombre de gens de guerre, venus en
« Égypte à la suite de Sémiramis, y bâtirent des
« villes qu'ils appelèrent du nom de leur patrie. »

Dans cette opinion de Ktésias nous trouvons deux invraisemblances choquantes. 1° Comment Babylone, à peine bâtie par Sémiramis, à peine ayant un premier noyau d'habitants en sa vaste enceinte, eût-elle pu fournir une colonie? et comment ces colons, tous nés hors de Babylone, auraient-ils appelé *patrie* un lieu auquel ils étaient étrangers?

2° Comment les Égyptiens, après le passage supposé de Sémiramis, qui dut être de courte durée, auraient-ils laissé parmi eux des étrangers faibles, sans appui, et qui leur étaient odieux par principe de religion et de politique? L'origine de ces villes étrangères, attribuée aux captifs de Sésostris, est donc bien plus naturelle, et Ktésias, qui se contredit ici, paraît suivre cette opinion systématique des Perses (dont nous avons parlé), lesquels, à l'occasion de la révolte d'Égypte contre le grand roi, cherchèrent dans l'antiquité un droit ou un prétexte de possession légitime, fondé sur une prétendue conquête antérieure à Sésostris, conquête au moyen de laquelle les Égyptiens n'auraient dû être considérés que comme d'anciens sujets échappés au joug et dans un état constant de rebellion.

Ici la contradiction de Ktésias se démontre par les circonstances dont il accompagne la conquête que Ninus fit de la *Babylonie*. « Ce pays, dit-il, « avait beaucoup de villes bien peuplées; les na- « turels, inexpérimentés à l'art de la guerre, furent « facilement vaincus et soumis au tribut; Ninus « emmena le roi captif, etc. »

Sur ce texte nous raisonnons et nous disons : « Si *ce peuple avait des villes*, c'est qu'il avait des arts, des sciences, des richesses; s'il *était inex-*

*périmenté à l'art de la guerre*, c'est qu'il était pacifique et civilisé, et il était pacifique parce qu'il était agricole; c'était encore la cause de sa population et de sa richesse. Puisqu'il avait un roi, l'état était monarchique; par conséquent il y avait une cour, une capitale et toute l'organisation analogue. Dans cette organisation il ne pouvait manquer d'exister, comme chez tous les anciens peuples asiatiques, une caste sacerdotale; et puisque les historiens postérieurs nous représentent le peuple babylonien comme très-anciennement divisé en 4 castes, à la manière des Égyptiens et des Indiens, nous pouvons être sûrs que dès lors existait la caste de ces prêtres chaldéens si renommés pour leurs sciences et pour leur antique origine. Si cette caste existait, elle devait dès lors avoir aussi son collége, son observatoire astronomique, instruments nécessaires de son instruction et de ses sciences. Dans un pays plat comme la Chaldée, cet observatoire devait être élevé, comme la pyramide ou tour de Bélus, identique à celle de *Babel*. Le royaume conquis par Ninus devait même déja porter le nom de *Babylonie*, d'abord parce qu'il était le pays de *Bélus*; 2° parce que ce nom se montre dès le temps de Sésostris; 3° parce que les limites de la *Babylonie*, telles que les tracent les plus anciens géographes, n'ont pu être assignées par Sémiramis ou par Ninus; en effet, la ligne frontière de la Babylonie au nord, selon Strabon (1), d'accord avec Ktésias, passait entre le territoire d'Arbèles et le pays de Ninive, appelé proprement *Atourie* ou

---

(1) *Strabo*, lib. XVI, pag. 737 : « Ninive est située dans « l'Atourie; l'Atourie ressemble au pays qui entoure *Arbè-* « *les, dont elle est séparée* par la rivière du Loup ( le Ly- « cus ); Arbèles appartient à la Babylonie, qu'elle joint *au-* « *delà* du Lycus; la plaine d'Atourie entoure Ninive. »

On voit que la frontière de la Babylonie, vers Ninive, était la rivière du Loup ou Lycus, située *au-delà* d'Arbèles relativement à cette Babylonie : or la distance du Lycus à Ninive n'est que d'environ 16 lieues communes de France. Et Ktésias dit qu'au premier combat, Sardanapale poussa les rebelles à 7 stades, qui font 477 toises, parce que son stade est celui de $833\frac{1}{3}$ au degré, comme nous le verrons. Aux deux combats suivants, le roi chassa les rebelles jusqu'à la frontière de Babylonie, et le récit de l'historien montre qu'elle n'était pas loin.

Il est bon de remarquer ici que l'*Atourie* n'est autre chose que la prononciation chaldéenne du mot *Ashourie* ( Assyria ), le dialecte chaldéen changeant très-souvent le *shin hébreu* et *arabe* en *tau*. Aussi Casaubon, dans ses notes sur le premier paragraphe du livre XVI de Strabon, remarque-t-il que, selon le témoignage de Pline et d'Ammien, le pays où fut Ninive s'appela d'abord *Assyrie,* puis *Adiabène ;* et que, selon Dion (*in Trajano*), l'Adiabène avait été appelée *Atourie* par les *Barbares* ( les Chaldéens ), qui avaient changé l's en *t* ( Assouria-Atouria * ). Quant au mot *Adiabène*, Ammien-Marcellin veut lui donner une origine grecque qui est forcée; c'est le nom syrien et chaldéen de la rivière du *Loup* qui en ces dialectes se dit *Diab* et *Ziab*, *Zab* de la géographie moderne; et les Grecs, qui l'appelaient *Lycus,* ne firent que traduire le mot chaldéen. Il est probable qu'après la conquête d'Alexandre, toutes leurs instructions leur furent fournies par les astronomes et géographes babyloniens.

* La traduction chaldaïque d'Onkelo rend toujours *assour* par *atour*.

*Assourie;* c'est-à-dire que la juridiction de Babylone s'étendait jusqu'à 84 lieues de cette ville, et s'approchait de Ninive presqu'à la distance de 16 de nos lieues communes de France, ce qui est confirmé par le récit que fait Ktésias des combats qui eurent lieu entre les troupes de Sardanapale et celles d'*Arbakes* et de Bélésys (1). Or, l'on ne saurait concevoir que Ninus ou Sémiramis eussent tellement rapproché de leur capitale le territoire d'un peuple vaincu; et il faut admettre que cette limite de la *Babylonie* était déja acienne; que le royaume des Chaldéens fut établi avant celui des Assyriens, lesquels avant Ninus ne possédaient probablement que le pays montueux situé entre l'Arménie et la Médie, pays qui compose aujourd'hui le Kurdistan proprement dit; tandis que les Babyloniens possédaient tout le plat pays situé entre la mer (2), le désert et les montagnes, ce qui présente un débornement géographique si naturel, que l'histoire nous le montre presque sans variation depuis ces anciens temps jusqu'à nos jours. On peut dire que cette grande île de l'Euphrate et du Tigre, jadis appelée *Babylonie*, et maintenant *Irâq-Arabi*, a été le domaine con-

---

(1) *Voyez* Chronologie d'Hérodote; p. 103. Le traducteur a commis une erreur à cette même page 103, note [2], en évaluant le stade de Ktésias à 85 toises, tandis qu'il ne faut l'estimer qu'à 68 toises 5 pieds 2 pouces.

(2) Golfe Persique.

stant de la race arabe. Divers passages de Strabon offrent à cet égard des faits positifs et des idées lumineuses. « Les Arméniens, » dit ce savant géographe, liv. I, pag. 41, « les Arabes et les Syriens
« ont entre eux des rapports marqués pour la
« forme du corps, pour le genre de vie et pour le
« *langage*..... et les Assyriens ressemblent entière-
« ment aux Arabes et aux Syriens ( p. 42 ): or le
« nom des *Syriens* (liv. XVII, p. 737) paraît s'é-
« tendre depuis la *Babylonie* jusqu'au golfe d'Is-
« sus, et même autrefois jusqu'à l'Euxin; car les
« Cappadociens, tant ceux du Pont que ceux du
« Taurus, portent encore le nom de *Syriens blancs*,
« sans doute parce qu'il y a des *Syriens noirs*. Ceux-
« ci ( les noirs ) habitent extérieurement au mont
« Taurus, dont le nom s'étend jusqu'à l'*Amanus*
« (près le golfe d'Issus). Quand les historiens qui
« ont traité de l'empire des *Syriens* nous disent
« que les Perses renversèrent les Mèdes, et que
« les Mèdes avaient renversé les Syriens, ils n'en-
« tendent pas d'autres Syriens que ceux qui eu-
« rent pour capitales les cités de Babylone et de
« Ninive, bâties l'une par Ninus dans la plaine
« d'Atourie, l'autre par Sémiramis, épouse et suc-
« cesseur de Ninus.... Ces Syriens-là régnèrent sur
« l'Asie..... Ninus et Sémiramis sont appelés *Sy-*
« *riens*(1) (dans l'histoire).... et Ninive porte le titre

---

(1) Lib. II, pag. 84.

« de capitale de la *Syrie*. C'est la même langue qui « est parlée au dehors et *en dedans* de l'Euphrate. » Voilà ce que dit Strabon.

Par ces mots, *en dedans de l'Euphrate*, il désigne évidemment le pays entre ce fleuve et le Tigre, et même tout ce qui est à l'est jusqu'aux montagnes des Mèdes et des Perses ; ce qui s'accorde très-bien avec les monuments arabes de *Maséoudi*, lesquels, comme nous l'avons remarqué ci-devant (1), attestent que le midi de la Perse et le pays de Haouaz, à l'est du Tigre, furent habités par l'une des 4 plus anciennes tribus arabes (celle des Tasm) à une époque très-reculée.

Un dernier trait à l'appui de cette antiquité mérite encore d'être cité.

Étienne de Bysance, au mot *Babylon* (2), après avoir dit que *Babylon ne fut point fondée par Sémiramis, comme le prétend Hérodote* (vide suprà), ajoute « que cette ville fut fondée par le très-sage « et très-savant Babylon (3), 2000 ans avant Sé- « miramis, comme le dit Herennius-Severus. »

Cet Herennius-Severus, selon la remarque de Saumaise (4), est le Phénicien *Philon*, cité par Jo-

---

(1) *Voyez* l'article des rois homérites, tome IV, page 506 de la *Chronologie d'Hérodote*; et la *Géographie de la Genèse*, a à la fin, 1<sup>re</sup> partie de nos *Recherches*.

(2) *Lexicon de Urbibus*.

(3) Il faut entendre Bélus, aucun ancien auteur n'ayant jamais parlé du sage Babylon.

(4) *Vide Salmasium Exercit. Plinianæ, in Solin.*, p. 866. E.

sèphe comme ayant traduit en grec plusieurs livres historiques de sa nation; par conséquent Philon put et dut lire des livres arabes et chaldéens d'une date très-ancienne. Les 2000 ans que nous cite ce savant, sont donc un résultat de ses calculs, dressé d'après les données des monuments authentiques. Nos chronologistes modernes ont négligé ou méprisé ce calcul, parce qu'il ne cadre pas avec les leurs; mais, dans le système que nous exposons, il a une analogie frappante avec deux périodes dont on avoue l'authenticité.... Selon nous, Sémiramis régna 1195 ans avant J.-C.: ajoutez 2000 ans, vous avez 3195 ans pour date de la fondation du *temple de Bélus;* et rappelez-vous que selon Mégasthènes et Bérose, ce fut après un *déluge* ou inondation de la terre que Bélus bâtit sa ville, puis disparut. Maintenant confrontez à ce calcul celui des livres juifs; vous avez depuis l'ère chrétienne jusqu'à la fondation du temple de Solomon (1)..............1012 ans.

De la fondation du temple de Salomon jusqu'à la sortie d'Égypte (2)..... 480

---

Saumaise veut qu'au lieu de *deux mille* ans, on lise *mille deux* ans; mais cette correction est sans appui, et elle a contre elle la leçon de Photius, qui a lu 1800 ans.

(1) Selon le calcul vulgaire; *voyez* Larcher. Chronologie. Selon nous 1015.

(2) Selon l'auteur du livre des Rois.

De l'autre part............ 1492 ans.
Depuis la sortie d'Égypte jusqu'à la
naissance d'Abraham (1)........... 500
Et depuis la naissance d'Abraham
jusqu'au déluge (2)................ 1194
　　　　　　Total............... 3186 ans.

Nous n'avons donc que 9 ans de différence; encore faut-il remarquer que dans *la période des rois juifs*, il y a entre les chronologistes des variantes de 6, 8 et 10 ans qui remplissent ce déficit et rendent complet le synchronisme (3). Notre calcul particulier, toutes corrections faites, porte l'intervalle depuis la fondation du temple de Salomon jusqu'à notre ère, à la somme de 1015, ce qui donne 3189 ans, 5 ans seulement de différence. Une si parfaite analogie n'est pas due au hasard.

D'autre part, l'analyse de l'astronomie indienne, faite par Bailly, par le Gentil, et par les savants de Calcutta, nous apprend que la période du *Kali*

---

(1) Selon le texte grec, lequel, traduit authentiquement par l'ordre du roi Ptolomée, représente l'ancien original hébreu cité par Esdras, plus exactement que l'hébreu actuel, retouché sous les Asmonéens par le grand sanhédrin.

(2) *Voyez* les Tables de la Polyglotte de Walton, tom 1, p. 4 et suiv.

(3) D'ailleurs ajoutez les 10 ans qu'ils suppriment tous au règne d'Amon, fils de Josias, et vous avez 3196 ans, une seule année de différence.

*yog* remonte à l'an 3102 avant notre ère, c'est-à-dire qu'à cette date commença l'*âge actuel*, à la suite d'*un déluge* qui avait *inondé la terre et détruit la race humaine*, à l'exception de Satavriata et de sa famille, que le dieu *Vishnou*, métamorphosé en poisson, prévint et sauva du danger. Il est vrai qu'ici nous avons une différence de 90 ans; mais comme tous ces déluges si célèbres dans l'histoire (quoique arrivés, dit-on, avant qu'il existât des écrivains), ne sont autre chose que des faits astronomiques voilés par l'allégorie, les calculs des astronomes ont eu des variantes selon le point (ou degré) *du signe céleste* ( argo ou verseau ) d'où ils sont partis, et il a suffi d'un degré de signe pour introduire une différence de 71 ans, à raison du phénomène appelé *la précession des équinoxes*.

Ici l'analogie ou plutôt l'identité des trois époques prouve que le récit vient d'une source commune, qui doit être placée chez les Chaldéens, parce que les Juifs ne sont que leur écho, ainsi que nous l'avons démontré dans la première partie de ces Recherches ( chap. xi et suivants), et parce que les Indiens paraissent avoir emprunté leur astronomie de l'école chaldéenne, ainsi que l'indiquent sensiblement le Gentil dans son Mémoire sur la ressemblance de l'astronomie indienne avec celle des Chaldéens (1), et Bailly lui-même en di-

---

(1) Voyage dans les mers de l'Inde, tome 1, p. 320.

vers passages de ses Recherches sur l'astronomie ancienne ( p. 182 ) et indienne ( p. 277, et Disc. prél., p. lxxij ). Nous verrons bientôt divers faits tendants à prouver que cette école chaldéenne fut antérieure à Sémiramis et à Ninus.

## CHAPITRE VII.

Dimensions des principaux ouvrages de Babylone.

Ce sujet est un problème que l'on n'a pas encore résolu d'une manière satisfaisante : deux difficultés le compliquent ; l'une, la discordance des auteurs sur les dimensions de ces ouvrages ; l'autre, la valeur des anciennes mesures citées par eux et comparées à nos mesures modernes.

Nous avons vu que selon Ktésias le grand mur d'enceinte formait un *carré* parfait, dont chaque côté avait 90 stades de longueur ; total, 360 : selon Klitarque, ce devait être 365, *par allusion aux jours de l'année*. Selon Hérodote, ce carré *réellement équilatéral*, avait 480 stades de pourtour. Strabon et Quinte-Curce ont encore des variantes ; l'un dit 385, l'autre 368 : quant à la hauteur du mur, Ktésias lui donne 50 *orgyes* sur une largeur de six *chars* serrés, tandis que Klitarque la réduit à 50 coudées sur une largeur de 2 chars de front. Hérodote, au contraire, porte la hauteur à 200 *coudées royales* de Babylone.

Pourquoi ces discordances sur des faits matériels et palpables, et que faut-il entendre par ces *stades*, ces *coudées*, ces *orgyes*? Supposer, avec quelques commentateurs, que Ktésias ou Hérodote se sont trompés, que l'un ou l'autre est en erreur, n'est pas une solution admissible, parce que tous deux ont été sur les lieux, ont vu, ont consulté les savants, et qu'une erreur juste *d'un quart* est impossible. On ne saurait dire non plus que les manuscrits soient altérés en ce point : leur différence a été notée depuis très-long-temps. Ne serait-ce pas plutôt que les *stades* employés par eux ont une valeur diverse, comme il arrive parmi nous à nos *lieues*, qui, selon les provinces et les pays d'Europe, valent tantôt 2000 toises, tantôt 2500, tantôt 2800, même 3000 et quelquefois plus? Le savant et judicieux Fréret paraît avoir le premier saisi cette idée simple et lumineuse. Dans un mémoire (1) projeté dès 1723, il tenta de prouver que la discordance de Ktésias et d'Hérodote n'était qu'apparente, et qu'elle provenait de ce qu'Hérodote avait employé *le petit stade mentionné* par Aristote (2) comme ayant servi aux

---

(1) *Voyez* Mém. de l'Acad. des Inscript., tome XXIV, p. 432.
(2) *De Cœlo*, lib. II, chap. 14.

mathématiciens à mesurer la circonférence de la terre, qu'ils avaient déterminée à 400,000 parties ou stades, dont il fallait 1111 toises $\frac{1}{9}$ au degré; tandis que Ktésias avait employé le stade dont Archimède (1) se servit pour mesurer la même circonférence, et qui, donnant 833 $\frac{1}{3}$ stades au degré, ne porte le cercle qu'à 300,000 stades. Ce rapport de 300 à 400, le même que celui de 360 à 480, est frappant; mais les preuves n'étaient pas assez détaillées, ni les esprits assez mûrs; Fréret ne persuada point. Danville, contre sa coutume, fut moins habile lorsqu'il voulut (2) déduire le stade d'Hérodote d'une mesure vague du monticule de *Babel*, prise par le voyageur *Pietro della Valle*.... Le major Rennel, qui récuse avec raison un prétendu stade de 41 toises imaginé par Danville, n'a cependant pas été plus heureux, et quoiqu'il ait consacré une section (3) entière à la ville de Babylone, on sent après l'avoir lue qu'il a plutôt fait des calculs de probabilités qu'une analyse méthodique des deux difficultés dont nous traitons. Pour les résoudre ces difficultés, il fallait surtout approfondir la question des *mesures an-*

---

(1) Liv. I.

(2) Mémoires de l'Académie des Inscriptions, tom. xxviii, page 253.

(3) *Geographical system of Herodotus*; in-4°, London, 1800. Sect. xiv. Rennel nie même le stade de 51 toises, qu'il regarde comme chimérique.

*ciennes;* déterminer si les *stades* des divers auteurs ont les mêmes valeurs; quelles sont ces valeurs dans nos mesures modernes : un tel travail exigeait un système entier de recherches, de comparaisons, de combinaisons assez compliquées. Paucton, compatriote du major Rennel (1), en avait fait une première tentative. Mais, ainsi qu'il arrive dans toutes les recherches scientifiques, plusieurs inexactitudes se mêlèrent à d'heureuses découvertes. Romé de Lisle (2) profita des unes et des autres pour obtenir des résultats plus étendus, plus exacts. Enfin M. Gosselin, par des combinaisons ingénieuses et nouvelles, a porté à un plus haut degré de précision tout ce qui concerne les mesures géographiques des anciens. Aujourd'hui que, graces à ces savants, la question des mesures anciennes est plus claire, il nous devient plus facile de résoudre notre problème.

Et d'abord quant à la discordance des auteurs, si nous parvenons à concilier Hérodote et Ktésias, les autres seront peu embarrassants, parce qu'ils ne sont tous que des copistes, tandis que les deux premiers sont des témoins oculaires, des autorités du premier degré. Mais de qui ont-ils tiré leurs informations? Nous avons vu, au sujet de Sémira-

---

(1) *Voyez* Traité des mesures, poids et monnaies des peuples anciens et modernes, par Paucton, traduit et publié en 1780, à Paris, in-4°.

(2) Métrologie in-4°, Paris, 1789.

mis, que leurs sources sont différentes; qu'Hérodote a suivi les opinions des prêtres babyloniens, tandis que Ktésias a été dirigé par les savants perses et les mages mèdes, interprètes des Assyriens : or il est notoire que pour le système civil et religieux, comme pour le langage, les prêtres babyloniens différaient totalement des Perses et des Mèdes; et parce que l'astronomie, chez tous les anciens, tenait étroitement à la religion, l'on a droit de supposer que cette science et ses éléments différèrent aussi également; que par conséquent les mesures géométriques, qui en font partie, ne furent pas précisément les mêmes. D'après ces données, admettons que les stades employés par Hérodote et Ktésias eurent des valeurs différentes, et voyons, dans les tables dressées par M. Gosselin, si deux stades ne se trouveraient pas dans le rapport exact de 3 à 4, comme 360 est à 480. Deux se présentent, l'un ayant la valeur de 51 *toises* 1 *pied* 10 *pouces* 1 *ligne* 421°; l'autre la valeur de 68 *toises* 2 *pieds* 5 *pouces* 5 *lignes* 894°; ce qui est juste la proportion demandée. Si nous élevons ce dernier au multiple de Ktésias 360, nous avons 24,627 toises 2 pieds 8 pouces 9 lignes 984°, et si nous élevons le premier au multiple d'Hérodote 480, nous obtenons rigoureusement la même somme dans tous ses détails; une identité si parfaite ne saurait être l'effet du hasard : elle nous donne la solution incontestable du problème, et nous avons le droit d'en tirer plusieurs conséquences. Nous pouvons dire, 1° que cette différente valeur des stades employés par Hérodote et Ktésias confirme la justesse de notre aperçu; savoir, que ces deux auteurs ont suivi deux systèmes scientifiques d'origine différente; 2° que dans cette occasion et dans tout ce qui concerne Babylone, Hérodote a employé le petit stade, dit d'*Aristote*, de 1111 $\frac{1}{9}$ au degré, tandis que Ktésias a employé le stade dit d'*Archimède*, de 833 $\frac{1}{3}$ au degré, comme l'avait deviné le judicieux Fréret; 3° que le petit stade, dit d'*Aristote*, est véritablement le stade chaldéen; que les mathématiciens indiqués par ce philosophe ne sont autres que les Babyloniens, dont Kallisthènes lui envoya les observations, selon ce que dit Simplicius dont le récit trouve ici une preuve nouvelle; tandis que d'autre part le stade dit d'*Archimède* paraît avoir été le stade assyrien, transmis et sans doute adopté par les Mèdes et par les Perses, leurs successeurs. Nous reviendrons à ces deux aperçus qui sont importants.

La concordance d'Hérodote et de Ktésias ainsi établie, toutes les variantes des autres auteurs se trouvent jugées. Si Strabon donne aux murs de Babylone le nombre disparate de 385 stades, c'est que Strabon qui *cite très-souvent les historiens d'A-lexandre*, emprunte d'eux le nombre 365, qui, comme l'a dit Diodore, est celui de *Klitarque et des auteurs contemporains d'Alexandre*, fondés sur ce motif, *que Sémiramis voulut imiter les jours de l'année*. Ce motif astrologique, vraiment caractéristique des anciens, nous paraît authentique (1) et concluant; mais par cela même, il tourne contre Klitarque, 1° en ce que le nombre 365 ne peut se diviser en quatre parties égales, ni former un *carré parfait*; il y aurait eu un reste ou fraction, qui pour *les géomètres astrologues*, eût été du plus fâcheux présage; 2° parce qu'entre ces 365 stades et les 480 d'Hérodote, il n'existerait plus d'harmonie; 3° parce que les 360 stades de Ktésias, en réunissant *les vertus du cercle* au mérite du *carré équilatéral*, s'accordent singulièrement bien avec l'année de 360 jours que nous savons avoir été jadis en usage chez les Égyptiens, et qui, à cette époque, nous est indiquée chez les Assyriens par la circonstance *que Sémiramis demanda à son époux les cinq jours excédant l'année, pour être reine*. Nous savons aussi que cet usage ne fut point celui des Perses ni des Mages qui préférèrent l'année de 365 jours. Lorsque Darius marcha contre Alexandre, nous dit Quinte-Curce (liv. III, chap. III), « les mages firent une « procession dans laquelle ils furent suivis de 365

---

(1) Il est fâcheux de voir le major Rennel traiter cette raison de conte apocryphe; on croirait qu'il n'a pas connu le caractère des anciens.

« jeunes gens, image des jours de l'année, et
« ces jeunes gens furent vêtus de manteaux de
« pourpre. »

Les historiens contemporains d'Alexandre qui ont eu cet usage sous les yeux, et qui ont ouï dire dans Babylone, que le nombre *des stades du rempart égalait celui des jours de l'année*, ont confondu l'année moderne avec l'année ancienne. Strabon a donc tiré d'eux le nombre 365. Mais quelque ancien copiste de ses manuscrits a altéré le second chiffre, et a écrit oc$\overset{8}{t}$a pour e$\overset{6}{x}$a. Quinte-Curce ou ses copistes ont encore altéré cette erreur, et en retournant le chiffre, ils ont écrit au lieu de 386, 368 : de la part du tardif Quinte-Curce, cette méprise est sans conséquence. Nous ne parlons point de Pline qui confond habituellement tous les stades en les prenant sans distinction pour la 8$^e$ partie d'un mille romain. On doit regretter les nombres et les calculs de Bérose.

L'enceinte de Babylone nous étant connue de 24,627 toises ou 48,000 mètres, chaque côté du carré a eu environ 6,156 toises ou 12,000 mètres (1), c'est-à-dire un peu plus de 3 de nos lieues de poste. Par conséquent la surface plate de cette capitale occupa plus de 9 de nos lieues de poste carrées ; cette surface est sans doute prodigieuse,

---

(1) Danville l'estime à 4,900 toises, et ne donne que 3,100 toises de côté moyen à la ville de Paris.

mais non pas incroyable. On se tromperait gravement si l'on comparait une ville asiatique, et surtout une ville arabe, à nos villes d'Europe, où les maisons bâties en pierres sont serrées l'une contre l'autre, et s'élèvent de plusieurs étages : en Asie, en général, des jardins, des cours, des champs labourables sont compris dans l'enceinte des villes. A surface égale, elles ne contiennent pas la moitié, ni même le tiers d'habitants que contiennent les nôtres. En un pays tel que l'*Iraq*, où il n'y a de bois de charpente, que des palmiers et des bois blancs (1), les maisons du peuple ne sont et n'ont jamais été que des huttes. Ainsi l'on ne doit considérer Babylone que comme un vaste camp retranché, dont quelques quartiers voisins du fleuve et du château des rois ont été plus peuplés, plus ornés, tandis que la majeure partie du terrain n'a eu d'autre objet que de mettre à couvert de grandes quantités d'hommes et de troupeaux dans des temps de guerres et d'invasions alors fréquentes et subites (2) : on a droit de supposer que ce fut là l'intention raisonnable

---

(1) *Voyez* Strabon, liv. XVI, p. 739.

(2) L'abbé de Beauchamp, dans son Mémoire sur les ruines de Babylone, observe que les Arabes qui retirent une quantité de briques et autres matériaux de construction dans la portion de Babylone située à l'est de l'Euphrate, n'en trouvent point dans la portion à l'ouest. *Voyez* le Journal des savants, décembre 1790.

des fondateurs de Ninive et de Babylone, dont les grandes vues politiques sont attestées par leurs autres actions. Dans ces vastes cités, plusieurs parties marécageuses ou voisines de marais étaient trop insalubres pour être habitées; mais on les cultivait, et leur fécondité devenait utile au noyau de la ville. Ainsi, toute compensation faite, et par comparaison à Nankin, à Pékin, à Dehli, à Moscou, l'on peut croire que Babylone dans sa splendeur n'a pas eu plus de 6 à 700,000 habitants (1). En eût-elle eu un million, la subsistance de cette multitude ne serait pas un problème embarrassant, comme l'a voulu penser le major Rennel, sur des bases vagues et incorrectes (2). Entre une ville comme Londres et une

---

(1) Sous le règne de Darius-Hystasp, les habitants de Babylone voulant se révolter, s'aperçurent qu'ils avaient peu de vivres, et parce qu'ils avaient chacun plusieurs femmes, ils en réservèrent chacun une et tuèrent les autres à titre de bouches inutiles. Après le siège, qui ne fut pas meurtrier, Darius, pour repeupler la ville comme auparavant, ordonna de reprendre des femmes, et le nombre fourni par les pays environnants fut de 50,000. *Voyez* Hérod., lib. III, § 152. Ceci ne donne pas l'idée d'une grande population; à la vérité Babylone était sur son déclin; mais c'était encore une grande ville.

(2) Pour estimer la population de Babylone, Rennel établit une comparaison avec la ville de Londres; et parce que Londres contient plus de 700,000 têtes sur un espace carré de 15 milles $\frac{1}{2}$; et que ces 700,000 bouches consomment le produit de 6,600 milles carrés de bonnes terres, il prétend que Babylone, qui contenait 72 milles carrés (selon lui, et il se trompe d'un quart) aurait absorbé le produit de toute la Chaldée. Mais

ville asiatique quelconque, aucune comparaison n'est admissible. S'il faut un espace de 6,600 milles carrés pour faire vivre 700,000 Anglais, il n'en faut pas le quart pour alimenter un million d'Arabes; et si l'on remarque, d'après Hérodote, que la Babylonie était si fertile en riz, en grains, en légumes, qu'elle seule fournissait le tiers des contributions de l'empire perse, sous Darius et Xercès, on ne verra aucune difficulté à peupler la capitale de plus d'un million d'habitants.

La hauteur du grand mur est moins facile à déterminer que son étendue; Ktésias la porte à 50 orgyes, qui valent 265 pieds 7 pouces (1): Hérodote au contraire lui donne 200 *coudées royales de Babylone* (2), qui valent 288 pieds 10 pouces: une telle hauteur surpasse toute croyance, et, de

---

après avoir vu les villes et les peuples d'Asie, il est étonnant que Rennel ait établi une telle comparaison : d'abord parce que l'on peut assurer que 10 Anglais consomment autant que 50 Arabes; 2° parce que les villes asiatiques ont de vastes espaces vides que l'on ne voit point dans les villes anglaises, dont le principe architectural est d'être très-serrées. C'est ainsi que l'on nous disait, il y a 30 ans, que le Kaire contenait 700,000 ames, ou tout au moins 400,000, parce qu'il égale Paris en surface ; et lorsque l'armée française a voulu le vérifier, elle a trouvé assez juste le nombre de 250,000 qu'avait estimé le voyageur Volney. *Voyez* l'ouvrage de Rennel, sect. xiv.

(1) Selon Romé de Lisle, l'orgye vaut 5 pieds 1 pouce 7 lig. *Voyez* sa Métrologie.

(2) La coudée royale est évaluée 17 pouces 4 lignes, par Romé de Lisle.

plus, les deux historiens sont en discord de 32 pieds 3 pouces. D'ailleurs il n'ont pu voir les murs dans leur entier, puisque, selon Hérodote, le roi *Darius les avait démolis par leur faîte* (1). Strabon, qui copie les historiens d'Alexandre, réduit cette hauteur à 30 coudées, c'est-à-dire à 86 pieds 4 pouces 8 lignes, ce qui est considérable, mais du moins admissible. Il ne donne aussi à leur largeur que le passage de deux chars, égal à 32 *pieds anciens* (2), ce qui est beaucoup plus raisonnable que les six chars de Ktésias. Ces murs ayant été construits avec les terres excavées à leur pied, et cuites sur place, il en résulta nécessairement un fossé très-profond, et il est probable qu'Hérodote et Ktésias ont entendu la *hauteur* prise depuis le fond du fossé jusqu'au faîte du rempart, tandis que les historiens d'Alexandre l'ont comptée à partir du *plain-pied* de la place ; et parce que le fossé fut rempli d'eau, et que les murs, comme nous l'avons dit, étaient démolis par leur faîte, aucun de ces auteurs n'a pu les mesurer, et n'en parlant que sur ouï-dire, l'on a pu leur en imposer.

Il est plus facile d'apprécier les mesures des deux châteaux construits par Sémiramis aux deux

---

(1) Hérod., liv. III, § CLII.
(2) Il y en a plusieurs: en prenant celui d'Ératosthènes, les 32 passent un peu 26 de nos pieds. Métrolog. pag. 1.

issues du pont qu'elle jeta sur l'Euphrate. « Le « château du couchant », dit Ktésias (voyez ci-devant, p. 116), « fut ceint d'une triple muraille dont « la première en dehors eut 60 stades de pourtour.» Ces 60 *stades* de Ktésias nous sont connus égaux à 4104 toises 3 pieds 5 pouces 5 lignes, ou 8000 mètres. Il en résulte pour chaque côté 2546 mètres, 170, c'est-à-dire une surface de plus d'une demi-lieue en tous sens. Cet espace semble mériter à cette citadelle le nom de *ville à triple enceinte*, dont nous avons vu Bérose faire mention dans un passage obscur que nous croyons avoir expliqué : les autres détails de ces châteaux n'offrent pas de difficulté grave ; car il est évident que Ktésias ou Diodore, en disant que *la troisième enceinte intérieure* (par conséquent la plus petite) *surpassa la seconde en largeur et en longueur*, ont voulu dire en *largeur* et en *hauteur*; autrement ce serait une absurdité.

Les dimensions du pont telles que les donne Ktésias ne sont pas admissibles. Cet auteur dit qu'il fut jeté à l'endroit le plus étroit du fleuve, et que cependant il eut 5 stades de *longueur*. Ce serait, dans son calcul, 342 toises 2 pieds 2 pouces (environ 2165 pieds). Mais Strabon (liv. XVI, pag. 738), fondé sur les historiens d'Alexandre, ne donne qu'un stade de largeur à l'Euphrate : nos voyageurs modernes n'ont pas mesuré ce fleuve avec précision ; mais deux d'entre eux nous fournissent un terme approximatif de comparaison. Pietro della Valle rapporte (1) qu'au bourg de Hellah ( qui fit partie de l'ancienne Babyloné ), il vit au mois de novembre « un pont de barques « sur l'Euphrate, comme il en avait vu un à Bag-« dad. ( En cette saison les eaux sont assez basses.) « Ce pont n'avait que 24 barques d'étendue, mais « dans les grosses eaux il en faut bien davantage.»

D'autre part, Beauchamp estime à 10 pieds la largeur de chaque barque composant le pont de *Baghdad* ( qui doit être analogue); mais il faut ajouter les intervalles, et de plus une certaine étendue pour le temps des grosses eaux : supposons 30 barques faisant 300 pieds, et laissons les intervalles pour mémoire. Si le stade de Strabon est celui d'Hérodote, il vaudra 307 pieds 10 pouces; s'il est le stade de Ktésias, il vaudra 410 pieds 5 pouces. On ne saurait admettre 110 pieds pour les intervalles, et il semblerait plus naturel de préférer le stade d'Hérodote, qui cadre avec le récit des voyageurs : néanmoins leur mesure est trop vague pour décider nettement la question. Si d'autre part on supposait que Ktésias se fût mépris sur le nom de *la mesure* qu'il emploie, et qu'au lieu de *stade* l'on dût lire *plèthre* (2), les 5 plèthres vau-

---

(1) In-4°, tome 1, part. II, p. 54, lettre 17.
(2) Le plèthre vaut 14 toises 1 pied 6 lignes. Métrologie, page 6.

draient 71 toises 1 pouce 6 lignes, c'est-à-dire 427 pieds 6 pouces, qui ne diffèrent de 410 pieds que de 17 pieds 6 pouces. Rien n'est bien clair sur cet article, si ce n'est que le pont n'a guère dû excéder 400 et quelques pieds, et que Ktésias est en erreur quant aux 5 stades.

Un dernier article, plus clair et plus important dans ses résultats, est le *temple ou la tour de Bélus* ; écoutons Hérodote, qui se déclare témoin oculaire, et qui n'a pas dû se tromper sur un objet soumis à l'œil et de peu d'étendue (1).

« Le centre de la ville (à l'orient du fleuve) est
« remarquable par le temple de *Jupiter-Bélus*, qui
« subsiste encore actuellement : c'est un carré ré-
« gulier fermé par des portes d'airain, lequel a
« deux stades d'étendue en tous sens. Au milieu
« de cette enceinte on voit une *tour* massive qui
« a un stade en longueur comme en largeur. »

Ainsi le temple de Bélus à Babylone était un lieu fort, une sorte de citadelle (2) semblable au temple du soleil à *Bal-bek*, et à la plupart des temples anciens (3), qui, pour le respect du dieu et surtout pour la sûreté des prêtres et des trésors que la piété y entassait, étaient munis d'un haut

---

(1) Hérod., lib. I, § CLXXXI.
(2) C'est l'expression d'Ammien-Marcellin.
(3) *Voyez* le temple du Soleil à Palmyre, celui même de Jérusalem.

et fort mur extérieur..... La mesure dont se sert ici Hérodote est évidemment le stade chaldéen de 1111 ⅑ au degré, chaque stade égal à 100 mètres ( 51 *toises* 1 *pied* 10 *pouces* 1 *ligne* ). Par conséquent le carré de 2 stades formé par le mur avait sur chaque face 200 mètres français, ou 102 toises 3 pieds 8 pouces 2 lignes, ou 615 pieds 8 pouces, presque égal à la face du bâtiment des Invalides, vers la Seine.

Au milieu de ce carré de murs fermé par des portes d'airain, était la *tour* de Bélus, carrée aussi dans sa base, sur un stade de chaque côté, par conséquent 100 mètres, ou 317 pieds 10 pouces 1 ligne de base. « Sur cette tour, » continue Hérodote, « s'en élève une seconde; sur la seconde une
« troisième, et ainsi de suite jusqu'au nombre to-
« tal de 8. On a ménagé en dehors de ces tours
« des escaliers ou degrés qui vont en tournant, et
« par où l'on monte à chaque tour. Au milieu de
« cet escalier ( à la quatrième tour ), on trouve
« une loge et des siéges où se reposent ceux qui
« montent. Dans la dernière ( et plus haute tour )
« est une grande chapelle; dans cette chapelle
« est un grand lit bien garni, et près de ce lit
« une table d'or. »

Notre auteur omet de remarquer qu'à chaque étage la tour diminuait; en sorte que le profil général dut être celui d'une pyramide. Il omet aussi de donner la hauteur; mais Strabon la restitue,

lorsqu'il dit ( page 738 ) « que le tombeau de Bé-
« lus était une *pyramide* haute d'un stade, sur
« un stade de long et de large par sa base. »

Cette masse avait donc aussi 307 pieds 10 pouces d'élévation et formait un triangle équilatéral (1).

Quel fut l'objet de cet édifice ? C'était là le secret des prêtres. Quelques circonstances peuvent nous le révéler. 1° Ces escaliers commodes qui menaient au sommet annoncent un besoin assez fréquent d'y monter : ce ne peut être pour des sacrifices ; leur appareil sanglant de bûchers et de victimes eût été trop embarrassant, et la chapelle était trop petite ; 2° dans cette chapelle était un lit et une table, *on couchait là*, et, puisqu'on y passait la nuit, on y avait des lumières, on y travaillait sur la table ; le *dieu Bel*, disaient les prêtres, *y descendait une fois l'année*, *et il y trouvait une femme* : cela s'entend ; mais pendant les 364 autres nuits de l'année, ce lit, selon nous, servait au repos d'un ou de plusieurs prêtres astronomes occupés à l'observation des astres : *cet édifice était un observatoire* ; sa hauteur en est un nouvel indice ; car, dans un pays plat

---

(1) Depuis des siècles que cette pyramide est écroulée et fouillée par les Arabes qui en retirent des briques, elle a dû perdre infiniment de sa hauteur, et cependant l'abbé de Beauchamp lui a encore trouvé 180 pieds d'élévation. *Voyez* Journal des savants, Décemb. 1790.

comme la Chaldée, une élévation de 307 pieds au-dessus du sol n'a d'autre utilité que de placer l'œil au-dessus des brouillards terrestres, de lui faire voir plus nettement l'horizon complet, et de diminuer l'effet des réfractions: aussi Ktésias, après avoir dit que cette tour ou pyramide fut excessivement élevée (*voyez* ci-devant, pag. 119), ajoute: « C'est par son moyen que les Chaldéens, « livrés à l'observation des astres, en ont connu « exactement les levers et les couchers ».

Voilà le mystère très-important à garder, puisqu'il était la base et le mobile théocratique de la puissance religieuse et politique des prêtres, qui, par les prédictions des éclipses du soleil et de la lune, frappaient d'étonnement et d'admiration les peuples et même les rois alors très-ignorants des causes, et très-effrayés de l'apparition de ces phénomènes: par ces prédictions les prêtres se firent considérer comme initiés aux secrets, comme associés à la science des dieux, et ils reçurent ou prirent le nom vénéré de *Nabi* et *Nabo* (le prophète), et de *Chaldæi*, ou plutôt *Kadshim*, *devins* et *devinateurs*. Si l'on eût pu fouiller cette chapelle de Bel, on y eût trouvé quelque armoire ou caveau masqué où étaient renfermés les instruments d'observation, dont les anciens astronomes ont toujours été très-jaloux. Les observations journalières ont pu se faire *dans la loge du milieu* où étaient des siéges de repos, à une élévation de 150 pieds, plus exploitable que 307. Voilà le foyer de cette *science chaldéenne* vantée par les plus anciens Grecs, comme étant de leur temps une chose *très-antique*, ce qui ne pourrait se dire si le système d'ailleurs très-compliqué de cette science, tant astronomique qu'astrologique, ne se fût formé que depuis Sémiramis. Il est possible, il est même probable que l'édifice vu par Hérodote et Ktésias ne fut qu'embelli et réparé par cette princesse avec une plus grande magnificence. Tout s'accorde à témoigner qu'avant elle, et très-anciennement auparavant, existait en ce même lieu le monument appelé tantôt *palais* et *citadelle*, tantôt *temple*, *tombeau* et *tour* du dieu Bel. Les assertions de Mégasthènes et de Bérose, d'Alexandre Polyhistor, d'Abydène, etc., sont positives à cet égard, et elles ont d'autant plus de poids qu'elles ne sont que l'expression et la traduction des traditions du pays et des monuments publics cités par ces écrivains comme des garants notoires de leur véracité. Joignez-y ce que le livre des Antiquités juives dit de la *tour de Babel*, qui, pour le *nom* comme pour la chose, est absolument identique à ce qu'Hérodote et Bérose disent de la *tour de Bel*: nous avons vu plus haut que l'époque de construction est aussi la même. Or, puisque nous avons des motifs raisonnables de penser que la *tour de Bel* où *de Babel* exista long-temps avant le règne de Sémiramis, probablement 2,000 ans, et qu'elle *exista comme observatoire astronomique*, nous avons aussi le droit d'inférer que c'est plutôt dans cette période qu'il faut placer les études et les progrès des Chaldéens en astronomie. *Une* circonstance, elle seule, nous révèle qu'à l'époque de Sémiramis ils connaissaient non-seulement *la figure ronde*, mais encore la circonférence de la terre. *La base et la hauteur* de la tour de Bélus étaient rigoureusement la mesure du stade chaldaïque ; cette mesure géométrique ne fut point prise au hasard. En supposant que ce fut Sémiramis qui l'ordonna, en réparant la tour, il s'ensuit que déja le stade était usité ; or, le stade chaldaïque de $1,111\frac{1}{9}$ au degré est une portion élémentaire du cercle de 400,000 stades, considéré comme circonférence du globe terrestre. Cette circonférence avait donc été antérieurement calculée et déduite des opérations géodésiques et astronomiques, ainsi que des raisonnements mathématiques, sans lesquels elle ne pouvait être connue : ce n'est pas tout ; ce même stade, appliqué au degré terrestre, se trouve lui donner une étendue de 57,002 toises 1 pied 9 pouces 6 lignes, ce qui diffère un peu moins de 73 toises de la mesure obtenue par les académiciens dans le siècle dernier. Cette mesure est, comme l'on sait, de 57,075 toises pour la latitude de Paris ( 49° 23' ) ; = de 56,750 toises sous l'équateur, et de 57,438 à Torne, par la latitude de 65° 50'. D'où l'on doit conclure que comme les degrés croissent en allant de l'équateur au pôle, c'est dans une latitude moyenne que fut mesuré celui qui nous présente 57,002 toises et fraction (1).

Un dernier fait nous reste à connaître : la tour de Bélus, dans sa fondation première, vers l'an 3190 ou 3195 avant notre ère, comme l'indiquent

---

(1) Si les degrés croissaient régulièrement de l'équateur en allant au pôle, l'on pourrait déterminer à quelle latitude fut mesuré celui dont nous parlons ; mais des opérations faites à diverses latitudes prouvent que ce progrès n'est pas régulier. D'ailleurs le même local, mesuré par des personnes et par des méthodes différentes, donne des résultats différents : c'est ainsi que la mesure ordonnée près Paris par l'Académie des sciences, a différé de 67 toises en plus de la mesure ordonnée par l'Institut. Il serait néanmoins curieux de mesurer un degré terrestre par des moyens ordinaires, dans le pays de Babylone; les Arabes firent cette opération sous le kalifat d'El-Mâmoûn\*. Malheureusement le vrai résultat de leur toisé est difficile à établir dans cette circonstance. Au reste c'est une chose digne d'attention que tous les stades anciens, le pythique, l'olympique, le nautique, l'égyptien, etc., soient également des parties aliquotes exactes d'une circonférence de la terre, mesurée d'après les principes et par les procédés que nous connaissons; et que tous ces stades donnent au degré terrestre une étendue qui ne varie que de quelques toises au-dessus de 57,000 toises, le stade pythique excepté. Selon Romé de Lisle, le stade d'Ératosthènes donne 57,166 toises; le stade nautique, 57,066; le stade olympique, *idem ;* le stade phileterien, 50,070; le stade égyptien, 57,066; le stade pythique, 156,000 toises par degré.

\* *Voyez* Notice des manuscrits orientaux, tom. 1, pag. 51 et suiv.

les Juifs et les Chaldéens, eut-elle les mêmes dimensions d'un stade de hauteur sur un stade de base ? Si cela était, il serait démontré que dès cette date les sciences astronomiques des Chaldéens étaient au point que nous indiquons, et cela est plus que probable. Dans tous les cas, cette période de 3190 ans avant J.-C. fournit aux chronologistes raisonnables l'espace nécessaire à placer, d'une part, les observations babyloniennes envoyées par Kallisthènes à Aristote et remontant à l'an 2234 avant J.-C.; d'autre part, la fondation du temple d'Hercule à Tyr, que ses prêtres attestèrent à Hérodote remonter à une année qui correspond à l'an 2725 avant J.-C. Quant aux érudits qui nient tous les faits placés hors de leur système biblique, tout raisonnement avec eux est inutile, puisqu'il est d'avance proscrit (1).

---

(1) Ici vient se placer un passage de Cicéron qui, parlant des principes de l'art de *deviner*, dit (*lib. I, cap. II, de Divinatione*) : « En remontant aux autorités les plus reculées, je
« trouve dès les premiers temps les *Assyriens*, qui, à raison de
« l'étendue et de la planimétrie des contrées qu'ils habitaient,
« découvrant de toutes parts un ciel sans obstacles, observè-
« rent les mouvements des étoiles tant propres que respectifs,
« et, sur leurs aspects, fondèrent l'art des horoscopes, etc. ».

Ces *Assyriens* de Cicéron ne peuvent être ceux de Ninive, dont le pays se trouve au pied du mont Taurus; ils doivent être ceux de la Babylonie, ainsi désignés par les Grecs dès avant Hérodote. Or, comme il est prouvé qu'avant Ninus ce pays fut le siége d'un état policé et d'une population arabe nombreuse et civilisée comme l'Égypte, il s'ensuit que c'est à

## CHAPITRE VIII.

Histoire probable de Sémiramis.

Après avoir ramené à un état admissible et croyable les ouvrages de Sémiramis, qui cependant conservent leur caractère gigantesque, ne quittons pas ce sujet digne d'intérêt, sans essayer de nous faire des idées raisonnables de cette femme extraordinaire, qui dans l'histoire tient le premier rang de son sexe. Diodore de Sicile nous présente deux récits de sa fortune, et de la manière dont elle parvint au pouvoir suprême, qu'elle géra d'une main si hardie. Selon l'un de ces récits, qui est celui de Ktésias : « Sémiramis
« naquit en Syrie, à Ascalon, des amours clan-
« destins de la déesse Derketo et d'un jeune sacri-
« ficateur de son temple : l'enfant exposée dans un
« lieu désert, parmi des rochers, fut par miracle
« nourrie et sauvée par les soins d'un essaim de

---

ce peuple qu'il faut appliquer ces mots de Cicéron : « *Princi-*
« *pio Assyrii*, ut *ab ultimis* auctoritatem repetam, propter pla-
« nitiem magnitudinemque regionum quas incolebant, cum
« cœlum ex omni parte patens et apertum intuerentur ( il eût
« dû ajouter *perlucidum* ), trajectiones motusque stellarum
« observaverunt. »

« pigeons sauvages qui avaient leur fuye (1) en ce
« lieu. Au bout d'un an, des bergers découvrirent
« cette orpheline, et la trouvant très-jolie, ils la
« menèrent et la donnèrent à l'intendant des ha-
« ras royaux (appelé *Simma*), lequel, privé d'en-
« fants, l'adopta et la nomma *Sémiramis*, c'est-à-
« dire *colombe*, en langue syrienne ; de là serait
« venu le culte des pigeons dans le pays. » *Voilà*,
dit Diodore (ou Ktésias), *la fable que l'on débite
sur Sémiramis*. Et, en effet, c'est bien là une fable ;
mais en écartant le conte des pigeons et de la
déesse, il resterait pour fait raisonnable que réellement Sémiramis serait née à Ascalon, du commerce clandestin de quelque prêtresse, et qu'é-
levée en secret, elle aurait été adoptée par le
personnage indiqué. Tout cela est dans les mœurs
du pays et du temps.

« Parvenue à l'âge nubile, continue Ktésias,
« l'éclat de sa beauté et de ses talents subjugua
« l'un des principaux officiers du roi. Cet officier
« s'appelait *Memnon*; étant venu inspecter les ha-
« ras, il emmena Sémiramis à Ninive et il en eut
« deux enfants..... La guerre de Bactriane survint,
« Sémiramis y suivit son époux..... Ninus vainquit
« les Bactriens en rase campagne, mais il assié-
« geait inutilement leur capitale, où ils s'étaient

---

(1) Ces fuyes sauvages sont encore aujourd'hui un cas fréquent en Syrie et en Palestine ; les pigeons y sont par milliers.

« renfermés, lorsque *Sémiramis*, travestie en guer-
« rier, trouva le moyen d'escalader les rochers de
« la forteresse, et, par un *signal élevé* sur le mur,
« avertit de son succès les troupes de Ninus, qui
« alors emportèrent la ville.... Ninus, charmé du
« courage et de la beauté de Sémiramis, pria Mem-
« non de la lui céder; celui-ci refusa. Ninus n'en
« tint compte, Memnon se tua de dépit, et Sémi-
« ramis devint reine des Assyriens. » Tel est, dit
Diodore, le récit de Ktésias ( p. 134, liv II ).

Mais Athénée et d'autres écrivains assurent « que
« Sémiramis fut originairement une courtisane dont
« les graces et la beauté fixèrent l'attention de Ni-
« nus. D'abord le crédit de cette femme n'eut rien
« de remarquable; mais ensuite il s'accrut au point
« d'amener Ninus à l'épouser, et finalement elle
« lui persuada, dans une fête, de lui céder 5 *jours*
« pour régner. »

Cette seconde version, plus naturelle, plus historique que la première, est encore appuyée par
une anecdote que nous a conservée Pline. « Vers
« la 107$^e$ olympiade, dit cet auteur ( de 352 à 349
« avant J.-C.), parmi plusieurs peintres habiles
« fleurit *Échion*, qui se rendit célèbre par divers
« beaux tableaux : l'on admire entre autres sa *Sé-
« miramis*, qui, de *servante, devient reine* (1). »

---

(1) Liv. XXXV, chap. 10, p. 224 de l'Histoire naturelle de
Pline, traduction de Poinsinet.

Voilà, en faveur du récit d'Athénée, un témoignage remarquable. On sait que les anciens peintres étaient savants et scrupuleux en histoire. Si Echion, qui fleurit moins de 30 ans après Ktésias, a dédaigné son récit et préféré celui-ci, il s'ensuit que dès cette époque existait la version suivie par Athénée, et qu'elle passait pour plus vraie. En effet elle porte un caractère réellement historique, conforme aux mœurs de l'Asie ancienne et moderne. Qu'une fille d'une naissance obscure, qu'un enfant trouvé soit élevé par des étrangers; que donnée ou vendue elle arrive au séraï du sultan ; qu'elle soit introduite dans le harem à titre d'*odalisque* (1), c'est-à-dire *de servante de chambre ;* qu'enfin elle parvienne au grade de sultane-reine, c'est un roman historique encore réalisé chaque siècle en Asie. D'ailleurs cette version d'Athénée, qui se lie très-bien au début rectifié de Ktésias, a encore le mérite de résoudre les embarras chronologiques qui naissent de son récit, où les événements sont trop serrés, et, de plus, elle se trouve appuyée d'un fait qu'attestent deux autres écrivains ; car, Moïse de Chorène et Képhalion s'accordent à dire que Sémiramis fit mourir *tous ses enfants*, excepté le jeune Ninyas. Dans le récit de Ktésias, elle en eut *deux* de Memnon, son premier mari ; mais ils n'étaient pas enfants *de roi*, ni capables de lui faire ombrage ; au lieu que,

---

(1) *Oda* en turc, chambre.

suivant le récit d'Athénée, elle eût pu, dans son état d'*odalisque*, avoir de Ninus plusieurs enfants âgés déja, et aptes à régner, par conséquent faits pour l'inquiéter. Alors nous pouvons supposer sans effort que Sémiramis était entrée au séraï vers l'âge de 20 ans, qu'elle y vécut en qualité d'odalisque et eut des enfants de Ninus pendant un espace qui put durer 20 autres années. Ce temps fut employé par elle à fonder ce crédit et cet ascendant qui enfin subjuguèrent Ninus. La guerre de Bactriane étant survenue, elle y suivit le roi, et ce fut alors que l'acte de bravoure mentionné par Ktésias la fit devenir reine. Son nom même semble faire allusion à ce trait; car il n'est pas vrai que *Sémiramis* signifié pigeon ou colombe (1), en syriaque; au lieu que ce mot, décomposé (*shem rami*), signifie *le signe élevé* sur les murs de Bactre, lequel devint le signal de la victoire de Ninus et de la fortune de la favorite. A dater de cette année, qui fut l'an 1201, tous les événements seraient tels que les a établis l'auteur de la chronologie d'Hérodote, page 278. Mais nous corrigerions les dates précédentes, en di-

---

(1) *Colombe* et *pigeon* se dit *iounah*, qui n'a rien d'analogue. Mais on nous dit que les troupes babyloniennes avaient pour enseigne une *colombe*, ce qui explique l'expression de Jérémie et du psaume *Exurgat, fuyez la colère de la colombe*. Ces enseignes ayant été instituées par Sémiramis, peut-être le peuple l'a-t-il désignée sous cet emblème.

sant que Sémiramis serait entrée au séraï vers 1221, et qu'elle serait née vers 1241. Alors elle eût vécu 61 à 62 ans, précisément comme le dit Ktésias; si son orgueil voulut que l'on comptât dans son règne tout le temps de sa cohabitation avec Ninus, elle aurait régné 42 ans, comme le dit encore cet auteur; et tout prend de l'accord dans le récit et dans les vraisemblances : par ces gradations naturelles, par cet apprentissage nécessaire, Sémiramis, arrivée au pouvoir suprême, donne l'essor à son caractère *avide de tout ce qui est grand* (1) : *jalouse de surpasser la gloire de ceux qui l'avaient précédée, elle conçoit*, après la mort de Ninus, le dessein de bâtir une ville dans la Babylonie. Ninus venait d'en construire une immense à 100 lieues de là, et voilà sa veuve qui veut en élever une autre, non pas plus grande ( Strabon dit que Babylone fut plus petite), mais une mieux entendue. Ninive avait donc des défauts de position déja sentis..... Le local de Babylone offrait donc des avantages supérieurs : le talent de Sémiramis fut de les apercevoir, et le succès est devenu une preuve de son génie. Effectivement, en examinant les circonstances géographiques et politiques de cette opération, il nous semble découvrir plusieurs des motifs qui ont dû la susciter. *Ninive* assise au bord oriental du Tigre, dans une plaine fertile

---

(1) *Voyez* le texte ci-devant, p. 116.

en tout genre de grains, voisine de coteaux riches en arbres fruitiers, sous un ciel brillant et pur, Ninive jouissait d'une situation très-heureuse à plusieurs égards; mais elle était privée de l'un des éléments nécessaires à la prospérité des capitales. Elle manquait de navigation..... Le Tigre, quoique fleuve large et profond, est si rapide en son cours, si encaissé dans son lit, que les transports y sont toujours dangereux, difficiles et partiels. On ne peut le remonter; et de plus, au-dessus de Ninive, son cours est borné à si peu de pays, qu'on ne saurait en apporter beaucoup de denrées.

L'Euphrate, au contraire, a un développement immense au-dessus de Babylone; il touche à la Syrie; il pénètre dans l'Asie mineure par une de ses branches; il exploite toute l'Arménie par les autres; il appelle les produits de tous les pays montueux qui bordent l'Euxin, il les transporte avec moins de dangers que son rival; mais ce qui surtout lui assure la prépondérance, il communique à l'Océan par un cours plus lent, par un lit plus commode que le Tigre, en sorte que, depuis le golfe Persique, les bateaux peuvent le remonter bien plus haut et plus aisément que le Tigre. Une ville placée sur l'Euphrate était donc appelée à la splendeur que donne le commerce: et à cette époque le golfe Persique était le centre des communications les plus riches et les plus actives entre l'Asie occidentale, la Syrie, la Perse, l'Arabie heureuse, l'Éthiopie et l'intérieur de l'Afrique ; à cette époque ce commerce valait celui de l'Inde. Les guerres habituelles des peuples riverains, en rendant la circulation difficile, en forçant de recourir aux caravanes dispendieuses des Arabes bédouins, s'étaient opposées à son développement. Cette cause venait de cesser; toute l'Asie limitrophe obéissait à un même souverain, et sa puissance le faisait respecter au loin. Ce motif commercial était déjà suffisant; Sémiramis dut en avoir deux autres, politiques et militaires.

Les habitants de la Chaldée étaient un peuple récemment conquis, par conséquent mécontent et disposé à secouer le joug. Un moyen propre à les contenir était d'établir près d'eux, dans leur sein, une forteresse dont la garnison fût un épouvantail ou un instrument. Cet objet fut rempli par la position de Babylone bâtie dans l'île Euphratique; mais pourquoi bâtir l'autre portion à l'ouest du fleuve au bord du désert? Ici se montre encore l'habileté du fondateur : alors que les armes projectiles avaient peu de portée, si l'on n'eût occupé qu'une rive du fleuve, l'on n'eût pas commandé l'autre suffisamment. On avait dans le désert un ennemi vagabond, turbulent, qu'il importait de tenir en respect : une citadelle formidable opéra cet effet. Babylone, assise sur les deux rives de l'Euphrate, épouvanta les Arabes bédouins ; mais, en même temps, elle devint un moyen de les attirer et de les affectionner, parce qu'elle leur offrit le marché le plus commode et le plus avantageux pour vendre le superflu de leurs troupeaux, ou le butin de leurs lointaines rapines.

Cette domination plénière du fleuve, qui fut un raffinement d'art sur Ninive, fut aussi un surcroît de puissance militaire et commerciale. Tous les Bédouins devinrent vassaux par crainte ou par intérêt. Le choix du local précis de *Babel* fut un trait de politique plein d'astuce et de sagacité. L'on pouvait indifféremment asseoir la forteresse plus haut ou plus bas; mais Sémiramis trouvant en un point donné un temple célèbre, qui, suivant l'usage du temps, était un lieu de pèlerinage pour tous les peuples arabes, Sémiramis saisit ce moyen religieux de manier les esprits; en ornant ce temple, en le comblant de présents, elle flatta le peuple; en caressant les prêtres chaldéens, en les dotant, elle se les attacha, et par eux elle devint maîtresse des cœurs. Enfin, un dernier motif de son choix dut être que, quelques lieues plus haut, l'Euphrate avait et a encore des *rapides* ou *brisants* qui empêchent les bateaux de remonter à pleine charge... La ville devint un entrepôt.

D'après ces combinaisons trop naturelles pour n'être pas vraies, il ne faut plus s'étonner du succès de Sémiramis. Il fut complet contre Ninive, puisque cette cité ne subsista que 6 siècles, tandis qu'il en fallut 12 pour anéantir Babylone; encore ses immenses ruines, enfouies dans un espace de plusieurs lieues (1), demeurent-elles comme un monument de son existence. Il faut lire dans Diodore le reste des actions de cette femme prodigieuse, et voir comment, après avoir établi sa métropole, elle créa en peu de mois, dans la Médie, un palais et un vaste jardin, puis entreprit contre les Indiens une guerre malheureuse, puis revint en Assyrie se livrer à des travaux dont Moïse de Chorène continue les détails curieux dans le chapitre 14 de son *Histoire d'Arménie*. Telles furent son activité et sa renommée, qu'*après elle, tout grand ouvrage en Asie fut attribué par les traditions à Sémiramis* (2). Alexandre trouva son nom inscrit sur les frontières de la Scythie, alors considérée comme borne du monde habité. C'est sans doute cette inscription que nous a conservée Polyæn, dans son intéressant *Recueil d'anecdotes*. (Stratag., liv. VIII, chap. 26).

Sémiramis parle elle-même :

LA NATURE ME DONNA LE CORPS D'UNE FEMME;
MAIS MES ACTIONS M'ONT ÉGALÉE
AU PLUS VAILLANT DES HOMMES ( à Ninus):
J'AI RÉGI L'EMPIRE DE NINUS,

---

(1) *Voyez* Mémoires de Beauchamp, *Journal des savants*, décembre 1790.
(2) *Strab.*, lib. XVI.

QUI VERS L'ORIENT TOUCHE AU FLEUVE HINAMAM (l'Indus);
VERS LE SUD AU PAYS DE L'ENCENS ET DE LA MYRRHE
(l'Arabie-Heureuse);
VERS LE NORD AUX SAKKAS (Scythes),
ET AUX SOGDIENS (1) (Samarkand).
AVANT MOI AUCUN ASSYRIEN N'AVAIT VU LA MER;
J'EN AI VU QUATRE OU PERSONNE NE VA,
TANT ELLES SONT DISTANTES.
QUEL POUVOIR S'OPPOSE A LEURS DÉBORDEMENS?
J'AI CONTRAINT LES FLEUVES DE COULER OU JE VOULAIS,
ET JE N'AI VOULU QU'OU IL ÉTAIT UTILE :
J'AI RENDU FÉCONDE LA TERRE STÉRILE,
EN L'ARROSANT DE MES FLEUVES :
J'AI ÉLEVÉ DES FORTERESSES INEXPUGNABLES :
J'AI PERCÉ DE REDOUTES DES ROCHERS IMPRATICABLES :
J'AI PAYÉ DE MON ARGENT DES CHEMINS
OU L'ON NE VOYAIT QUE LES TRACES DES BÊTES SAUVAGES;
ET DANS CES OCCUPATIONS,
J'AI SU TROUVER ASSEZ DE TEMPS POUR MOI
ET POUR MES AMIS.

Dans ce tableau si simple et si grand, la dignité de l'expression et la convenance des faits semblent elles-mêmes garantir la vérité du monument. Nous ne saurions donc admettre l'opinion de quelques écrivains qui veulent regarder Sémiramis comme un personnage mythologique de l'Inde

---

(1) Elle ne dit rien de la frontière d'ouest, la *Méditerranée;* et ce silence est contre Ktésias en faveur d'Hérodote. Sémiramis n'eût pas omis un pays aussi remarquable que la Syrie, sa patrie : elle a dû, par amour-propre, omettre une frontière aussi bornée que celle de l'Euphrate.

ou de la Syrie (1). Il est possible que le mot *semi-rami* reçoive une étymologie *zende* ou *sanscrite*; mais outre le cas fortuit des analogies de ce genre, ce mot, qui nous est transmis par les Perses, peut avoir été substitué par eux au nom syrien de l'épouse de Ninus, comme le nom de *Zohâk* fut substitué au nom de *Haret*, comme celui d'*Esther* le fut au mot *hadossa*, signifiant myrte en hébreu. L'article suivant va confirmer cet aperçu par des rapprochements singuliers auxquels donne lieu un récit que nous a conservé Photius dans sa Bibliothèque grecque (2).

---

(1) *Asiatick Researches*, tome IV, Dissert. de Wilford sur Sémiramis.

(2) Notre époque de Sémiramis trouve un appui singulier dans un passage de Porphyre, que cite Eusèbe, *Præp. evang.*, lib. I, pag. 30. Selon Porphyre, « l'historien phénicien San-
« choniaton avait fleuri avant la guerre de Troie, dans un
« siècle rapproché de Moïse, *ainsi que l'on pouvait s'en con-*
« *vaincre par les Annales des rois phéniciens:* et il avait été
« contemporain de Sémiramis, que l'on place très-peu de temps
« avant la guerre (ou prise) de Troie, ou même parallèlement. »
Sur ce texte nous remarquons que la plupart des écrivains grecs placent cette prise l'an 1184 avant notre ère : dans nos calculs le règne de Sémiramis a eu lieu depuis 1195 jusqu'en 1180 : on voit que le synchronisme est complet, et il est d'autant plus concluant, que Porphyre nous le donne comme le résultat des 3 chronologies assyrienne, phénicienne et grecque, comparées entre elles. Les interpolations de Ktésias se trouvent ici jugées et rejetées.

Ce même fragment de Porphyre donne lieu à une autre combinaison singulière : cet écrivain dit « que Sanchoniaton,
« pour mieux s'assurer de la vérité des faits, consulta de très-

# CHAPITRE IX.

Récit de Conon, et roman d'Esther.

« J'ai lu, dit Photius (page 427 de sa Bibliothèque),
« j'ai lu le petit ouvrage de Conon, dédié à Arche-

« anciens monuments ammonites, et un certain *Ierombal* juif,
« prêtre du dieu Ieou. »

En parcourant les livres juifs, nous trouvons l'un des juges spécialement désigné par le surnom de *Ierobaal* ( *ennemi de Baal* ); ce juge est *Gédéon*, qui, à titre de prophète envoyé de Dieu, mérite aussi le nom de *prêtre* : Gédéon nous serait donc indiqué ici comme ayant gouverné jusque vers l'an 1190 et au-dessus : sa fin aurait précédé de 50 à 60 ans l'avénement de Héli en 1131. La liste informe que nous avons critiquée à l'article des Juges ( première partie des *Recherches nouvelles* ), en présente beaucoup plus, comme on le voit ici.

Gédéon-Ierobaal meurt vers 1190.
Abimeleck règne.................. 3 ans.
Thola.
Iaïr gouverne.................. 22

    Total.......... 25 ans.

Servitude sous les Ammonites et les Philistins, 18 ans.
Jephté. ?..................... 6 ans.
Abesan....................... 7
Ahîalon...................... 10
Abdon....................... 8

    Total.......... 31

Servitude sous les Philistins............... 40 ans.
Samson....................... 20
Héli, juge en l'an 1131.

« laüs Philopator, contenant 50 anecdotes tirées
« de divers auteurs anciens. La 9ᵉ traite de Sé-
« miramis. Conon la présente comme fille, et
« non comme femme de Ninus. Pour m'expliquer
« sommairement, il attribue à Sémiramis tout ce
« que les autres écrivains racontent de l'Assy-
« rienne *Attossa* (Atossa). Aurait-elle porté deux
« noms ? ou a-t-il été le plus savant? Voilà ce que
« je ne sais pas. Il raconte que Sémiramis eut d'a-
« bord un commerce clandestin avec son propre
« fils, sans le connaître; qu'ensuite, la chose étant
« découverte, elle l'épousa publiquement; d'où il
« est arrivé chez les *Mèdes* et chez les *Perses* que
« *le mariage des enfants avec leurs mères*, qui

---

Écartons le fabuleux Samson; admettons, avec plusieurs chronologistes, que les 40 ans de servitude sous les Philistins, ont été parallèles aux 40 ans de Héli : déja nous n'aurons que 28 à 30 ans depuis ce grand-prêtre, en 1131, jusqu'à Jephté, qui aura géré vers 1166. D'autre part, entre Jephté et Gédéon, Josèphe n'admet point *Thola*; la servitude sous les Ammonites et les Philistins a pu n'affecter que quelques tribus, tandis que Iaïr gouvernait les autres. Il ne resterait donc que 25 ans entre Jephté et Gédéon, qui serait mort vers 1190; et comme les indications de Porphyre ne sont pas précises, Gédéon peut être reculé jusque vers 1200. Ce ne sont là que des hypothèses, dira-t-on; mais l'autorité de Porphyre, qui, de l'aveu même de ses ennemis, fut un savant écrivain, est faite pour balancer ici celle d'une compilation indigeste, surtout lorsque Porphyre s'appuie de monuments positifs, réguliers, dont les expressions s'accordent avec les raisonnements que nous avons formés sur d'autres bases et par d'autres moyens.

« d'abord était une chose exécrable, devint un
« acte *légal et permis.* »

Il s'agit de savoir si ce récit est purement paradoxal, ou s'il contient quelques lumières dans notre question.

1° Nous observons que Conon fut un auteur assez tardif, puisque son patron, Archelaüs, fut un des Hérodes emmené par Jules-César à Rome, où il passa de longues années.

2° Les 50 anecdotes dont Photius donne l'extrait sont pour la plupart tirées de la haute antiquité, en des temps dits héroïques et fabuleux, avec une affectation de singularité qui décèle l'intention formelle d'amuser un prince ennuyé; mais on n'y découvre point un caractère d'absolue fausseté, ni d'invention apocryphe qui en fasse un pur roman. Dans l'anecdote de Sémiramis, Photius observe que les faits attribués par Conon à cette princesse, le sont par d'autres auteurs à l'*Assyrienne Atossa.* Il n'y aurait donc que transposition et confusion de noms. Quelle fut cette *Atossa*, ou *Attossa?* Les Perses nous en citent une née fille de Kyrus, devenue épouse de Cambyse (son propre frère), puis de Smerdis; ce ne doit point être celle-là.

L'historien Hellanicus, contemporain d'Hérodote, en citait une autre qui, dans un temps ancien, avait inventé l'art d'écrire ou d'envoyer des lettres missives (1) : ce pourrait être celle-là ; mais il l'appelle *reine des Perses*, et l'on n'en connaît aucune autre action.

Enfin Eusèbe, dans sa Chronique (2), nous fournit un trait plus précis. « *Atosse*, qui est *Sé-miramis* (3) (ou qui est appelée *Sémiramis*), fut fille de Bélochus (18ᵉ roi d'*Assyrie*), et elle régna 12 ans avec son père. »

Ici nous avons une *Atosse* assyrienne, comme celle de Conon, et deux noms pour une même personne, comme l'a soupçonné Photius. De ces divers exemples nous pouvons conclure,

1° Que le nom d'*Atosse* fut commun à plusieurs femmes chez les Perses et les Assyriens ;

2° Que, par un autre cas possible, ces femmes ont pu vouloir s'appeler du nom illustre de *Sémiramis*, ou que Sémiramis a pu d'abord porter le nom d'*Atosse* quand elle était simple particulière. De ce double cas ont pu venir des méprises, des confusions ; et en parcourant l'histoire des Mèdes et des Perses, nous trouvons un trait qui réunit d'une manière remarquable plusieurs circonstances du récit de Conon.

Selon Ktésias, la fille du roi mède *Astyag*, nommée *Amytis*, devint l'épouse de Kyrus : selon

---

(1) Tatien, pag. 243.
(2) Eusèbe, pag. 13.
(3) *Atossa quæ est Semiramis.*

Hérodote, la fille de ce même Astyag était mère du même Kyrus : Ktésias, qui contredit Hérodote, n'ose avouer ce fait, mais il l'insinue lorsqu'il dit : « Kyrus ne connaissait pas d'abord *Astyag pour* « *son parent* ( ou aïeul ); lorsqu'il l'eut en son pou- « voir, il le relâcha, et il honora Amytis comme « sa *propre mère* ; ensuite il l'épousa. » Maintenant observons qu'aucun auteur ne parle de l'inceste comme légal chez les Assyriens et les Babyloniens, tandis que tous attestent cet usage *chez les Perses et chez les Mèdes*..... Le *mariage des frères avec les sœurs, des mères avec leurs fils, était un usage antique et légal de la caste des mages*, a dit *Xantus de Lydie* (1), dès avant le temps d'Hérodote. De là ce vers de Catulle :

*Nam magus ex matre et gnato nascatur oportet.*

Pour être mage, il faut naître d'une mère mariée avec son fils.

D'autre part, nous savons que la religion et les rites des mages, essentiellement mèdes et zoroastriens, furent adoptés par Kyrus. Son fils Cambyse épousa sa propre sœur *Atossa* : n'est-il pas naturel d'en tirer la conséquence que ce fut *Kyrus* qui introduisit l'inceste chez les Perses, comme le dit Conon, et qu'il représente ici *Ninyas*, comme Astyag représente Ninus? Mais d'où vient cette méprise? sans doute le voici. Ninus, chez les Mèdes,

---

(1) Clément d'Alex. Strom., lib. III, pag. 185.

était un *zoháq*, comme *Astyag* l'était chez les Persans. Or comme il y avait quelque analogie entre l'aventure de Sémiramis qui s'éprit de son fils et voulut en jouir, et l'aventure d'Amytis qui vécut clandestinement avec son fils, et qui l'épousa, ces divers personnages auront été confondus par quelque historien romancier, comme le sont encore les historiens persans (1).

Quant à la *Sémiramis* dite Atossa, *fille de Bélochus* selon Eusèbe, ses 12 ans de règne approchent beaucoup des 14 ou 15 ans que nous avons trouvés à l'épouse de Ninus (2), et Ninus pourrait être ce *Bel-ochus*, qui signifie *frère de Bel* : car, placé vers la moitié des 1,200 ans de Ktésias, il se trouve à la tête de la liste redoublée dont la chronologie d'Hérodote démontre l'erreur ( t. 4, pag. 468 ).

Mais ce nom d'*Atossa* ou *Attossa* donné à Sémiramis, d'où vient-il ? En lisant l'anecdote juive d'Esther, nous remarquons que son nom syrien ou hébreu fut *Hadossa*, signifiant *myrte*; qu'elle vint de Syrie comme Sémiramis; qu'elle fut oda-

---

(1) Athénée cite deux exemples de semblable confusion de noms par des historiens de son temps : l'un disant que Ninive fut prise par *Kyrus*, au lieu de *Kyaxar*; l'autre que l'on voyait à Ninive le tombeau de *Ninus*, au lieu de *Ninyas*. Athénée, en faisant lui-même ces remarques, nous montre que ces cas ont été assez fréquents.

(2) Il semble aussi que cette Sémiramis doit être celle qu'Hérodote a eu en vue par suite de ces confusions.

lisque à la cour du grand roi Assuérus : or Assuérus est le nom que le texte grec donne à l'*Assur* ou l'*Assyrien* de la Genèse *qui bâtit Ninive* : cet Assuérus épousa la Juive *Hadossa*, comme Ninus épousa l'Ascalonite *Atossa*; l'une et l'autre de *servantes devinrent reines*, comme le représentait le tableau du peintre Échion, dès avant Alexandre. Jamais les commentateurs n'ont pu prouver en quel temps vécut cet Assuérus, ni où il fut roi, ni qui fut cette Esther, dont les critiques placent l'histoire au rang des livres apocryphes. Il nous semble assez évident que le nom prononcé *Atosa* par les Grecs, est identique à l'*Hadossa* des Syriens; qu'Esther n'est pas autre que Sémiramis, dont un auteur juif a modifié l'histoire tirée du même livre que le tableau d'Échion, pour en faire honneur à sa nation; en sorte que nous avons ici deux écrivains juifs qui ont défiguré la vérité pour amuser leurs lecteurs : nous en verrons bientôt d'autres dans le même cas, mais beaucoup moins amusants.

## CHAPITRE X.

Babylone depuis Sémiramis.

Après *que Ninus eut conquis* la Babylonie, et détruit la race des rois indigènes (1), ce prince, nous dit Ktésias, *soumit le pays à un tribut annuel*, c'est-à-dire qu'il en fit une province de son empire, régie comme les autres par un *vice-roi* ou *satrape*. Sémiramis ayant ensuite fondé l'immense forteresse de Babylone, cette cité devint la résidence naturelle et nécessaire du vice-roi; ce vice-roi, par la nature de sa place, dut être amovible au gré du souverain, comme le furent les satrapes de l'empire perse ( dont le régime fut calqué sur celui de Ninive ), comme le sont de nos jours encore les pachas de l'empire ottoman. Toutes ces organisations asiatiques se ressemblent. Cet état de choses subsista pendant toute la durée de l'empire assyrien. Nous en avons la preuve,

1° Dans l'envoi que Teutamus fit d'un corps de Babyloniens au secours de Troie (2);

---

(1) *Voyez* Ktésias en Diodore, lib. II.
(2) Ktésias et Moïse de Chorène.

2° Dans l'échange que Salmanasar fit d'une colonie de Babyloniens contre une colonie d'Hébreux de Samarie;

3° Dans tous les détails de la révolte de Bélésys-Mérodak contre Sardanapale;

4° Dans la vassalité non contestée de ce même Bélésys vis-à-vis d'*Arbâk*, qui, à titre de vainqueur de Sardanapale et de successeur du *grand roi*, conféra au Babylonien la satrapie de sa province *exempte de tribut*, et qui lui accorda le pardon d'un vol public contre l'avis de ses pairs assemblés;

5° Enfin dans ces expressions d'Hérodote (1) : « que la ville de Babylone, après la chute de Ni-« nive, devint la résidence des rois d'Assyrie. »

Elle n'était donc auparavant qu'une ville dépendante, une ville de province. Nos deux auteurs, d'accord sur cette période, semblent différer sur celle du régime mède; car le texte d'Hérodote implique une souveraineté indépendante depuis Bélésys, tandis que, selon Ktésias, Babylone continua d'être vassale d'Ecbatane, au même titre qu'elle l'avait été de Ninive; et il en cite un trait remarquable dans l'anecdote de Parsodas et de *Nanibrus, gouverneur* de Babylone, qui *se reconnaît* justiciable de (*Kyaxarès*)-*Artaïos*. D'où il résulterait que les rois de Babylone n'auraient ef-

---

(1) Lib. I, § CLXXVIII.

fectivement été indépendants et héréditaires que depuis Nabopolasar, père de Nabukodonosor; et la liste officielle, dite *Kanon* (1) *astronomique* de Ptolomée, appuie cette induction, en ce que depuis Nabopolasar, remontant jusqu'à Bélésys (Mardokempad), elle compte 11 règnes ou mutations dans le court espace de 96 ans, ce qui ne donne pas 9 ans complets pour chaque règne, et ce qui par conséquent exclut l'idée de succession héréditaire.

Après Bélésys, pendant le règne circonspect de Deïokès, *qui ne commanda qu'aux Mèdes, alors que chaque peuple vécut libre et sous ses propres lois*, il y a lieu de penser qu'il exista à Babylone des agitations oligarchiques, pendant lesquelles des chefs militaires ou sacerdotaux se supplantèrent rapidement dans la gestion du pouvoir. Cela serait naturel, et il le serait encore que Phraortes, devenu puissant par la conquête de la Perse, eût ressaisi la suzeraineté de Babylone par le moyen de l'un des partis contendants. Ce prince ayant péri dans son expédition contre *Ninive*, son fils Kyaxarès (Artaïos) hérita de ses droits; mais l'invasion des Scythes, en 625, l'ayant confiné dans ses places fortes et dans ses montagnes, Nabopolasar et Nabukodonosor, à couvert dans leur *île*, protégés contre la cavalerie scythe par

---

(1) *Norma, regula.*

leurs fleuves et leurs canaux, mirent à profit la faiblesse du Mède, et rendirent leur royauté indépendante et héréditaire dans leur famille.

Contre cet état de choses conforme au raisonnement et aux autorités, on peut demander comment s'expliqueront, et le titre de *roi* donné par la liste officielle aux princes babyloniens depuis Nabonasar, et l'acte arbitraire de ce prince qui supprima les noms de tous ses prédécesseurs, acte et titre qui semblent impliquer l'indépendance absolue.

Nous répondrons que cette objection, plausible dans les mœurs et les usages d'Europe, n'est point une difficulté réelle dans les usages d'Asie. Le mot arabe et chaldéen *malek*, traduit *roi*, n'a pas strictement le sens que nous lui donnons : il suffit d'avoir lu l'histoire de l'Orient ancien, pour savoir que ce titre n'équivaut souvent qu'à celui de *commandant* de province et même de ville. Quand les Hébreux entrent en Palestine, il n'est pas de ville ou de gros bourg qui ne présente un *malek*, ou *roi*, et certainement ces roitelets n'étaient pas des rois indépendants, absolus. Cet emploi indistinct du nom de *roi* trouve son origine et ses motifs dans l'état politique de ces contrées. Primitivement, avant que les états se fussent engloutis les uns les autres, chaque peuple, régi par ses propres lois, avait son *malek*, son roi particulier. De grands conquérants, tels que Sésostris et Ninus, s'étant élevés, leur politique trouva convenable de conserver aux petits rois qui se soumirent volontairement les états qu'ils possédaient, et se contenta de percevoir le tribut, c'est-à-dire qu'en laissant le *titre*, qui n'était rien, les conquérants prirent les *richesses*, qui étaient tout; et de là cette dénomination de *rois des rois*, dont nous trouvons le premier exemple dans Sésostris, mais dont probablement l'usage est bien antérieur. Réduits à l'obéissance et à la vassalité, *ces rois* inférieurs ne furent réellement que des gouverneurs de province, que des *satrapes*, selon l'expression de l'idiome persan; et nous trouvons la preuve inverse de cette synonymie dans un passage de Bérose, qui, né sujet des Perses, a écrit selon leur génie; il dit:

« Nabopolasar ayant appris la défection du *sa-*
« *trape qui était préposé sur l'Égypte, la Cœlé-*
« *syrie et la Phénicie*, et ne se trouvant plus capable de soutenir les fatigues de la guerre, il
« chargea son fils Nabukodonosor de cette expédition, et mourut peu de temps après (1) ».

La date de cette expédition et de la mort de Nabopolasar nous est parfaitement connue pour être de l'an 605 à 604. Or nous savons avec la même certitude historique, qu'à cette époque il n'y avait en Égypte d'autre *satrape* que *le roi Né-*

_____

(1) Joseph. contr. Appion., lib. I, § xix.

*kos*, qui régna depuis 617 jusqu'en 602; et nous savons encore par Hérodote et par les livres hébreux que Nékos n'était point le préposé des rois de Babylone, mais bien l'ennemi puissant, le rival indépendant qui leur disputa la Judée et la Syrie jusqu'à l'Euphrate (1). La bataille de Karkemis ou Kirkesium, en 604, jugea la question contre lui. *Il se retira dans son royaume, et il ne reparut plus dans la terre* (ou pays) *de Judée*.

Bérose, historien célèbre par son savoir, n'a pu ignorer ces faits. Lorsqu'en cette occasion il emploie le mot *satrape*, c'est évidemment parce que, dans les idées asiatiques, il le juge synonyme du mot roi (2). Le Syncelle nous offre un autre

---

(1) Reg. lib. II, cap. 23, v. 29, etc. 24, v. 7.

(2) Ce mot persan *satrape* reçoit une explication instructive et curieuse de l'ancienne langue de l'Inde, le sanscrit, qui fut très-analogue à celle des Perses de Kyrus. En le décomposant, on y trouve deux *mots* qui signifient *maître du dais* ou *parasol* ( *ishattra-pah* ou *pad* ); ce qui nous apprend que jadis en Perse, comme aujourd'hui dans l'Inde et à la Chine, l'attribut honorifique des gouverneurs des provinces était de se faire porter le *parasol*, de rendre leurs sentences et décisions sous le *parasol*. Aussi lorsqu'en ces derniers temps nous avons eu à Paris des envoyés du shah de Perse, eux et leurs gens ont-ils été scandalisés de voir le parasol dans toutes les mains indistinctement. Notre industrie, pour rendre ce meuble plus commode, a su le réduire à une seule tige ou bâton; mais dans l'origine, il était monté sur deux et même sur quatre, et il était le dais dont les prêtres et les rois ont conservé le très-antique usage oriental, et dont notre climat nous a fait oublier le motif et l'intention.

exemple du même emploi de ce mot par Alexandre Polyhistor, lorsqu'il dit, page 209 : « Alexan-
« dre Polyhistor rapporte que Nabopolasar en-
« voya vers Astyag, *satrape* de Médie, etc. » Or
il est constant qu'Astyag était *roi* indépendant...,
et le Syncelle, page 14, nous avertit que Polyhistor copiait Bérose.

Quant à la suppression que *Nabon-asar* fit des
actes et des noms de ses prédécesseurs, elle n'est
pas en lui une preuve du pouvoir *royal*, plus
qu'elle ne le serait dans les pachas du Kaire, de
Damas et de Bagdad ; de tels procédés leur seraient possibles, sans avoir d'autre conséquence
que de payer quelque amende. Seulement ici c'est
un indice de félonie et de rébellion que semblent
confirmer plusieurs circonstances.

En effet, après la mort de Nabonasar, l'an 733
(14 ans après la suppression des actes, en 747),
on voit le roi de Ninive, *Salman-asar*, lever une
colonie dans Babylone même et la déporter au
pays de Samarie, à la place des Juifs qu'il venait
de subjuguer et de déporter en Mésopotamie. Cet
acte de souveraineté et de sévérité ne semble-t-il
pas venir à la suite d'une rébellion qui aurait
existé, sans pouvoir être punie du vivant de son
auteur Nabonasar ; mais, à sa mort, le prince suzerain, profitant de quelques troubles, aurait recouvré ses droits ; il aurait écarté des coupables
trop nombreux pour être détruits sans danger et

sans perte; et même en capitulant avec le parti influent, il eût continué de prendre les vice-rois dans la caste, avec la précaution de les changer souvent, comme on le voit dans Nabius, Chinzirus, Porus et Ilulaïus, qui n'occupent que 12 ans.

D'autre part, la liste officielle appelée *Kanon astronomique* de Ptolomée, affecte de donner aux princes de Babylone, depuis Nabonasar, le nom de *rois chaldéens*, et non pas de rois *assyriens*. Or il est remarquable que les écrivains juifs authentiques, tels qu'*Isaïe*, *Jérémie* et l'auteur *des Rois*, appliquent exclusivement le nom de *Chaldéens* aux Babyloniens, et celui d'*Assyriens* aux rois de Ninive (1); que ces Chaldéens étaient la caste *bràhminique* et noble des Babyloniens, celle en qui résidait le sacerdoce et primitivement le pouvoir; que, par suite de la conquête

---

(1) Les *Paralipomènes*, liv. II, chap. 33, v. 11, semblent faire exception, lorsqu'ils disent que le roi Manassé fut emmené captif à *Babylone* par *le roi des Assyriens*. Mais il ne faut pas oublier que cette tardive chronique n'a pu être rédigée avant le temps des Asmonéens, et qu'à cette époque les écrivains juifs empruntaient déjà les idées et les expressions des Grecs, qui appelaient *Assyriens* les peuples de la Babylonie, en sorte que cet exemple même devient l'un des indices de la posthumité des Paralipomènes : ce livre, au chap. 3, vers. 17 à 24, dénombre sept générations depuis le retour de Babylone; et cela seul, à 25 ans la génération, conduit jusqu'à l'an 363, c'est-à-dire 33 ans avant Alexandre.

des Assyriens, ces Brahmes vaincus avaient dû être privés de l'autorité civile ; que la garnison de Babylone avait dû être composée d'étrangers, et que même la colonie première introduite par Sémiramis en était formée en grande partie ; mais par le laps de temps, dans un espace de 480 ans, l'esprit indigène et le sang arabe durent aussi reprendre l'ascendant que leur donnaient et la masse de population, et les habitudes de climat. Alors il est naturel de penser que la caste chaldéenne épiant l'occasion de ressaisir l'autorité, l'un de ses membres, *Nabon-asar*, profita de l'indolence ou de l'embarras des sultans de Ninive, pour affecter l'indépendance et convertir *en autorité royale* celle dont il put être revêtu, à titre de vice-roi, ou de pontife (1). Dans un tel cas, on conçoit très-bien que cet *indigène*, considérant comme intrus les vice-rois qui l'auraient précédé et qui durent être des Ninivites, put vouloir supprimer leurs noms et leurs actes comme un monument de servitude ; l'établissement de cette *nouvelle* puissance indigène et chaldéenne donnerait une explication très-naturelle d'un passage d'Isaïe, qui autrement demeure obscur.

Au chapitre 23 de cet écrivain, versets 13 et 14, on lit :

---

(1) Comme il arrive assez souvent dans l'Inde ou dans la Turquie à des princes tributaires et à des pachas.

« Voici la terre des Chaldéens ; ce peuple n'était
« pas ( auparavant ). L'Assyrien la fonda ( Baby-
« lone ) pour les habitants du désert ; il éleva ses
« remparts, il bâtit ses palais, il l'établit pour la
« ruine des nations. »

Ce chapitre ne porte pas de date, mais il vient
à la suite du chapitre 20, qui traite de la prise
d'*Azot* par *Tartan*, général de Sennachérib (1),
et ce fait, peu antérieur au siége de Jérusalem
par ce prince, appartient aux années 722 ou 723
avant notre ère. Comment, à cette époque, Isaïe
a-t-il appelé *peuple nouveau* ou *race nouvelle* les
Chaldéens, de qui les Juifs s'honoraient de tenir,
par Abraham, leur origine déjà ancienne ? Cela ne
peut se concevoir qu'en appliquant cette *nouveauté*
à la puissance *ressuscitée* de la race *chaldéenne* par
Nabonasar ; cette résurrection date de l'an 747,
c'est-à-dire 25 ans auparavant, et là s'appliquent
bien ces mots, *qui n'était pas ( auparavant )*. Le
reste de la phrase s'accorde parfaitement avec le
récit de Ktésias sur l'origine de Babylone.

D'ailleurs le sujet du chapitre 23, où est le passage cité, convient très-bien à cette période ; car
c'est un anathème contre la ville de Tyr, *frappée
de grands maux et menacée de servitude*. Or, vers
les années 731 et 732, Salmanasar (2) avait sub-

---

(1) *Voyez Chronologie d'Hérodote*, pag. 481, note [1].
(2) Flav. Joseph., *Antiq. judaic.*, lib. IX, cap. 14, pag. 506.

jugué toutes les villes phéniciennes, excepté Tyr, qu'un siége prolongé réduisit aux abois. C'est à ce siége que fait allusion le prophète, et non pas, comme le prétendent quelques paraphrastes, au siége de Nabukodonosor, qui fut postérieur de plus de 120 ans. Tout porte donc à croire que réellement la puissance ninivite éprouva de la part des vice-rois de Babylone, dès avant l'affranchissement par Bélésys, ce que la puissance ottomane éprouve quelquefois de la part de ses grands vassaux, qui, pendant plusieurs années, conservant des apparences de soumission et de tribut, exercent tous les actes d'une autorité indépendante et d'une véritable royauté. La suite des faits va encore jeter du jour sur cette idée; et parce que nos renseignements sur les rois babyloniens nous viennent presque uniquement de la liste appelée *Kanon de Ptolomée*, il n'est pas inutile de jeter un coup-d'œil sur l'autorité de ce monument, contesté par quelques écrivains pour soutenir d'anciens préjugés (1).

---

(1) Nous ne combattons point ici une opinion singulière de *Michaelis*, qui, dans son livre *de Geographiá Hebræorum exterá*, saisit une phrase de Strabon pour en induire qu'une *peuplade sauvage* et barbare, appelée jadis *Chalybes*, et plus récemment *Chaldies*, était venue des bords de la mer Noire conquérir et maîtriser Babylone, comme les Turkmans ont maîtrisé Bagdad et l'empire arabe. Pour soutenir cette hypothèse, Michaelis veut que les noms des rois babyloniens soient des noms russes; par conséquent il suppose que les Chalybes

# CHAPITRE XI.

Kanon astronomique de Ptolomée.

C'est à l'érudit Joseph Scaliger que les chronologistes doivent les premières notions de ce *Kanon*,

---

parlèrent un dialecte slave, quoique les meilleurs antiquaires ne fassent remonter l'origine des Slaves qu'aux premiers siècles de notre ère, où ces peuples émigrèrent, à ce qu'il paraît, des frontières de l'Indostan. D'autre part, outre que les étymologies qu'il allègue d'après Forster, sont forcées et imaginaires, on peut lui objecter que les noms de *Nabu-kadnasar*, *Balthasar*, etc., reçoivent une explication plus raisonnable de l'idiome arabe et chaldéen. Quant à la phrase de Strabon, lib. XII, p. 549, nous remarquons d'abord avec ce géographe, qu'Homère, en citant le nom de *Chalybes*, paraît avoir ignoré celui de *Chaldæi*, et nous en inférons que ce dernier ne se serait introduit que depuis ce poète, qui a écrit vers l'an 800 avant notre ère, c'est-à-dire quelques années avant *Phul*, roi de Ninive. Or tous les anciens attestent que les Chaldéens ont existé à Babylone bien des siècles avant cette date, et ont existé comme caste sacerdotale et non militaire. Nous observons de plus que, peu après le temps d'Homère, deux rois de Ninive, successeurs de *Phul*, exécutèrent de nombreuses déportations de peuples, et que, de même qu'ils transplantèrent des familles cuthéennes à Samarie, ils purent déporter des familles chaldéennes chez les *Chalybes*, voisins des *Sapires*, cités par Sennachérib pour être l'un des peuples récemment subjugués par ses pères. D'ailleurs Strabon, au même endroit, nomme quatre peuples à qui un changement semblable de nom était arrivé; les *Sanni*, jadis *Macrones*; les *Apaitæ*, jadis *Kerkitæ*; et

ou *Catalogue régulateur*, tiré des écrits de l'astronome Ptolomée. Scaliger, compulsant un manuscrit du Syncelle, alors inédit, y trouva cette pièce historique et s'empressa de la publier dans les premières années du 17$^e$ siècle; mais parce que le Syncelle produit deux et même trois versions de cette liste, toutes différentes l'une de l'autre, il s'éleva des doutes sur son utilité. Peu de temps après (en 1620)(1), Calvisius et Bainbridge fournirent de meilleurs moyens de l'apprécier, en publiant la copie des deux manuscrits de Théon, commentateur de Ptolomée. En 1652 la traduction du livre de *George le Syncelle*, par Goar (2), sur un manuscrit autre que celui de Scaliger, offrit de nouvelles variantes quant aux noms; en 1663 le docte jésuite Petau, qui d'abord avait adopté la version de Scaliger, dans son Traité *de Doctriná temporum* (3), la répudia pour une meilleure

---

d'autres jadis appelés *Byzères :* n'est-il pas plus raisonnable d'attribuer ces changements aux historiens qui auront employé d'autres idiomes que les anciens; de penser même que Darius a pu en être l'auteur dans le registre neuf et régulier qu'il fit composer pour l'empire perse. Toujours est-il vrai que Strabon peint les *Chaldæi Chalybes* comme des sauvages divisés entre eux, tous barbares, insociables, vivant de pêche, de chasse et de gland, et il n'est pas probable que de telles hordes, peu nombreuses, aient fait une conquête aussi difficile que celle de Babylone, en dépit des rois de Ninive.

(1) *Voyez Procli Sphæra*, in-4°, à la fin.
(2) *Syncelli Chronographia*, in-fol.
(3) *Doctrina temporum*, tom. II, pag. 125, *année* 1627.

que lui fournit un troisième manuscrit du même Théon (1). Enfin le savant anglais Dodwell, dans une Dissertation très-bien raisonnée (2), ayant confronté et discuté toutes les versions alors connues, et les opinions émises, donna un état clair et fixe à la question, qui consiste dans les articles suivants :

1° La liste n° I doit être considérée comme la plus conforme aux manuscrits de Théon, copiste de Ptolomée. Les chiffres ou nombres sont d'autant plus exacts, que l'auteur original, après chaque règne particulier, additionne le produit de tous les règnes précédents; ce qui interdit toute altération, en même temps que cette précaution nous montre combien peu les anciens comptaient sur l'attention et la fidélité de leurs copistes.

Les numéros II, III et IV représentent les variantes données par *Scaliger*, par *Petau* et par le Syncelle, édition de Goar.

Elles servent à prouver cette incurie des copistes, puisque les noms propres qui composent ces listes sont quelquefois altérés de plusieurs manières (par exemple *Iluarodamus*) : ce doit donc être

---

(1) *Voyez Rationarium temporum*, à la fin. Petau ne cite pas le numéro du manuscrit; mais c'est celui de la bibliothèque impériale, coté 2497; un autre, coté 2494, pag. 126, appuie celui-là.

(2) In-8°, 1684. Appendice aux Dissertations sur saint Cyprien.

une *vérité*, *un principe de critique* pour tout esprit impartial, que « toutes les fois qu'il n'existe « qu'un ou deux manuscrits d'un ouvrage ancien, « on n'a aucune garantie, aucune certitude morale « de son identité avec l'ouvrage original tel qu'il « sortit des mains de l'auteur. » Parmi les livres anciens que nous possédons, en est-il beaucoup qui aient satisfait à cette condition?

2° Dans la version qu'il nomme *astronomique*, n° II A, et qu'il prétend avoir copié de Ptolomée, l'on voit que le Syncelle a osé, selon sa coutume, altérer et changer la durée de plusieurs règnes, en donnant, par exemple, *à Saosduchius* 9 ans au lieu de 20; *à Nabonadius* 34 au lieu de 17; *à Iluarodam* 3 au lieu de 2, etc., que portent généralement les manuscrits de Théon.

3° Enfin, la version intitulée *calcul ecclésiastique*, n° II B, dont l'auteur premier semble être Africanus, chef des chronologistes chrétiens; cette version offre des preuves irrécusables de la négligence, de l'ignorance même, et du défaut de critique de ces anciens compilateurs..............

Premièrement, dans la confusion qu'ils font de personnages très-différents, en croyant, par exemple, que Nabonasar est le même que Salmanasar; que Nabonadius est le même qu'Astyages, ou Darius, ou Assuérus ou Artaxercès.

Secondement, dans une autre confusion qu'ils font du règne de Kyrus à Ekbatane, qui réellement veut 30 ans, avec le règne de Kyrus à Babylone, qui n'en veut que 9.

Troisièmement, dans la licence qu'ils prennent de changer arbitrairement la durée bien connue de divers règnes, tels que celui de Nabonasar, de Nabius, d'Iluarodam, de Nabonide, de Kyrus, d'Ochus, etc., et cela afin de retrouver la somme d'addition finale, exigée par le Kanon : enfin dans leur incurie à remplir même cette condition ; car le calcul ecclésiastique, au lieu de fournir 424 ans juste après Alexandre, rend 426 ans 4 mois, par l'introduction inutile des 7 mois du mage, des 7 de Sogdien, et des 2 mois de Xercès II, et la surcharge d'une année sur un autre prince.

Par ces exemples pris dans un sujet important et célèbre, l'on peut juger du caractère des anciens écrivains dits ecclésiastiques, qui tous offrent plus ou moins de semblables anachronismes.

La liste authentique des rois chaldéens de Babylone étant ainsi éclaircie et fixée, l'on demande quel a été son auteur ? Il fut antérieur à Ptolomée, puisque le Syncelle remarque, page 206, « que « les astronomes chaldéens et les mathématiciens « grecs s'en servaient le plus habituellement pour « tirer leurs horoscopes, ainsi que *l'atteste* le *très-* « *savant Ptolomée.* »

Donc ce *Kanon* ou *règle* du temps était bien antérieur à cet astronome et même à Hipparque, de qui Ptolomée a tout emprunté. Aussi voyons-nous

Hipparque désigner quelques éclipses par les noms de certains princes que le Kanon nous offre. Dodwell, qui a médité ce sujet, a pensé que la rédaction première de *ce régulateur du temps* devait appartenir à Bérose, ce prêtre chaldéen dont nous avons souvent parlé.

En faveur de cette opinion, nous voyons plus de motifs encore que n'en a exposé Dodwell.

1° L'analogie et presque l'identité du fragment de Bérose cité par Fl. Josèphe (1), où les rois de Babylone, depuis Nabopolasar, sont nommés et classés comme dans la liste. Et si l'on objecte que, dans le livre contre Appion, Nabopolasar a 29 ans au lieu de 21, nous répondons qu'Eusèbe, dans sa Préparation évangélique, liv. IX, chap. 40, et le Syncelle (2), dans sa Chronographie, p. 220, en citant le même texte de Bérose d'après Josèphe, donnent 21 ans à Nabopolasar ; en sorte que Dodwell a eu raison d'attribuer l'erreur du livre contre Appion, au copiste, qui, au lieu d'écrire les mots grecs *eikosi en'*, *vingt-un*, a écrit *eikosi ennea*, *vingt-neuf*. Il y a cent exemples pareils.

2° La double qualité d'historien et d'astronome réunie dans la personne de Bérose, qui, pour établir les calculs et les prédictions astrologiques dont

---

(1) Joseph. cont. Appion., lib. I, § xix.

(2) Le Syncelle cite Bérose, mais il est très-douteux qu'il ait eu ce livre en main ; car il n'en cite pas un passage original qui ne se trouve ailleurs.

l'exactitude le rendit si célèbre en Grèce, eut besoin d'une mesure de temps très-précise, et eut, à titre d'historien, les moyens de la choisir dans les annales les mieux constatées.

3° Le passage de Pline, qui dit que Bérose donnait aux observations babyloniennes *une durée de 480 ans*.

Donc Bérose avait dressé ce calcul sommaire de 480 ans.

4° L'époque même à laquelle se termina d'abord le *Kanon astronomique*, laquelle fut la mort d'Alexandre : n'était-il pas naturel que Bérose terminât sa Chronologie à cette époque célèbre, qui était aussi celle de sa propre naissance (1) ?

5° Enfin le titre de *chaldéens* donné à ces *rois* est encore une induction favorable, en ce que, si l'auteur eût été grec, il les eût appelés *assyriens*, selon l'usage d'Hérodote et de presque tous les auteurs grecs : il n'appartenait qu'à un indigène, à un prêtre babylonien tel que Bérose, de faire cette distinction savante dont nous trouvons l'exemple parallèle chez les écrivains juifs, avec cette particularité que l'orthographe de Bérose se rapproche de la leur autant que le permet la langue grecque.

Le lecteur a pu remarquer que dans le Kanon astronomique se trouvent supprimés les noms de plusieurs princes mentionnés par les historiens ;

---

(1) *Voyez* ci-devant, note de la page 123.

par exemple, on n'y voit point la reine *Nitocris* d'Hérodote, et ce silence achève de prouver ce que nous avons dit, c'est-à-dire qu'elle ne fut que *régente* sous le règne de son époux *Nabokolasar*, qui est Nabukodonosor.... On ne voit pas non plus, après Cambyse, le mage *Smerdis*, quoique mentionné par Ktésias et par Hérodote, ni Laborosoachod, quoique cité dans le fragment de Bérose lui-même (en Josèphe). Ces omissions néanmoins ne sont pas des oublis, ni des lacunes; elles sont le résultat d'un système réfléchi qui n'a pas voulu embarrasser et troubler le calcul, en y introduisant des fractions d'années; en effet, Smerdis ne régna que 7 mois; mais parce que Cambyse régna 7 ans et 5 mois, la liste, en lui comptant 8 ans entiers, compense le temps de Smerdis. La même chose a lieu pour Laborosoachod, pour Arsès, etc., dont les mois sont reversés sur leurs prédécesseurs(1). Quant à la liaison de cette chronologie babylonienne à notre ère chrétienne, elle s'est opérée avec aisance, facilité et certitude, par les dates des règnes d'Alexandre, de Darius-Hystaspe, de son fils Xercès, etc., dates sur lesquelles la série des jeux olympiques ne laisse aucun doute. Ainsi nous avons jusqu'à l'an 747 avant J.-C. une

---

(1) Fréret et les missionnaires ont remarqué que le même système existe dans la chronologie des Chinois, qui supprime les noms des rois lorsqu'ils ont régné moins d'une année.

échelle continue qui nous fournit un terme de comparaison exact pour juger du degré d'instruction des auteurs qui, comme Hérodote, ont parlé de quelque événement, de quelque roi babylonien, dans le cours de cette période jusqu'à Kyrus, qui la termine. Ce sujet va nous occuper dans le chapitre suivant.

## CHAPITRE XII.

### Rois de Babylone jusqu'à Nabukodonosor.

En ayant le mérite exclusif de nous donner la liste des rois babyloniens depuis Nabonasar, le Kanon astronomique n'y a pas joint celui de nous donner des détails instructifs sur leurs règnes, et l'on n'y supplée que très-imparfaitement par d'autres auteurs. Sans un passage du Syncelle, nous ignorerions pourquoi les rois antérieurs n'ont laissé aucune trace : il paraît que Nabonasar, en brûlant leurs actes, ne fit qu'imiter l'exemple de Ninus, qui, selon l'historien syrien Mar-ibas (1), brûla aussi les histoires des rois qui l'avaient précédé. Le règne de Nabonasar, qui forme une ère,

---

(1) *Voyez* Moïse de Chorène, chap. 13, pag. 40.

s'ouvrit le 26 février de l'an 747 avant J.-C. à midi. A cette époque dut régner à Ninive *Teglat-Phalasar*, qui l'an 742 s'empara de Damas et enleva quelques tribus juives. Il faut croire que Nabonasar lui parut trop puissant pour l'attaquer, et qu'il se contenta d'une apparence de tribut et de vassalité, comme il arrive quelquefois à la Porte ottomane, en des cas semblables. La dernière année de Nabonasar, en 734, paraît coïncider avec le temps où Salmanasar, autre roi de Ninive, était occupé d'une guerre opiniâtre contre les villes phéniciennes; ce prince prit Samarie et déporta les tribus juives en 730. Nabius, successeur de Nabonasar, n'avait régné que 2 ans: Xinzirus et Porus, qui régnèrent 5 ans, avaient succédé à Nabius et virent Salmanasar enlever une colonie de Babyloniens qui furent déportés à Samarie. Nous avons dit que cet acte indique un retour de puissance de la part des Ninivites sur les Babyloniens.

En 726 régna Ilulaïus, à l'époque où Sennachérib dut succéder à Salmanasar. En 721, à *Ilulaïus* succéda Mardok-empad, le Mérodak-Baladan des Hébreux, et le Bélésys de Ktésias... Cette année fut la première de Sardanapale, *Asar-adonphal*, fils de Sennachérib, et il semble que Mérodak lui dut sa nomination ou sa confirmation.

Depuis Mérodak jusqu'à *Saos-Duchœus*, en 667, 7 règnes et 2 interrègnes remplissent la courte durée de 54 ans; ce qui indique un état de troubles civils, et de partis contraires qui se disputent le pouvoir.

Parallèlement chez les Mèdes régnait Deïokès, qui, assez occupé de son intérieur, ne dut point inquiéter les Babyloniens. Saos-Duchæus, par son règne de 20 ans, indique un état de choses plus affermi, à raison de l'ascendant d'un des partis. Ce dut être lui dont les généraux emmenèrent captif à Babylone Manassé, roi de Juda, mort en 652. Le livre des Rois, plus authentique que les Paralipomènes, ne dit rien de ce fait, d'ailleurs peu important. En 645 régna *Kinil-Adan*, qui serait le Nabukodonosor de Judith, si saint Jérôme ne nous avertissait formellement que dès son temps les Juifs, malgré leur zèle dévot, reconnaissaient ce livre pour être apocryphe, ainsi que le livre encore plus romanesque intitulé *Tobie*. Si le lecteur veut jeter l'œil sur la note ci-jointe, il y verra les preuves de cette apocryphité admise par tous les bons critiques (1).

---

(1) *Apud Hebræos liber Judith inter apocrypha legitur*.....
Hieronymi opera, tom. 1, pag. 1170, in-fol., 1693.

Le savant Bernard de Montfaucon a voulu prouver l'authenticité du livre et du fait; mais sa dissertation, composée dans sa jeunesse, ne s'appuie que sur des anachronismes, ou sur des hypothèses, et ne sauve ni les contradictions palpables, ni l'ignorance évidente de l'anonyme, tant en géographie qu'en chronologie. Le lecteur peut lui-même en juger par ce précis de Judith que nous lui soumettons.

Le livre intitulé *Chronologie d'Hérodote* prouve, page 150, que Kynil-Adan est le Nanibrus de Kté-

---

## TEXTE DE JUDITH.

*Version latine ou vulgate.*

Arphaxad, roi des Mèdes, avait subjugué beaucoup de peuples, et il avait bâti une grande ville qu'il nomma *Ecbatan*; et *l'an* 12 de son règne, *Nabukodonosor*, roi des Assyriens, qui régnait dans Ninive, combattit Arphaxad, et il le vainquit dans la grande *plaine de Ragau, près l'Euphrate et le Tigre*..... Et l'an 13 de son règne, Nabukodonosor envoya Holophernus..... *Eliakim* était alors grand-prêtre à Jérusalem, etc.

*Version grecque.*

*L'an* 12 de Nabukodonosor qui régna sur les Assyriens dans Ninive; au temps d'Arphaxad qui régna sur les Mèdes dans Egbatanes qu'il avait bâtie : en ce temps-là, le roi Nabukodonosor fit la guerre au roi Arphaxad..... Et l'an 17, Nabukodonosor combattit Arphaxad, le défit dans les montagnes de Ragau, le perça de traits, et l'extermina jusqu'à ce jour; et l'an 18, Nabukodonosor envoya Holophernus contre les enfants d'Israël qui revenaient de captivité. *Ioakim* était grand-prêtre à Jérusalem, etc.

*Arphaxad*, roi à Ecbatanes, périssant dans une guerre contre les Assyriens, ne peut être que *Phraortès qui périt dans son expédition contre les Assyriens de Ninive*, comme nous l'a dit Hérodote. Mais Ecbatanes fut bâtie par *Deïokès* et non par son fils *Phraortès*. Ce roi mède périt l'an 636 : à cette époque, Josias, âgé de 11 ans, était dans l'an 3$^e$ de son règne, ou plutôt de la régence du grand-prêtre *Helqiah*..... *Les Juifs revenaient de captivité*....... De quelle captivité? Il y avait déja 16 ans que *Manassès* était mort. Pourquoi le nom de *Helqiah* est-il altéré et différent dans les deux versions ? La plus ancienne, qui est le grec, donne 6 ans de durée à la

sias dans l'anecdote de Parsodas, laquelle se place entre les années 633 et 627.... Il semblerait que

---

guerre; la version vulgate fait périr Arphaxad dans la même année, l'an 12 de *Nabukodonosor*..... Il est bien vrai que l'an 636 se trouve être l'an 11 de *Kynil-Adan;* mais alors l'une des versions s'est permis d'altérer le texte. Quel fut ce texte original? on l'ignore. L'hébreu qui a servi de modèle au latin, est mutilé : il a été fait sur le grec qu'il a abrégé et tronqué, comme font tous les extraits. Le grec est d'accord avec la version syriaque, très-ancienne aussi ; mais ni l'une ni l'autre ne sont l'original qui a péri. Le latin cadre mieux avec la chronologie d'Hérodote, sur laquelle il a été calculé ou corrigé. Mais Hérodote dit que les Ninivites étaient indépendants, qu'ils étaient délaissés de tous les autres Assyriens; et l'histoire de Parsodas en Ktésias nous montre Kynil-Adan-Nanibrus, vassal d'Artæus-Kyaxarès.

Dira-t-on que ce Nabukodonosor qui régna dans Ninive, fut un *roi indigène* à nous inconnu ? En effet, l'auteur de Judith n'exprime pas qu'il fût roi de Babylone. Mais alors où est son garant ? et lorsque ensuite il ajoute que Judith vécut jusqu'à l'âge de 105 ans (plus de 70 ans après cette guerre); qu'*Israël ne fut plus troublé de son vivant ni long-temps après* (dès 609, Josias fut tué et le pays conquis par Nékos ); et lorsque dans le cantique de Judith, il dit *le Perse a frémi de son audace, le Mède a été troublé de sa force;* tous ces anachronismes ne décèlent-ils pas clairement la posthumité et l'ignorance de l'auteur ? D'ailleurs sa géographie est un renversement manifeste, lorsque, traçant la marche d'Holopherne, il le fait partir de Ninive, le conduit en Cilicie jusqu'au mont *Angé,* ou plutôt *Argæus* : puis de Cilicie lui fait *passer* l'Euphrate pour l'établir en *Mésopotamie, et y ruiner toutes les villes fortes qui y étaient, depuis le torrent de Mambré* ( qui est en Palestine ) jusqu'à la mer *Méditerranée.* En voyant une faute si grossière ajoutée à tant d'autres invraisemblances, on se range à l'avis de ceux qui dans le livre intitulé *Judith,*

Nanibrus aurait succédé à Saos-Duchæus, comme à son père, sous le bon plaisir des rois mèdes.

Après Kynil-Adan, en 625, règne Nabopolasar qui est le premier *Labynet* d'Hérodote. C'est de lui que parle cet historien, lorsqu'après la bataille entre les Lydiens et les Mèdes, interrompue le 3 février au matin, par la célèbre éclipse de Thalès, il dit: « Syennèsis, roi de Cilicie, et Labynet, roi « de Babylone, furent les médiateurs de la paix; « ils hâtèrent le traité, et ils l'assurèrent par un « mariage. »

Ici le texte et le bon sens s'accordent à vouloir que si Syennèsis et Labynet furent présents, ils furent auxiliaires et sans doute vassaux, l'un du Lydien, l'autre du Mède; ceci cadre bien avec le récit de Ktésias: mais, dira-t-on, si la bataille eut lieu le 3 février au matin, et si le règne de Nabopolasar ne date que du 26 de ce mois (l'an 625), comment Hérodote l'appelle-t-il déja roi? Cette difficulté se résout très-bien, en disant que Nabo-

---

voient un roman écrit au temps des Machabées, pour exciter le patriotisme juif contre la tyrannie des rois grecs. Il est possible que dans d'autres guerres, il y ait eu quelque anecdote semblable, et que quelque captive juive enlevée par un chef de troupe, l'ait tué, comme on le dit de Judith; mais les détails de ce livre sont tels, qu'il n'a pu être composé que par la femme même qui en fut le témoin et le héros (hypothèse absurde), ou par l'écrivain dramatique qui les puisa dans son imagination. Au reste, de tous les apocryphes juifs...: c'est le roman le mieux écrit et le plus intéressant.

polasar dut être le fils de Nanibrus-Kynil-Adan ; qu'en sa qualité d'héritier, il put conduire le subside, même depuis 4 ans que durait cette guerre, et que son père étant mort l'année 624, cette année ne compte pas pour Nabopolasar, quoique déja roi, attendu que dans cette liste les années appartiennent toujours aux princes qui les commencent. D'ailleurs Hérodote a pu lui anticiper le nom de roi.

Quant à la date de l'éclipse de Thalès au 3 février de l'an 625 avant J.-C., telle que nous l'admettons, elle résulte si positivement du texte d'Hérodote, que nous la croyons immuable (*voyez* la Chronologie d'Hérodote, page 7 et suivantes). Si donc aujourd'hui les calculs de nos astronomes représentent cette éclipse comme arrivée trop matin pour avoir été visible dans l'Asie mineure, il faut ou que les théories n'aient pas encore atteint une entière perfection, ou que le fait ait subi quelque altération de la part des narrateurs. Le savant auteur d'un ouvrage récent n'hésite pas à préférer cette seconde opinion lorsqu'il regarde cette éclipse comme *une fiction d'Hérodote ou de ses auteurs* (1), mais en mettant à part l'infaillibilité de nos astronomes, il est ici des considérations morales que l'on ne peut écarter légèrement.

---

(1) *Abrégé d'astronomie théorique et pratique*, par M. Delambre, p. 335.

D'abord on ne voit pas comment les historiens babyloniens, mèdes et lydiens, intéressés au fait, ont pu s'entendre pour imaginer une *fiction* sans base; encore moins comment Hérodote, voyageur étranger, impartial, et d'un caractère éminemment sincère, a pu consulter les livres et converser avec les savants de ces divers peuples, sans trouver et sans noter quelque doute, s'il y en eut, sur un fait si remarquable, lui qui nous répète cette phrase de candeur : « Voilà ce que disent les uns ; « mais les autres prétendent que cela se passa au- « trement. »

Ensuite l'on doit remarquer qu'ici l'éclipse n'est pas l'accessoire, la broderie du fait, mais le fait principal lui-même, la cause occasionelle et déterminante d'un traité qui changea l'état politique de l'Asie, et cela de la manière la plus notoire, la plus remarquable, puisqu'une grande guerre fut terminée brusquement par l'un de ces prodiges célestes qui excitaient une terreur générale chez les anciens peuples. Ce fut encore une suite de l'éclipse, que le siége de Ninive par Kyaxarès, et son interruption par les Scythes, qui poussèrent jusqu'à Ascalon, où les *arrêta Psammetik*, roi *d'Égypte*. Cette dernière anecdote, Hérodote la tient des prêtres égyptiens, comme il tient des Chaldéens celle de Labynet. Conçoit-on qu'il ait lié tous ces traits en un même récit, sans avoir fait une sorte de collation avec ces divers auteurs, et sans les avoir questionnés sur une éclipse aussi remarquable ?

D'autre part, l'astronome, qui inculpe si facilement l'histoire de *fiction*, peut-il bien nous garantir la certitude mathématique des méthodes adoptées? Sans doute les Tables de la lune dressées par M. Burgh sont plus parfaites que celles de Mayer et de Mason; mais ne reste-il rien à y ajouter? par quels moyens sont-elles établies? N'est-ce pas en prenant pour jalons certaines éclipses de Ptolomée? Or que penser de l'exactitude de cet astronome, si quelques-unes de ses éclipses ne cadrent point avec les autres? Pour obtempérer à ces éclipses, l'on a supposé au mouvement de la lune une accélération progressive, représentée dans le calcul par une *équation* séculaire qui, pour l'an 625 avant J.-C., s'élève à environ *un degré et demi* : mais ne serait-ce pas ici la *fiction* ; car si à la longitude donnée par les tables pour cette année-là, on ajoute l'équation $1°\frac{1}{2}$, l'accélération se trouve beaucoup plus grande en ces temps anciens que dans les temps modernes; et cela est l'inverse du système régnant qui admet l'accélération croissante à mesure qu'elle s'approche de ces derniers. Ce système se trouve donc ici en contradiction avec lui-même, et sans doute c'est pour avoir senti cette contradiction, qu'un illustre astronome allemand, M. le baron de Zach, a proposé dans ses tables de la lune, page 3, *de ne considérer les équations séculaires en longitude et en anomalie moyenne comme positives, c'est-à-dire croissantes, qu'après l'an* 1700 (*de notre ère*), *et comme négatives ou décroissantes, avant* 1700. Alors le lieu moyen de la lune, au moment de l'éclipse du 3 février 625, moins avancé de 3 degrés qu'on ne le suppose, exigera que l'on augmente sa longitude (pour joindre le soleil) d'un espace qui, calculé en temps, peut retarder l'éclipse de près de 6 heures et la représenter comme arrivée entre 8 heures du matin et midi. L'on s'est donc trop pressé d'inculper l'exactitude d'Hérodote, et cette diversité d'opinion entre de savants astronomes, prouve que la science n'en est pas encore au point de prononcer d'emblée sur les historiens. De plus, il est dans les éclipses des incidents singuliers qui peuvent accroître leurs effets ténébreux d'une manière incompréhensible même pour les astronomes. Mæstlin, de qui fut élève Kepler, en cite un exemple frappant dans l'éclipse de soleil observée à Tubingen le 12 octobre 1605. *Commencement* à $1^h 40'$ après midi. *Fin* à $3^h 6'$ temps vrai. *Grandeur*, 10 doigts $\frac{1}{3}$ ou $\frac{2}{3}$.

« Vers le milieu de cette éclipse, dit Mæstlin, le
« ciel étant parfaitement pur, survint tout à coup
« une obscurité semblable au crépuscule du soir,
« à tel point que l'on put voir *Vénus*, quoique rapprochée du soleil à 21 degrés, que les vignerons
« occupés à vendanger eurent peine à discerner

« les grappes, et que les maisons disparurent dans
« l'ombre. »

Voilà l'effet que produirait une éclipse totale, et néanmoins il s'en fallait 4 minutes que dans celle-ci le disque du soleil fût masqué : concluons que le récit d'Hérodote mérite une attention particulière et qu'il peut devenir un point de mire utile à nos astronomes. Revenons à notre sujet.

L'invasion des Scythes étant survenue, Kyaxarès fut réduit pendant 18 ans à être leur tributaire ou leur ennemi impuissant; pendant cet intervalle, le roi de Babylone protégé par ses fleuves, par ses canaux, par les inexpugnables remparts de sa ville, put braver la cavalerie scythe, ou la paralyser, comme Psammitik, par des présents annuels; et profitant de la faiblesse de Kyaxarès, il put cesser d'être son vassal, et devenir seulement son allié. C'est ce qui se déduit d'un passage d'Alexandre Polyhistor cité par le Syncelle, page 220, lequel nous apprend (1) « qu'Astibaras (Kya-
« xarès ) accorda sa fille Aroité à la demande que
« lui en fit Nabopolasar pour son fils Nabukodo-
« nosor. » Cet événement correspond aux années 607 ou 606. Il en résulte que Nabopolasar dut être le premier roi babylonien à la fois héréditaire et indépendant : en sorte que Babylone, vassale de-

---

(1) Et cela d'après Bérose, puisque le Syncelle remarque, p. 16, que Polyhistor copie ou suit habituellement Bérose.

puis sa fondation, en 1193, ne paraît avoir été capitale souveraine et indépendante, que vers les années postérieures à 625, quoique Hérodote lui attribue cet état sitôt après la subversion de Ninive en 717.

## CHAPITRE XIII.

### Règne de Nabopolasar, dit Nabukodonosor.

IL n'existe pas de doute sur l'identité du Nabo-kolasar de la liste babylonienne, avec le Nabuko-donosor des Hébreux (1). Le règne brillant de ce prince semble avoir été le résultat naturel des trois précédents, qui pendant 60 ans de paix affermirent l'autorité, et accumulèrent les moyens de puissance qu'offrait un pays extrêmement fertile. D'autre part, l'emploi que Nabukodonosor fit de ces moyens, fut aussi le résultat de sa situation politique vis-à-vis de ses voisins. A l'est et au nord,

---

(1) Nabo-kol-asar s'explique bien, *prophète tout victorieux*, ou *vainqueur de tout*. Dans Nabo-kadn-asar, le mot *kadn* doit être le syriaque *gad*, signifiant *la fortune*. Aussi les Arabes ont-ils rendu ce mot par *bakt-nasar*, vainqueur fortuné. *Kadn* pourrait être aussi le mot arabe *gadd-an*, *multum*.

l'empire mède lui opposait une barrière menaçante; à l'ouest, les petits états syriens, phéniciens et juifs, divisés et affaiblis, offraient une proie plus facile à son ambition : elle y prit son cours; mais parce que la résistance prolongée des villes de Tyr et de Jérusalem nécessita de sa part diverses expéditions répétées dont on a confondu quelques dates, il est nécessaire d'établir un ordre clair dans cette partie.

La 1<sup>re</sup> année du règne de Nabukodonosor est fixée par le kanon astronomique, à l'an 604 avant J.-C.: cette date devient un point de départ précis pour tous les faits relatifs soit antérieurs, soit postérieurs.

Jérémie dont l'autorité, comme écrivain contemporain, est prépondérante ici pendant une période de plus de 40 ans; Jérémie remarque (1) en 3 chapitres différents, que l'an 1 de Nabukodonosor fut l'an 4 de Ihouaqim, fils de Josias. Par conséquent le règne de Ihouaqim date de l'an 607, et la mort de Josias, son père, se place à l'an 608. Ce prince avait régné 31 ans; par conséquent il avait commencé l'an 638. Jérémie ajoute, chapitre 25, que cette 4<sup>e</sup> année de Ihouaqim fut la 23<sup>e</sup> depuis l'an 13 de Josias, où Jérémie avait commencé sa mission prophétique. Ces 23 ans avant et compris l'an 604, remontent à l'an 626 inclus. Si

---

(1) Jérém. chap. 25, v. 1; chap. 36, v. 1, et chap. 46.

l'on ajoutait 13 années pleines, on aurait 639 ; mais la 13ᵉ année de Josias doit se fondre dans la 1ʳᵉ des 23, et n'être que l'an 626, afin que la 1ʳᵉ de Josias reste l'an 638, comme l'exige le calcul premier de Jérémie.

Josias périt dans une bataille qu'il livra à Nékos, roi d'Égypte. Ce fils de Psammitik avait commencé de régner l'an 617 ; par conséquent l'an 608 fut la 10ᵉ année de son règne (1). « Il avait « entrepris, nous dit Hérodote, de creuser le ca- « nal qui conduit à la mer Rouge : 120,000 ou- « vriers périrent dans ce travail. Ce prince l'inter- « rompit sur la réponse d'un oracle qui déclara « qu'il travaillait pour le *barbare :* les Égyptiens « appellent *barbares* tous ceux qui ne parlent pas « leur langue. »

Ce barbare est clairement le Babylonien Nabopolasar, dont la puissance commença, vers l'année 610 ou 611, d'alarmer Nékos. La réponse de l'oracle suppose une question provocative : on devine aisément que ce fut Nékos qui dicta l'oracle, afin d'avoir un motif plausible de renoncer au canal, et de venir conquérir la Syrie. Hérodote a clairement désigné la défaite de Josias, lorsqu'il ajoute « que Nékos livra sur terre une bataille aux « Syriens, près de Magdol (2), et qu'après avoir

---

(1) Hérod., lib. II, nᵒˢ 158 et 159.
(2) Le livre de Jérémie, chap. 46, écrit aussi *Magdoul ;* mais

« remporté la victoire, il prit Kadyt-is, ville con-
« sidérable de la Syrie. »

Cette ville de Kadyt-is n'est autre chose que Jérusalem ( la sainte *Salem* ), comme l'a très-bien
vu Danville. Les Arabes ont conservé l'usage de
l'appeler la *Sainte* par excellence, *el Qods*. Sans
doute les Chaldéens et les Syriens lui donnèrent
le même nom, qui dans leur dialecte est *Qadouta*,
dont Hérodote rend bien l'orthographe quand il
écrit Kadyt-is, puisque dans l'ancien grec, l'*y* rem-
place sans cesse l'*ou* oriental, ainsi *Bérytos* est
*Bérout*; *Ankyra* est *Angourié* comme *Sylla* est en
latin *Sulla*, etc.

Nékos vainqueur déposa Ihouakas que les Juifs
avaient élu après la mort de Josias; lui ayant substitué Ihouaqim son frère, il s'occupa de conquérir la Syrie de proche en proche jusqu'à l'Euphrate. Voilà cette prétendue *rébellion du satrape*
d'Égypte dont parle Bérose en Josèphe ( contr.
App., lib. I, § xix ), laquelle détermina Nabopolasar à envoyer contre lui Nabukodonosor, son
fils, à la tête d'une puissante armée. Josias avait
péri en 608; Iouakas n'avait régné que 3 mois;

---

celui des Rois est plus correct lorsqu'il écrit *Magdou* ou *Mageddo*, attendu qu'il est contre toute vraisemblance que Josias
soit allé combattre à *Magdol* qui est près de Peluse en Égypte;
tandis qu'il est naturel qu'il se soit opposé à Nékos, près de
*Mageddo*, ville de Palestine, d'où il fut ramené mourant à
Jérusalem.

Ihouaqim avait été installé en 607; les conquêtes de Nékos se firent en cette même année et pendant 606 et 605..... Il avait à subjuguer plusieurs petits états assez reluctants, tels que les Philistins, les Phéniciens, les rois de Damas, de Hama, de Hems, etc. En 605, il passe l'Euphrate et entre en Mésopotamie. Nabopolasar alarmé envoie contre lui Nabukodonosor, probablement en automne. Les armées se rencontrent, la bataille de Karchemis se livre en 604 (1). Nékos, complètement défait, se sauve en Égypte, *d'où il ne sortit plus*, dit le livre des rois. Nabukodonosor le poursuit rapidement jusqu'à la frontière d'Égypte. Il apprend la mort de son père: il avait à se venger du roi de Judée, Ihouaqim, créature de Nékos; mais il était encore plus pressé d'aller prendre possession d'un trône récemment élevé. « Dans
« ces circonstances, dit Bérose, il mit ordre aux
« affaires d'Égypte, de Cœlésyrie et des pays ad-
« jacents; et confiant à des chefs dévoués la con-
« duite des nombreux prisonniers syriens, juifs,
« phéniciens, égyptiens qu'il emmenait, il partit
« avec peu de troupes, traversa le désert à grandes
« journées, et arriva à Babylone où les *Chaldéens*
« lui remirent le gouvernement, et il succéda à
« tous les états de son père (2) ».

---

(1) En la 4ᵉ de Ihouaqim, 1ʳᵉ de Nabukodnosor, Jérémie, chap. 46.

(2) Josèph., cont. App., lib. I, § xix.

Voilà donc en l'an 604, 4ᵉ année de Ihouaqim, Nabukodonosor qui devient roi, évacue la Syrie, et se rend à Babylone. N'est-ce pas à cette époque qu'il faut placer le tribut dont parle le livre des Rois (1), lorsqu'il dit : « *Ihouaqim était âgé de 25* « *ans quand il régna, et il régna 11 ans ?* En son « règne vint Nabukodonosor, roi de Babylone, qui « lui imposa un tribut.... Ihouaqim le paya pen- « dant 3 ans (604, 603, 602), puis il se révolta; « alors Nabukodonosor envoya contre le pays de « Juda des partis (*latrones*) de Chaldéens, de Sy- « riens, de Moabites, d'Ammonites, etc., qui le « désolèrent (2), et le reste des actions de *Ihouaqim* « est écrit dans les archives des rois. Ce prince « s'endormit avec ses pères.... Son fils *Ihouakin*, « âgé de 18 ans, régna à sa place pendant 3 mois.... « et les généraux de Nabukodonosor vinrent l'as- « siéger; puis ce roi accourut lui-même, et Ihoua- « kin étant sorti au-devant de lui, se rendit à dis- « crétion, et fut emmené à Babylone, l'an 8 du « règne de Nabukodonosor (597). »

Maintenant ajoutons à ces faits la circonstance du mariage de Nabukodonosor avec la fille de

---

(1) Reg. II, chap. 24, v. 5.

(2) Ces déprédations datent de 601, qui est la 7ᵉ année de Ihouaqim. Josèphe est donc en erreur palpable, lorsqu'il dit qu'en l'an 8 de ce prince (l'an 600), Nabukodonosor vint avec une grande armée lui imposer tribut. Josèphe a mal à propos fait partir de là les 3 ans de ce tribut.

Kyaxar, *du vivant de Nabopolasar*, c'est-à-dire en l'an 606 ou 605, lorsque les succès alarmants de Nékos étaient la cause probable de cette alliance, et nous verrons un accord d'événements et de dates qui donne à ce tableau toute la vraisemblance historique. Pourquoi donc Alexandre Polyhistor nous dit-il (1) « que sous le règne de *Ioa-« chim*, roi de Jérusalem, le prophète Jérémie ayant « surpris les Juifs qui sacrifiaient à une idole d'or « appelée *Baal*, et leur ayant prédit des calamités « prêtes à fondre, Ioachim ordonna *de saisir le « prophète pour le brûler*. Mais Jérémie insista et « assura que le feu ne serait employé qu'à cuire « les aliments des Babyloniens, par la main des « Juifs transférés captifs à Babylone. Nabukodono-« sor, informé de cette prophétie, pria Astibar, « roi des Mèdes, de s'associer à lui pour marcher « contre Jérusalem, et ayant formé une armée im-« mense de Chaldéens et de Mèdes, il vint en ef-« fet assiéger cette ville, saisit vif le roi Ioachim « et enleva tout ce qu'il y avait d'or, d'argent et « d'airain dans le temple, laissant seulement l'ar-« che et les tables de la loi à la garde de Jérémie. »

Il y a certainement erreur de dates et confusion de faits dans ce fragment; la prophétie indiquée par Polyhistor doit être celle du ch. 36 de Jérémie, où il est dit que « l'an 4$^e$ de Ihouaqim (604), Jéré-

---

(1) Prépar. Évang. d'Eus., liv. IX, chap. 39.

« mie chargea Baruch d'écrire sous sa dictée tout
« ce qu'il avait prophétisé depuis l'an 13 de Josias;
« Baruch ayant terminé son travail l'an 5 de Ihoua-
« qim (603) au 9ᵉ mois, alla faire de ce livre une
« lecture publique dans le temple : par suite de
« la rumeur que causa cette lecture, le livre fut
« porté au roi qui était dans son appartement d'hi-
« ver, près d'un brasier; ce prince en lut 3 ou 4
« pages, les déchira, puis brûla tout le livre page
« à page, et donna ordre que l'on saisît Baruch et
« Jérémie pour les punir, mais on les cacha. »

Cette affaire étant de l'année 603, 2ᵉ de Nabukodonosor, lorsque ce monarque était rendu à Babylone, il ne peut avoir de suite assiégé Jérusalem et enlevé le roi, surtout lorsque Jérémie et le livre des Rois n'en disent pas un seul mot. Polyhistor a sûrement confondu l'expédition de 597, et il a pris Iouakin pour son père Ihouaqim : la méprise est très-facile pour un Grec; mais à cette époque où Kyaxarès-Astibar assiégeait Ninive, ce prince n'a pas dû prêter ses troupes, et si les Mèdes accompagnèrent les Chaldéens, ce dut être dans l'expédition de 605 et 604, contre Nékos. Ainsi il y a confusion double.

La source de cette erreur semble être une phrase des Paralipomènes. Cette chronique dit au chap. 36, livre II :

« Ihouaqim régna 11 ans, et il fit le mal devant
« le Seigneur. Contre lui vint Nabukodonosor qui

« le lia de chaînes d'airain pour l'emmener à
« Babylone, et il *emporta* aussi *les vases* du tem-
« ple. Son fils Iouakin régna à sa place, *âgé de* 8
« *ans*, et il régna pendant 3 mois et 10 jours, et
« Nabukodonosor envoya contre lui et le fit ame-
« ner à Babylone *avec les vases.* »

Il y a dans ce passage plusieurs fautes palpables. Selon la chronique *des Rois*, Iouakin avait 18 *ans* quand il régna, et non pas 8. Ce témoignage est confirmé par la circonstance qu'il vint se rendre de son gré à discrétion : un enfant de 8 ans *ne vient pas*, on *l'amène*. A cette époque (598), Nabukodonosor n'avait pas emporté les vases du temple, car Jérémie, témoin sur place, dit en son chap. 27 : « Dieu s'est adressé aux colonnes, et à
« la mer d'airain, et aux vases d'airain que Nabu-
« kodonosor *n'a point emportés* quand il a emme-
« né le fils de Iouakim, et il leur a dit : *Mainte-*
« *nant vous serez déportés avec Sédéqiah.* »

Si les vases ne furent pas emportés avec le fils, ils ne l'avaient donc pas été avec le père, et si l'enlèvement du père n'est mentionné à aucune époque, ni par Jérémie, témoin intéressé, ni par la Chronique des rois, rédigée long-temps avant les Paralipomènes, l'on a droit de dire que ce dernier livre, écrit tardivement et négligemment, a introduit cet enlèvement par la confusion du père avec le fils, ou par le motif dévot d'accomplir les menaces prophétiques de Jérémie en son chap. 36.

Depuis l'an 604, où Nabukodonosor emmena par le désert ses prisonniers à Babylone, l'on ne voit point ce prince reparaître en Syrie avant l'an 598 : il est naturel de croire que les premières années de son règne furent employées à organiser son empire, à surveiller les Mèdes et les Scythes, et à préparer une dernière expédition contre les deux seules cités qui lui résistassent encore en Syrie, contre Tyr et Jérusalem. Examinons les dates du siége de Tyr.

## CHAPITRE XIV.

### Siége de Tyr.

Les chronologistes trouvent dans les dates du siége et de la prise de Tyr, quelques difficultés (1) qui se résolvent assez naturellement, selon notre manière de voir.

« Nos écritures, dit l'historien Josèphe (2), por-
« tent que Nabukodonosor détruisit notre temple
« dans la 18ᵉ année de son règne, et que cet édi-
« fice resta 30 ans sans être rebâti : les travaux de
« ses fondations ayant été repris l'an 2 de Kyrus,
« la reconstruction ne fut achevée que l'an 2 de

---

(1) *Voyez* Desvignolles, tom. II, chap. I du liv. IV.
(2) Josèph., contr. App., lib. I, § XXI.

« Darius. A ces témoignages je joins ceux des ar-
« chives phéniciennes...... Leur (1) autorité ne
« peut être équivoque, car les Tyriens ont des re-
« gistres très-anciens de ce qui s'est passé de re-
« marquable chez eux et chez les peuples avec qui
« ils ont eu des rapports. Ces registres, formés par
« autorité publique, sont conservés avec soin. » Ici
ils sont conformes pour le calcul des années; on
y lit : « Sous le règne du roi Ithobad, Nabukodo-
« nosor commença le siége de Tyr, qui dura 13 ans.

| | | |
|---|---|---|
| « A Ithobad succéda Baal, qui régna.................... | 10 $^{ans}$ | |
| « Après sa mort, les rois furent remplacés par des juges (ou suffètes); en cette qualité Eknibal gouverna.................. | | 2 $^{mois}$ |
| « Chelbis, fils d'Abdaius..... | | 10 |
| « Abbar, grand-prêtre....... | | 3 |
| « Mitgon et Gerastrate, fils d'Abdelème............... | 6 | |
| « Balator, avec le titre de *roi*.. | 1 | |
| « Puis Merbal, que l'on fit venir de Babylone............ | 4 | |
| « Puis son frère Irom, appelé aussi de Babylone........... | 20 | |
| Total............. | 42 $^{ans}$ | 3 $^{mois}$ |

---

(1) *Ibid.* § xvii.

« De son temps, Kyrus devint puissant chez les
« Perses. Toute cette durée est de 54 ans et 3 mois.
« Le siége de Tyr commença l'an 7 de Nabukodo-
« nosor (598); et l'an 14 d'Irom, Kyrus arriva à
« l'empire. Ainsi les récits des Chaldéens et des Ty-
« riens sont conformes aux nôtres. »

Ce passage présente des contradictions qui viennent soit des copistes, soit de Josèphe lui-même. D'abord les anciennes éditions disent, d'après les manuscrits, que le temple resta ruiné, non pas 50 ans, mais 7 ans; cela serait absurde; mais si au lieu de 7 on lit 70, l'on descend de l'an 787 à l'an 518, que Josèphe a pu croire l'an 2 de Darius, par une simple erreur de 2 ans. Le changement de ces 70 en 7, par la suppression des dizaines, appartient sûrement aux copistes. Les modernes ont substitué le nombre 50, qui est vrai dans un autre sens; car de l'an 587, si vous ôtez 50, vous tomberez à 537, 2$^e$ année de Kyrus; mais ce n'est pas le texte de Josèphe.

Les 54 ans 3 mois pour les rois tyriens sont une autre erreur qui semble appartenir à Josèphe seul. Sa liste additionnée ne donne que 42 ans 3 mois; et si des 20 ans d'Irom on en ôte 6, pour obtenir sa 14$^e$ année, qui correspond à l'avénement de Kyrus, on n'a plus que 36 ans 3 mois. A la vérité, si l'on prend cet avénement pour celui de l'an 560 au trône de Mèdes, on a 38 ans jusqu'à l'an 598, ce qui cadre assez; mais alors le résumé de Josèphe, qui compte 54 ans, est faux et incompatible avec l'an 537, puisque de là à 598 il y a 61 ans. Pour tout concilier, il faudrait supposer que Josèphe a omis 6 à 7 années du règne d'Ithobal, sous qui commença le siége, et cela est croyable de la part de cet écrivain, qui offre plusieurs fautes semblables. Celle-ci n'a pas d'importance, et elle est rachetée par les faits intéressants qu'il nous apprend, savoir, 1° que le siége de Tyr commença l'an 7 de Nabukodonosor (598); 2° qu'il dura 13 ans, et par conséquent finit l'an 586, 1 an après la prise de Jérusalem, ce qui cadre bien avec le chapitre 26 d'Ézéchiel, lequel l'an 11 de Sédéqiah (587) reproche à la ville de Tyr sa joie de la ruine de Sion et la menace d'un sort semblable.

Le siége de Tyr ne fut d'abord qu'un blocus ; les machines de guerre ne furent approchées que la dernière année, lorsque le roi de Babylone, débarrassé des Juifs, put rassembler toutes ses forces pour l'assaut. C'est pourquoi Ézéchiel ajoute, verset 7 : « Voici que j'amenerai contre *Sour* (Tyr) « Nabukodonosor, roi de Babylone, roi des rois, « avec sa cavalerie et ses chars : il élèvera des tours « de bois, des remparts de terre, il fera frapper « ses beliers, etc., etc. » Ceci a fait croire à quelques chronologistes que le siége n'avait commencé qu'alors (1) ; mais l'hypothèse est sans soutien.

---

(1) *Voyez* Desvignolles, liv. IV, chap. 1.

A cette époque, la métropole des Tyriens, située dans le continent, avait pour citadelle un monticule de roc qui se voit encore dans la plaine, saillant en pain de sucre, à environ 1,000 toises de la mer. C'était ce même local que vers l'an 732 avait attaqué Salmanasar, roi de Ninive, et qu'il avait bloqué en coupant un bel aqueduc dont les ruines subsistent encore. Les Tyriens, quoique réduits aux abois, lui résistèrent ; moins heureux cette fois, ils furent emportés d'assaut par le roi de Babylone, qui les traita comme les Juifs, et qui emmena pour otages leurs familles les plus distinguées. Ce fut de ces familles que vinrent les rois Merbal et Irom, demandés par les restes du peuple échappés au sabre et à la captivité, et qui s'étaient établis dans une petite île triangulaire, distante de leur ville ruinée d'environ 16 à 1,700 toises. C'est là qu'Alexandre trouva leur postérité, dans ce qu'on appela la *nouvelle Tyr*. Les Grecs nous apprennent que là existait un temple d'Hercule, dont la fondation remontait à 2,300 ans avant le voyage d'Hérodote (1), c'est-à-dire environ 2,760 ans avant notre ère. Il faut croire que ce local formé d'une roche plate, privé d'eau douce et exposé aux pirates, n'eut point d'autre habitation que ce temple et quelques dépendances, jusqu'à ce qu'une colonie, contrainte par la nécessité et

---

(1). *Voyez* Hérod., lib. II, chap. 44.

pourvue de moyens suffisants, pût y construire des citernes, y élever des murs, y bâtir des maisons et tous les ouvrages qui caractérisent une cité. Or cette colonie paraît avoir été la portion d'habitants échappés à la ruine de l'ancienne Tyr continentale : c'est donc celle-ci dont Josèphe nous dit, en un autre passage, que les archives phéniciennes plaçaient la fondation 240 ans avant le temple des Juifs par Salomon. Cette date répond, selon ses calculs, à l'an 1,256 avant J.-C.; car nous avons vu qu'il compte 470 ans entre la fondation et sa ruine par Nabukodonosor (en 586 avant J.-C.). Justin semble dire la même chose quand il place (1) cette fondation de Tyr *l'année avant la ruine de Troie*; en effet, selon quelques historiens grecs, la ruine de Troie eut lieu vers 1,255 ou 1,256.

Contre Josèphe et Justin, on pourrait alléguer le livre intitulé *Josué*, qui fait mention de Tyr comme d'une ville frontière des tribus juives dans leur acte de partage; mais pour quiconque a lu avec attention le livre intitulé *Josué*, il est démontré que ses récits vagues et sommaires d'événements sans date et désignés comme anciens (2),

---

(1) Just., liv. XVIII, chapitre 3. Il attribue aux Philistins d'Ascalon la prise de Sidon, qui occasiona la fondation de Tyr; et la plus grande puissance des Philistins fut au temps des *juges*.

(2) Josué, chap. 9, v. 27. « Et Josué accorda aux Gabao-

ne sont qu'une compilation posthume de traditions et de monuments déja écrits, laquelle a pu se retarder jusqu'au temps de Samuel; et la citation du nom de *Tyr*, loin d'être une objection contre les annales officielles et régulières des Phéniciens, devient plutôt une preuve nouvelle et décisive de la composition tardive du livre juif intitulé *Josué*, sans auteur nommé, ni temps connu.

Après la réduction de Tyr et de Jérusalem (1), Nabukodonosor, possesseur tranquille de toute la Syrie, paraît s'être retiré à Babylone, et y avoir

---

« nites d'être les coupeurs de bois et les porteurs d'eau habi-
« tuels à l'Autel-de-Dieu, *jusqu'à ce jour*..... *Ibid.*, chap. 6,
« v. 25 : Et les descendants de la courtisane Rahab ont vécu
« au milieu du peuple (d'Israël) *jusqu'à ce jour*... » On trouve jusqu'à 10 faits cités avec cette expression *jusqu'à ce jour*, qui désigne une durée déja prolongée depuis l'origine. Les Gabaonites paraissent avoir joui jusqu'à Salomon de leur privilége, qui ne fut troublé que par Saül. Ainsi la rédaction du livre de Josué prend une grande latitude.

(1) Si l'on voulait en croire les Juifs, ces guerres opiniâtres et meurtrières que leur firent pendant un siècle et demi les rois de Ninive et de Babylone n'avaient d'autre motif que la colère du dieu d'Abraham contre le culte des idoles pratiqué par sa race. Mais pour peu que l'on réfléchisse sur l'état politique et civil de ces temps reculés, il est facile de voir que la richesse territoriale et commerciale des Juifs et des Phéniciens fut le véritable motif des guerres que leur firent les rois de l'Euphrate et du Tigre, jaloux d'ailleurs du commerce que les Tyriens et les Palestins faisaient par la mer Rouge dans le golfe Persique, où ils causaient une dérivation des richesses, qui sans cela seraient remontées à Babylone et à Ninive.

passé le reste de son règne à la construction des immenses ouvrages dont nous avons parlé, chapitre 3, page 121.

C'est l'indication qui résulte du silence absolu de *Bérose* sur aucune autre expédition étrangère et lointaine, et de celui de Josèphe, qui, continuant l'histoire de la Judée à cette époque, et qui, ayant en main les écrits de Bérose et des autres historiens, n'eût pas manqué de citer une expédition importante; enfin c'est encore le résultat des écrits de Jérémie, qui fut un écrivain contemporain et vécut plusieurs années après la ruine de Jérusalem. En quel temps donc, à quelle époque faut-il placer cette prétendue conquête de l'Égypte que supposent les écrivains dits *ecclésiastiques*, et cette grande expédition de Nabukodonosor en *Libye* et en *Ibérie*, qui n'a de garant que Mégasthènes, cité ensuite par Strabon, par Polyhistor, etc., par Josèphe, etc.?

## CHAPITRE XV.

Prétendue expédition en Égypte, en Libye, en Ibérie, sans preuves et sans vraisemblance.

A L'ÉGARD de l'Égypte, Hérodote, qui a bien connu l'histoire de cette contrée pendant toute cette période (1), n'indique pas un mot, ne donne pas un soupçon de cette prétendue conquête, qui eût dû faire beaucoup de bruit. Il y voyageait 100 ans après Nabukodonosor, et voici l'extrait de tout ce qu'il dit de relatif à cette période.

Nékos, après un règne de 16 ans, meurt (en 602), sans autre échec que sa dernière campagne (*bien détaillée par les Hébreux*). Psammis, son fils, lui succède, sans la moindre mention d'une invasion récente de la part des Chaldéens, dont les conquêtes se bornèrent au torrent d'Égypte, selon les Hébreux. Psammis ne règne que 6 ans, et meurt (597) après avoir fait en Éthiopie une expédition qui prouve sa sécurité. Son fils *Apriès* lui succède (en 596), et fut après Psammiticus, son bisaïeul, le *plus heureux* des rois ses prédécesseurs. Il règne 25 ans; il a sur mer des succès contre les Sidoniens et les Syriens; mais il termine par un revers contre les Kyrénéens. Ses troupes se révoltent, et couronnent Amasis (en 570), qui le fait étrangler, et qui règne très-heureusement. Dans tous ces règnes on n'aperçoit aucun indice, aucune trace de la prétendue conquête des Babyloniens.

Jérémie, dont on réclame ici l'autorité comme prophète, prouve la négative comme historien; car après la ruine de Jérusalem et l'assassinat de

---

(1) Hérodote, lib. II, depuis le n° 158 jusqu'au 169<sup>e</sup>.

Godolias, gouverneur chaldéen, les Juifs qui craignaient la vengeance de Nabukodonosor, se *retirèrent en Égypte*, dit Jérémie, *parce qu'ils crurent y vivre en paix et en sûreté* : donc le pays n'était pas au pouvoir de Nabukodonosor. L'Égyptien Apriès y régnait tranquille et heureux (1). Il est bien vrai que Jérémie dit au chapitre 44, « v. 30 : Je livrerai Pharaon, *Haphra* (Apriès), roi « d'Égypte, aux mains de ses ennemis, de ceux qui « en veulent à sa vie, comme j'ai livré Sédéqiah « aux mains de Nabukodonosor, son ennemi. » Ceci se rapporte à l'an 22 de Nabukodonosor (583). Vouloir s'autoriser de ce verset pour prouver qu'Apriès fut détrôné par Nabonadius, c'est cumuler fausse citation, faux raisonnement, confusion de dates et de personnes (2). D'autre part prétendre, comme l'ont fait quelques savants plus pieux que prudents, qu'un événement a dû arriver, parce qu'un prophète juif l'a prédit, c'est introduire en histoire une règle subversive de tout ordre et de toute vérité : alors nous ne pourrons plus refuser aux Indiens et aux Chinois de raisonner par nos propres principes, et on voit l'abus qui en résultera. Ici la vérité est que dans les pro-

---

(1) *Voyez* Jérémie, chap. 42, 43, 44. Le chap. 52, v. 30, indique cette fuite l'an 22 de Nabukodonosor (l'an 583). L'année suivante (582), son général Nabusardan vint faire un enlèvement de Juifs pour châtiment.

(2) *Voyez* Larcher, Kanon chronologique, année 750, p. 670.

phéties juives, comme dans les autres, il faut, selon le conseil de plusieurs sages théologiens, distinguer les *prophéties comminatoires*, des *prophéties exécutives*. Dans la première classe, par exemple, fut celle de Jonas sur la ruine de Ninive : voudra-t-on, comme ce prophète, reprocher à Dieu de n'avoir pas détruit un grand peuple pour satisfaire à une prédiction ? La prophétie de Jérémie à Taphnahs en Égypte, est du même genre, lorsqu'il proteste que le *trône de Nabukodonosor sera un jour posé sur les pierres qu'il enterra près le palais.* Si le silence absolu de l'histoire dément cet événement, pourra-t-on forcer une telle barrière ? D'ailleurs on peut dire que le trône de Babylone étant passé à Kyrus, la prédiction s'accomplit dans la personne de Cambyse, qui conquit l'Égypte et en devint roi.

Quant au récit de Mégasthènes, qui suppose que Nabukodonosor, *plus vanté qu'Hercule même* par les Chaldéens, avait franchi les colonnes d'Afrique et conquis l'Espagne; qu'ensuite, selon le commentaire de Strabon (1), il était revenu par la Thrace, etc., l'invraisemblance d'une telle expédition à cette époque est trop choquante pour mériter qu'on la discute. L'erreur vient d'une fausse acception du mot *Ibériens*. Quelque auteur

---

(1) Strab. liv. XV, p. 687 ; Joseph., contr. App., liv. I, § xx; Eusèbe, *Præp. evang.*, lib. IX.

chaldéen mentionnant la conquête des Juifs, les aura désignés par leur nom asiatique *Heberim* (*Hebræi*); et soit Mégasthènes, soit le traducteur qu'il employa, l'écrivain n'ayant pas connu ce petit peuple où cet ancien nom, l'a entendu des *Eberim* ou Ibères d'Espagne, ou de Colchide, dont le nom a la même orthographe et peut-être la même étymologie (1).

En faveur de cette expédition de Libye, l'on a voulu invoquer un passage de Salluste qui dit que (2) « selon les livres phéniciens trouvés chez « le roi Iempsal, une partie de l'ancienne population « de l'Afrique s'était composée de Perses, « de Mèdes, d'Arméniens, venus par la mer à la « suite d'Hercule ; » et parce que la langue des Berbères, qui descendent des anciens *Mazikès*, offre en effet quelques mots persans, on a voulu s'en prévaloir pour appliquer ce récit à Nabukodonosor, que les Africains auraient pris pour Hercule (3).

Mais on n'a pas fait attention, 1° que les Mèdes,

(1) *Eber*, peuple ou pays d'*au-delà* le désert ou la mer. *Hybernia*, l'Irlande a la même origine. Il est assez singulier que les mots germanique et anglais *uber* et *over* aient le même sens.

(2) Sall. Bell. jugurth., chap. 18.

(3) *Voyez Catalogo de las lenguas*, tratado 3°, sect. 1, chap. 4, art. 1°, n° 567, par Hervaz, qui, dans tout son ouvrage, fait un étrange usage d'une vaste érudition et de la riche collection des vocabulaires qu'il a eus en main.

les Perses et les Arméniens n'ont jamais été sujets de Nabukodonosor ; 2° qu'il n'aurait pû les licencier sans anéantir son armée, et qu'alors même à cette époque tardive, ils n'eussent pas été assez nombreux pour fonder un peuple ; 3° enfin que la vraie raison de ce fait historique se trouve clairement indiquée dans le chap. 28 d'Ézéchiel, où cet écrivain dit à la ville de Tyr :

« Ville superbe qui reposes au bord des mers,
« tu tiens à ta solde *le Perse, le Lydien*, l'Égyp-
« tien. Tes murailles sont parées de leurs boucliers
« et de leurs cuirasses. *Tu portes ton commerce
« au loin dans des pays* (où des îles). Tous les
« vaisseaux de la mer sont employés à tes trans-
« ports. »

On voit par ces phrases que les Tyriens eurent le même système militaire que les Carthaginois, les Vénitiens, les Génois, en un mot, que tous les peuples marchands qui, pour économiser le sang de leurs concitoyens, prennent à leur solde des étrangers mercenaires. Naturellement les Tyriens durent trouver de tels stipendiaires dans les Arméniens, les Mèdes et les Perses, qui, nés soldats, durent préférer aux enrôlements forcés de leurs rois, l'enrôlement volontaire chez un peuple libre qui les payait bien. Les Phéniciens qui eurent de bonne heure des colonies en Afrique, à Hippon, à Leptis, à Utique, y envoyèrent pour garnisons ces soldats asiatiques, dont la cumulation pendant

6 ou 7 siècles avant Nabukodonosor dut y jeter une masse capable d'influer sur la population et le langage: les débris d'une armée débandée n'eussent pu produire un tel effet. L'expédition d'Hercule, tout aussi invraisemblable que celle de Nabukodonosor, se décèle par cela même, pour une allégorie dans laquelle le *soleil*, dieu des Phéniciens, est personnifié roi et conquérant, parcourant et soumettant tout le monde; et parce que les principaux astres et les constellations également personnifiés en héros étaient les patrons des divers peuples, par exemple, Persée, patron des Perses, Jason, patron des Mèdes, Haïk ou Orion, patron des Arméniens; il devint naturel de dire que ces peuples avaient suivi leurs chefs à l'armée *céleste*, et à une expédition qui eut pour bornes les colonnes d'Afrique et d'Espagne, attendu que là le soleil semblait finir sa course dans l'Océan. Lisez l'histoire ancienne sans calcul et sans précautions, vous n'y verrez qu'un roman souvent absurde; lisez-la avec une défiance critique, elle finira par ne vous offrir que des tableaux de faits naturels et probables.

Revenons aux rois de Babylone.

## CHAPITRE XVI.

#### Derniers rois de Babylone jusqu'à Kyrus.

Le Kanon astronomique donne 43 ans de règne total à Nabukodn-osor... Par conséquent il régna 25 ans depuis la prise de Jérusalem, arrivée l'an 18 de son règne, et sa mort arriva l'an 562 avant notre ère. Ayant été marié vers l'an 606, déja chef d'armée, l'on peut supposer qu'il eut à cette époque 22 à 24 ans, ce qui place sa naissance vers l'an 628 à 630, et donne à sa vie la durée très-naturelle de 70 ans. La chronique des rois est d'accord avec le Kanon astronomique, lorsqu'elle dit : « La 37ᵉ année depuis que *Jhouakin*, roi de « *Juda*, eut été déporté, Aouil-Mérodak (1), roi « de *Babylon*, en l'an 1ᵉʳ de son règne, retira ce « prince de la prison où il languissait. »

Jhouakin fut déporté dans la même année où Sédéqiah lui fut substitué, l'an 597 : Aouil-Mérodak régna en l'an 561... L'intervalle est juste 37 ans (2).

---

(1) Reg., liv. II, chap. dern., v. 27.
(2) Ce même fait est répété mot pour mot dans le dernier chapitre de Jérémie, dont la fin est littéralement la même que

Selon Bérose, « le caractère vicieux et méchant
« d'*Aouil-Mérodak* le fit tuer dans la seconde an-
« née de son règne, par Nériglissor, qui avait
« épousé sa sœur (1). »

Nériglissor régna 4 ans, depuis 559 jusques et
compris 556. Il doit être ce *Labunet* d'Hérodote,
de qui Kroïsus attendit des secours en 558 et 557.
Ce mot *Labun-et* n'est pas autre que le *Nabu* et
*Nabun* des Hébreux et des Chaldéens, dans lequel
l'*N* est changé en *L* par un cas dont notre langue
offre des exemples triviaux. Le peuple dit *écolo-
mie* au lieu d'*économie*. Il est singulier de trouver
cette altération dans le nom de *Labo*-roso-achod,
fils et successeur de Nériglissor.

« Ce prince encore très-jeune, ayant montré des
« inclinations perverses, » dit Bérose, « ses cour-
« tisans tramèrent un complot et le massacrèrent.
« Après sa mort, les conjurés déférèrent unani-

---

celle du dernier chapitre des Rois..... Mais, est-il naturel, est-il croyable que Jérémie, qui commença dès l'an 626 un rôle politique et religieux comportant un âge de 25 ans au moins; que Jérémie, né vers l'an 651, ait encore écrit en 561, à l'âge de 90 ans ? N'est-il pas évident que de très-anciens copistes se sont permis d'ajouter ces versets, et même une partie de ce chapitre ? et alors où est pour nous la preuve que les deux précédents, les 50 et 51ᵉ, n'ont pas été ajoutés, quand leur contenu, plein d'allusions à la prise de Babylone par Kyrus, est bien autrement inconciliable avec la vie de Jérémie ? où sont nos garants de l'autographie des manuscrits de Jérémie ?

(1) *Berosus in Joseph. contr. App.*, lib. I, § xx.

« mement la couronne à un certain Babylonien
« appelé *Nabonide*, qui avait été de la conspira-
« tion. Sous *Nabonide*, les murs des quais le long
« du fleuve furent reconstruits avec plus de ma-
« gnificence : à la 17$^e$ année de son règne, Kyrus
« venu de la Perse avec une armée immense, rava-
« gea la Babylonie. Nabonide, étant sorti de Baby-
« lone et lui ayant livré bataille, fut entièrement
« défait et se sauva avec peu de suite à Borsippa.
« Kyrus, maître de Babylone, et voyant le carac-
« tère mobile de ses habitants ( toujours disposés
« à quelque sédition ), résolut d'abattre les forti-
« fications. Il marcha ensuite contre Borsippa,
« pour y assiéger Nabonide ; mais parce que ce-
« lui-ci lui rendit volontairement les armes, Kyrus
« le traita avec douceur et lui assigna pour de-
« meure la province de *Kerman*, où Nabonide vé-
« cut ( paisiblement ) le reste de ses jours.(1). »

Ce récit est tellement circonstancié, et son auteur est d'un tel poids, que l'on ne peut élever
contre lui aucune opposition raisonnable..... Hérodote n'est point aussi détaillé ; mais loin de le
contredire, il semble s'accorder avec Bérose et le
confirmer.

« Kyrus, « dit-il, » après avoir traversé le Gyndès,

---

(1) Dans un fragment cité par Eusèbe ( *Præp. evang.*, lib. IX,
cap. 41 ), Mégasthènes offre les mêmes faits ; mais les noms
sont très-altérés.

« continua sa route vers Babylone; les Babylo-
« niens, ayant mis leurs troupes en campagne, l'at-
« tendirent de pied ferme : lorsque Kyrus s'ap-
« procha de la ville, ils lui livrèrent bataille ; mais
« ayant été vaincus, ils se renfermèrent dans leurs
« murs. »

Hérodote ne fait point ici mention de leur roi.
Mais parce qu'il a dit dans l'article précédent, que
ce fut *contre lui que marcha* Kyrus, il s'ensuit
qu'il dut commander selon l'usage des temps.

« Les Babyloniens, qui depuis long-temps sa-
« vaient que Kyrus ne pouvait rester tranquille
« et qu'il attaquait également toutes les nations,
« avaient fait un amas de provisions pour un grand
« nombre d'années ; aussi le siége ne les inquié-
« tait-il en aucune manière. »

Ceci correspond très-bien à la précaution prise
par Nabonide de relever les murailles des quais.
Hérodote raconte ensuite comment, ayant déja
passé beaucoup de temps en des attaques inutiles
contre la ville, Kyrus reçut le conseil, ou conçut
de lui-même l'idée de détourner le fleuve de son
lit, précisément par le même moyen qu'avait imaginé Nitokris pour fonder les piles du pont et les
quais de la ville; comment les Perses, ayant pris
leur route dans le lit du fleuve ainsi mis à sec,
eurent encore le bonheur de trouver ouvertes les
petites portes d'airain pratiquées aux murs des
quais, et de surprendre ainsi les habitants, *qui*

*par hasard ce jour-là célébraient une fête* et ne s'occupaient que de danses et de plaisirs. C'est ainsi, dit Hérodote, sans rien ajouter sur le sort du prince détrôné, que Babylone fut prise *pour la première fois*; il dit ailleurs comment elle fut prise *une seconde fois* par Darius, 32 ans après (1).

Rien, comme l'on voit, ne dément Bérose ni Mégasthènes : il est probable que la sortie exécutée par Nabonide eut pour motif secret la crainte qu'il eut de quelques factions, et de ce caractère mobile des Babyloniens, qui alarma Kyrus même. Ce soupçon est autorisé par sa retraite à Borsippa avec peu de monde, et enfin par sa reddition volontaire.

Il est moins facile de concilier nos trois auteurs au sujet de sa parenté; car tandis qu'Hérodote le prétend fils de Nitokris et de Nabukodonosor, Mégasthènes assure qu'il n'était point parent de Laboroso-achod, qui néanmoins, par sa mère, dut être petit-fils de ce monarque : Bérose semble être du même avis, quand il emploie ces mots : *un certain Nabonide, Babylonien*, et cependant *Nabonide* porte la signification de fils de Nabon; Bérose a-t-il rougi du prince qui survécut à la perte de son trône et de son pays?

Nous ne voyons pas comment Hérodote, voyageur étranger, peut avoir raison contre Bérose et

---

(1) Hérod., lib. I, § cxci, et liv. III, § cl et suiv.

Mégasthènes, tous deux d'accord ici, tous deux revêtus d'emplois publics : admettons qu'il soit en erreur; elle a peu d'importance, puisqu'elle ne change rien à l'ordre des temps, qui est notre principal objet.

Kyrus devint roi de Babylone l'an 538; il avait commencé son règne sur les Mèdes et les Perses l'an 560; il avait pris Sardes et détrôné Krésus l'an 557. Quel fut l'emploi des 18 ans d'intervalle? Hérodote nous l'indique d'une manière satisfaisante, dans les chapitres 153, 179 et 180 de son livre I$^{er}$. Il dit en substance : « qu'après la prise de
« Sardes et l'établissement d'un gouverneur, Ky-
« rus reprit la route d'Ecbatane, ayant en vue de
« nouvelles conquêtes. Les Babyloniens, les Bac-
« triens, les Sakes ou Scythes, et les Égyptiens,
« étaient autant d'obstacles à ses projets; il résolut
« de marcher en personne contre ces peuples; il
« envoya Harpages, l'un de ses généraux, contre
« les Ioniens, tandis que lui-même en personne
« subjugua toutes les nations de l'Asie supérieure,
« sans en omettre aucune. Je les passerai la plu-
« part sous silence, » continue l'historien, « me
« contentant de parler de celles qui lui donnèrent
« le plus de peine : lorsqu'il eut réduit sous sa
« puissance tout le continent, il songea à attaquer
« les Assyriens.

« Arrivé au fleuve *Gyndès*, l'un des chevaux
« blancs consacrés au soleil saute dans l'eau et se

« noie. Kyrus, indigné de l'insulte du fleuve, veut
« l'en punir; il suspend l'expédition contre Baby-
« lone, et il passe tout un été à saigner le fleuve
« en 360 canaux qui l'épuisèrent (autant de ca-
« naux que de jours dans l'an). Au second prin-
« temps, il reprend sa route contre Babylone. Les
« habitants sortent au-devant de lui, il les bat:
« rentrés dans leurs murs, ils s'inquiètent peu du
« siége, parce qu'ils avaient amassé des vivres pour
« plusieurs années. Kyrus se trouva dans un grand
« embarras; car *depuis long-temps* il assiégeait la
« place, et il n'était pas plus avancé que le pre-
« mier jour. »

Calculons. Kyrus part au printemps; il perd
l'été: au second printemps il arrive devant Babylone; le siége dure *long-temps*, supposons 18 *mois*;
il aura pris Babylone la 3ᵉ année depuis son départ: il la prit l'an 539; par conséquent il partit
de Perse l'an 541. Il a dû passer au moins 2 ans
en préparatifs (543); les 14 années depuis la prise
de Sardes furent donc employées à subjuguer
tous les peuples de la Haute-Asie et de la mer
Caspienne jusqu'au Caucase. Or, dans un siècle
où des villes fortes par la nature ou par l'art soutenaient des siéges de 8 et 10 ans, ce ne fut pas
trop de 14 années pour soumettre des pays remplis de semblables villes, et des peuples monta-
gnards cités de tout temps pour très-belliqueux.

## CHAPITRE XVII.

*Du livre intitulé Cyropédie de Xénophon.*

Le règne de Kyrus, qui est le terme de grandes difficultés chronologiques, se trouve clairement établi dans toutes ses dates. Si Ktésias diffère d'Hérodote sur quelques circonstances de la vie de ce prince, l'on peut dire qu'il ne le dément point sur le fond. Il n'en est pas de même du philosophe Xénophon, dont le livre intitulé *Kyropædie*, ou *Éducation de Kyrus*, suscite une telle controverse, qu'il faut nécesssairement que l'un des deux auteurs ait été trompé grossièrement ou ait eu l'intention réfléchie de faire un roman. Ce procès entre Hérodote et Xénophon a beaucoup divisé les modernes. Les uns ont voulu considérer la *Kyropædie* comme l'histoire véritable de Kyrus, tandis que d'autres n'ont vu dans cet écrit qu'un roman politique dicté par un motif et pour un but de circonstance. Les plaidoyers produits à ce sujet depuis deux siècles, formeraient eux seuls dix gros volumes : néanmoins la question est simple, si on l'envisage par son vrai côté. Nous autres Européens, gens d'église ou de cabinet, qui discourons sur les rois et les conquérants, nous sommes d'assez pauvres juges en fait de vraisemblances ou de probabilités historiques, surtout pour des événements passés en Asie il y a 2,400 ans. Les mœurs de cette contrée et de ces gouvernements diffèrent tellement de nos usages, que même de nos jours des gens de beaucoup d'esprit parlent de ce qui se passe en Perse et en Turquie, d'une manière ridicule pour tout voyageur qui en a été le témoin. Ce n'est point en traitant notre question au fond, en discutant lequel des deux récits est le plus naturel (puisque la nature est pour chacun son habitude), qu'il faut prononcer entre Hérodote et Xénophon : c'est en établissant l'examen préalable de leurs motifs et de leurs intentions ; à cet égard les témoignages multipliés des auteurs anciens, qui furent leurs contemporains plus ou moins médiats, nous fournissent des moyens décisifs.

Diogène Laerce, qui a écrit la vie d'un grand nombre de philosophes anciens, sur des mémoires originaux, atteste (1) « que Xénophon et Platon, « disciples de Socrate, mus de sentiments de ja- « lousie et même d'envie l'un contre l'autre, écri- « virent, à dessein de se contredire, sur les mêmes « sujets ; et qu'entre autres, Platon ayant écrit son

---

(1) *Diog. Laert., Vita Platonis*, tom. I, liv. III, pag. 185; et notes de Ménage, tom. II, pag. 152, n° 34. *Voyez* aussi Dacier, Vie de Platon, tom. I, p. 107 à 111.

« *Livre de la République*, Xénophon lui opposa le
« sien de *Kyropædie*, ou *Éducation de Kyrus*; par
« représailles; Platon dans son *Traité des Lois*, ap-
« pela ce livre une *fiction*, attendu que Kyrus ne
« *fut pas tel.* » Athénée dans son *Banquet* (1) des
savants, ouvrage si érudit, si rempli d'anecdotes
curieuses, atteste les mêmes faits, en insistant sur
le caractère de Platon, bien *différent de ce qu'on
en croit vulgairement.*

Aulugelle, ce père estimable, qui pour l'instruction de ses enfants, tira de ses nombreuses lectures
les notes que nous possédons sous le nom de *Nuits
attiques*; Aulugelle, en désirant d'ailleurs atté-
nuer ce fait qui le chagrine, convient cependant
que « ceux qui ont écrit de si excellentes choses
« sur la vie et les mœurs de Xénophon et de Platon
« ont pensé qu'ils n'avaient pu se défendre de sen-
« timents secrets de jalousie et d'aversion, et ils
« en montrent certaines preuves plausibles dans
« leurs propres écrits; par exemple, de n'avoir
« jamais fait mention l'un de l'autre, quoique tous
« deux, et surtout Platon, aient nommé tous les
« disciples de leur commun maître. Ils citent comme
« une autre preuve de cette inimitié, que Xéno-
« phon ayant lu les deux premiers livres du beau
« traité sur le meilleur gouvernement républicain
« que Platon publia d'abord, il y opposa son traité

---

(1) Athénée, liv. XI.

« du gouvernement monarchique ou royal, inti-
« tulé *Éducation de Kyrus;* et ils ajoutent que
« Platon en fut si piqué, que, dans un écrit sui-
« vant, il dit qu'à la vérité Kyrus avait été un
« homme habile et courageux, mais qu'il n'avait
« rien entendu à la science du gouvernement (1) ».

Enfin Cicéron, si versé dans la littérature grecque, qui dans son voyage à Athènes, comme dans ses conversations scientifiques à Rome, puisa la connaissance des traditions biographiques; Cicéron écrivant à son frère Quintus, lui dit : « Kyrus est
« peint par Xénophon, non comme vérité histo-
« rique, mais comme image d'un gouvernement
« juste; dans cet ouvrage, le philosophe a su don-
« ner aux sujets les plus graves les formes les plus
« gracieuses et les plus douces (2). »

Ainsi l'opinion des anciens, fondée en faits et en traditions de première source, a été que la *Kyropædie* de Xénophon est un pur roman politique et moral, une sorte de censure de la république idéale de Platon; ajoutons encore un panégyrique tacite du gouvernement royal, sujet cauteleux à traiter devant les démocrates Athéniens. Voilà pourquoi sans doute Xénophon s'est étudié à don-

---

(1) *Aulugel. Noctes atticæ*, lib. XIV, chap. 3.
(2) *Cicero ad Quintum fratrem*, epistola I*ª*. *Cyrus ille a Xenophonte, non ad historiæ fidem scriptus, sed ad effigiem justi imperii.*

ner à son récit les formes et les vraisemblances de l'histoire, et à placer son héros sur un théâtre qu'il connaissait. Cela n'empêche pas qu'il ne trahisse son secret, lorsqu'il prête au *Persan* Kyrus, non-seulement la religion d'un Grec, mais encore le langage d'un disciple de Socrate, à tel point que toute la partie morale de son roman est la pure morale de ce philosophe, souvent avec les *propres phrases de ses dits mémorables*, recueillis par Xénophon, ou semés dans Platon, ainsi que l'a très-bien démontré l'abbé Fraguier dans son analyse du livre de Xénophon. (1) L'intention et la position de cet écrivain étant expliquées et connues, on conçoit comment il dut écarter de l'histoire de son héros tout ce qui eût altéré le caractère juste et vertueux qu'il lui donnait. Un premier fait choquant était la rébellion de Kyrus contre son aïeul, et son usurpation du trône de Médie, attestées par Hérodote et avouées par Ktésias. Pour déguiser ce trait, Xénophon, s'appuyant du récit d'Hérodote, donne à Kyrus Mandane pour mère, Astyag pour aïeul, et le Persan Cambyse pour père; mais il suppose que ce dernier fut roi de *Perse*, quand à cette époque les Perses, tributaires des Mèdes, n'avaient de *roi* que dans le sens de *satrape*. Puis, afin de sauver à Kyrus le rôle odieux de dé-

---

(1) *Voyez* sa dissertation, Mémoires de l'Académie des inscript., tome III, pag. 58.

trôner *son aïeul*, il suppose qu'Astyag eut un fils appelé *Kyaxarès*, frère de Mandane, lequel succède légitimement à leur père : et enfin supposant encore à ce *Kyaxarès* une fille unique, il la marie avec Kyrus, qui, par tous ces moyens, arrive à l'empire en tout bien et en tout honneur.

Dans la question que nous venons d'exposer, il est remarquable que les partisans les plus distingués de Xénophon sont des gens de robe ecclésiastique; l'archevêque Ussérius, l'évêque Bossuet, le doyen Prideaux, le recteur Rollin, l'abbé Banier, le pieux chevalier Marsham (1). Pourquoi cela? par la raison que le récit de Xénophon prête à l'un des livres canoniques juifs un appui que lui refuse celui d'Hérodote, et que, prenant l'oncle prétendu de Kyrus (Kyaxarès) pour le *Darius mède* amené par Daniel au siége et au trône de Babylone, ils trouvent dans la *Kyropædie* un témoignage qui leur est refusé par toute l'histoire.

Ce livre de Daniel a jeté les chronologistes dans des embarras inextricables, parce qu'ils ont posé d'abord en principe ce qu'il fallait discuter comme question..... Qu'est-ce que le livre intitulé *Daniel?* Si le lecteur a la patience d'en lire une courte analyse, il y trouvera les moyens de juger par lui-même.

---

(1) Pétau fait exception; Fréret a varié.

## CHAPITRE XVIII.

#### Du livre intitulé Daniel.

« L'an 3 de Ihouaqim, roi de Juda, Nabukodo-
« nosor vint assiéger Jérusalem, et Dieu livra en
« ses mains Ihouaqim et une partie des vases
« sacrés, que Nabukodonosor emporta dans la
« terre de Sennar et plaça dans le temple de son
« dieu(1). »

Cette date de l'an 3 répond à l'an 605. Nous avons vu, par 3 passages de Jérémie, que Nabukodonosor ne fut roi que l'année suivante, 604, 4ᵉ de Ihouaqim : la bataille de Karkemis ne fut livrée qu'en cette année 4ᵉ, et jusque-là Nékos avait été le maître de la Syrie et de la Judée. Si Nabukodonosor prit Jérusalem et le roi Ihouaqim, ce ne put être qu'en 604, et par les suites de cette victoire; par conséquent la date de l'an 3 est impossible. Et comment imaginer que Nabukodonosor eût assiégé Jérusalem, pris le roi, enlevé les vases, sans que Jérémie, qui jouait alors un rôle très-remarquable d'opposition au roi, eût dit un

---

(1) Daniel, chap. 1.

seul mot de ces événements? Le livre des Rois n'en fait aucune mention, et le récit de ces deux autorités est tel, que l'on ne saurait y adapter cet anachronisme; enfin l'historien Josèphe, qui eut sous les yeux tous les détails du récit de Bérose, n'indique rien de semblable. La source de cette erreur se trouve dans les Paralipomènes, chap. 36; ainsi que nous l'avons remarqué ci-devant, page 237, à l'occasion d'un passage de Polyhistor; et cette conformité nous devient déjà un indice de la tardive et posthume composition du livre intitulé Daniel. Maintenant, que deviendront les règles de la critique en histoire, si les autorités que nous citons ne l'emportent pas sur celle d'un livre apocryphe, sans date et sans nom d'auteur? car un auteur n'a jamais dit, en parlant de lui-même : « Or Daniel vécut jusqu'à l'an 1<sup>er</sup> de Kyrus (1). »

On suppose que Daniel, enlevé jeune en l'an 3, est emmené dans la terre de *Sennaar*, expression sans exemple pour désigner Babylone; qu'il y est élevé dans les sciences des Chaldéens, qui, comme l'on sait, consistaient surtout en *astrologie et divination prohibées par Moïse*.

Chap. 2. L'an 2 de son règne (603), Nabukodonosor a un songe qui l'alarme; il fait venir les *voyants* ou *prophètes* (shoufim), les *devins* et les *découvreurs* (makshafim); ils ne le satisfont

_____

(1) Daniel, chap. 1, v. dernier.

point (1) : Daniel est appelé, et il explique le songe fameux de la statue d'or aux pieds d'argile, et des 4 grands empires (le *Babylonien* à blason d'or le *Perse* à blason d'argent, le *Macédonien* à blason d'airain, et le *Romain* à blason de fer).

Comment cette allégorie d'un genre tout grec se trouve-t-elle dans un auteur juif? Le grand monarque Nabukodonosor se prosterne devant son page le juif *Daniel*, et cependant peu après, irrité contre ses 3 amis juifs, qui refusent d'adorer le dieu *Bel*, il les fait jeter dans un brasier ardent, où ils se promènent en chantant, et d'où ils sortent sains et *frais*.

Au chapitre 4 vient l'histoire du grand arbre coupé et de Nabukodonosor changé en bête. — Chap. 5. Puis, sans transition, se présente Balthasar, fils de Nabukodonosor, qui donne un grand festin que trouble l'apparition de trois mots sur la muraille; Daniel les explique..... Le royaume de *Balthasar* est livré aux *Mèdes* et aux *Perses*... *La nuit suivante Balthasar est tué et Darius règne dans Babylone.*

Chap. 6. Le roi Darius établit 120 *gouverneurs* ou satrapes pour gouverner les 120 provinces de son empire, et 3 visirs supérieurs, dont l'un est Daniel. Darius fit un édit conformément *aux lois des*

---

(1) Le songe d'Astyag, dans Hérodote, offre les mêmes circonstances.

*Mèdes et des Perses*, et par suite de cet édit Daniel fut jeté dans la fosse aux lions, qui ne le touchèrent pas; et *il continua de vivre* jusqu'au règne *de Darius et de Kyrus le Perse.*

Les chap. 7 et 8 contiennent encore des visions de Daniel, l'une l'an 1$^{er}$, l'autre l'an 3 de *Balthasar*, quoique ce prince soit mort au chap. 5.

Chap. 9. L'an 1$^{er}$ de Darius, Daniel voit dans les livres que le nombre des 70 années prédites par Jérémie touche à son terme : « 70 sabbats (ou se-
« maines d'années), » dit-il à Dieu, « ont été décré-
« tés sur votre peuple. »

Chap. 10. L'an 3 de Kyrus, nouveau songe de Daniel. Enfin chap. 11. « L'an 1$^{er}$ de Darius, je
« l'aidai sans cesse à gouverner, et je vous dirai la
« vérité : il y aura en Perse 3 rois (1). Le 4$^e$ amas-
« sera de grands trésors, et il fera la guerre aux Grecs
« (Xercès); puis s'élèvera un roi puissant qui fera
« tout ce qu'il voudra. Son empire sera divisé aux
« 4 coins du ciel et ne passera point à ses enfants
« (Alexandre). Puis un roi du midi (Ptolomée),
« dont un général (Séleucus) deviendra plus puis-
« sant que lui.... Puis les guerres de Syrie et la dé-
« solation du temple (sous Antiochus Epiphanès)
« (l'an 170 Av. J.-C.). »

Tel est le plan sommaire du livre intitulé *Daniel.* Si de nos jours un tel livre était découvert parmi

---

(1) A dater de Kyrus (Smerdis est omis).

les manuscrits sanscrits de l'Inde ; si les brahmes nous présentaient un tel *shastra* comme réellement écrit au temps des rois de Babylone, nous ne manquerions pas de leur opposer les axiomes de critique établis par eux-mêmes ; nous leur dirions, avec les savants anglais Maurice et Bentley (1), que « tout livre est suspect d'altération et « même de supposition, lorsqu'il contient des faits « postérieurs à l'époque de son auteur ; et quant « au style prophétique employé par les composi-« teurs, nous insisterions sur la remarque de M. Ben-« tley, à l'occasion du *souria sidhanta*, savoir : que « de l'aveu des brahmes les plus honnêtes et les « plus probes, *il s'est fréquemment et depuis long-« temps* composé en Asie des livres apocryphes dans « lesquels on a donné *au récit* une forme prophé-« tique *pour imposer plus de respect et de croyance « à la foule des lecteurs.* »

Maintenant, pourquoi ce qui est juste vis-à-vis des Indous ne le serait-il pas vis-à-vis des Juifs ? Pourquoi, dans la cause d'autrui, emploierions-nous d'autres poids et d'autres mesures que dans la nôtre ? Nos théologiens, ayant à leur tête saint Jérôme (2), déclament contre le platonicien *Porphyre*, « parce qu'il écrivit un livre pour prouver que les « prophéties de Daniel n'ont point été écrites par

---

(1) *Asiatick Researches*, tom. VIII, Mém. n° 6.
(2) *Hieronym., Comment. in Daniel*, tome III, page 1071.

« *un homme de ce nom, mais par un Juif anony-*
« *me, contemporain d'Antiochus Epiphanès* (1), *et*
« *qu'il fallait bien moins* les regarder comme prédic-
« tion de ce qui doit arriver, que comme narration
« de ce qui s'était déja passé. » Mais nos théologiens ne font pas attention que Porphyre a raisonné d'après les mêmes principes que nos savants biblistes et nos missionnaires dans la Chine et dans l'Inde. Or, si l'on applique au livre juif intitulé *Daniel* les principes par lesquels on juge les *shastras* et les *pouranas*, il n'est aucun *jury* équitable qui n'admette les propositions suivantes :

1.° Que l'on ne connaît au livre de Daniel aucune date de composition ;

2° Qu'il est hors de raison et de probabilité qu'un auteur dise de lui-même *qu'il a vécu jusqu'en tel temps*, et qu'en outre il y a contradiction entre le passage *qu'il vécut jusqu'à l'an 1$^{er}$ de Kyrus* (ch. 1$^{er}$, vers. dernier), et qu'*il eut une vision l'an* 3$^{e}$ *de ce même prince* (chap. 6) ;

3° Que le caractère vraiment prophétique ne peut être constaté que par l'antériorité bien authentique de l'oracle ;

4° Que la *chronologie* dudit ouvrage, dans la partie des rois de Babylone, ne peut se concilier avec celle des historiens authentiques ;

5° Que la partie mythologique porte évidem-

---

(1) 170 ans avant notre ère.

ment le caractère de la mythologie persane et zoroastrienne ;

6° Et que le style employé par l'auteur anonyme offre plusieurs mots persans et même grecs, contraires au génie de l'idiome hébreu, et qui ne se trouvent dans aucun autre livre de cette langue (1);

7° Que, selon la remarque de saint Jérôme ( p. 2074, tom. III ), *les prophéties de ce livre sont si énigmatiques, si obscures, que pour les comprendre il faut avoir lu une foule d'historiens grecs d'une époque tardive, entre autres Polybe et Possidonius;* d'où il résulte, d'une part, qu'étant inintelligibles, lues isolément, elles ne peuvent impliquer croyance ; et d'autre part, que, comparées avec l'histoire, elles en contiennent de tels détails, que l'on a droit de supposer que l'auteur les a connus et les a vêtus à sa manière.

Par tous ces motifs, il est constant que le livre de Daniel est un ouvrage apocryphe d'une date postérieure de plusieurs années à Antiochus Épiphanès ; on peut même dire, dont la composition a été faite à diverses reprises et par plusieurs mains, dont la dernière a dû tarder jusqu'à l'entrée des Romains en Syrie.

Ces faits bien reconnus, on aperçoit à plusieurs problèmes chronologiques de *Daniel* une solu-

---

(1) Entre autres le mot *symphonie*. *Voyez*, à ce sujet, Michaelis, Dissertation sur le style du livre de Daniel.

tion facile qu'ils n'ont reçue dans aucune autre hypothèse. A l'époque tardive où vécut le principal auteur, on conçoit que, semblable à ses confrères les auteurs de *Judith*, d'*Esther*, de *Tobie*, de *Bel* et *Dagon*, et autres apocryphes, il put être mal instruit de certaines parties d'histoire comprises dans son plan, et qui n'avaient été traitées que dans la langue grecque, peu cultivée jusqu'alors en Judée (1). Par exemple, lorsqu'on analyse tout ce qu'il dit de *Balthasar*, de *Darius le Mède*, et de *Kyrus*, on se convainc qu'il a confondu et pris pour un seul et même événement les deux siéges et les deux prises de Babylone, mentionnés par Hérodote à 2 dates différentes; l'une en l'an 539 sous Kyrus, l'autre en l'an 507 ou 506 sous Darius, fils d'Hystaspes : de manière que, n'ayant point d'idée claire du second siége, il a attribué le premier à *Darius*, qu'il a cru être *un roi mède*, trompé probablement à cet égard par le récit de Xénophon.

La confrontation d'Hérodote va justifier notre opinion. Selon cet historien, *un premier siége de Babylone* eut lieu sous Kyrus. « Cette grande ville « fut prise alors, pour la première fois, par l'ar-

---

(1) On peut remarquer que tous les apocryphes juifs sont postérieurs au siècle d'Alexandre, et qu'ils ont dû leur origine à la connaissance imparfaite que les Juifs prirent de la littérature grecque, à une époque où le bon goût fut altéré par le malheur des guerres.

« mée *des Perses et des Mèdes* réunis. Le roi de
« Babylone, à cette époque, était fils de Nitokris,
« et s'appelait *Labynet*, comme son père (Nabu-
« kodonosor). Ce jour-là les Babyloniens célé-
« braient une fête, et ne s'occupaient que de plai-
« sirs et de danses (1). »

N'est-ce pas là le texte de Daniel ? Balthasar est fils de Nabukodonosor (*Labynet*). Ce roi *célèbre une grande fête*; on ne s'occupe que de *festins* et de *plaisirs. La ville est prise par les Mèdes et les Perses.* Voilà bien le siége de Kyrus; mais, selon *Daniel* (ch. 5, vers. dernier), ce fut *Darius Mède*, qui régna âgé de 62 ans. Écoutons Hérodote :
« L'an 15 de Darius, fils d'Hystaspes, la ville de
« Babylone se révolta contre ce prince; elle subit
« alors un second siége qui dura 20 mois; enfin,
« par l'effet d'un stratagème, *elle fut prise une*
« *seconde fois* par l'armée des Perses et des Mèdes
« réunis; et Darius régna (de nouveau) dans Ba-
« bylone (2). Ce fut même ce prince, » nous dit ailleurs Hérodote, « qui le premier divisa en 20
« grands gouvernements ou satrapies la masse de
« l'empire perse jusqu'alors confuse. »

Nous disons que, trompé par ce second siége, l'auteur de Daniel a placé au premier siége un Darius Mède, qui n'est que le fils d'Hystaspes : la

---

(1) Lib. I, fin du § cxci, et § clxxxvii.
(2) *Herod.*, lib III, *in fine.*

preuve en est dans tous les caractères qu'il donne à ce roi.

1° Il lui fait diviser l'empire perse en satrapies, comme Hérodote : le nombre n'est pas le même; au lieu de 20, c'est 120; mais cela peut venir d'une autre méprise. Josèphe nous apprend que *Xercès étant mort*, son trône passa à son fils *Kyrus*, appelé *Artaxercès* par les Grecs, lequel *Kyrus* divisa l'empire en 120 *satrapies* (1). L'anonyme n'aurait-il pas confondu ce Kyrus avec le premier?

2° Il dit que Darius fut fils d'*Ahshouroush*, et de *race mède;* mais Ahshouroush n'est pas autre que *Cambyses*, comme il résulte du chap. 4 d'Ezdras. Ne connaissant point Smerdis, l'anonyme a cru que Darius, à titre de successeur de Cambyses, était son fils. Aussi ne compte-t-il que trois rois jusqu'à Xercès. Dès lors il a dû le faire de race mède, puisque Kyrus, père de Cambyses, était petit-fils d'Astyag.

3° Sans cesse il joint l'idée et le nom de Darius au nom et à l'idée de Kyrus... Daniel, dit-il, vécut *jusqu'à l'an 1$^{er}$ de Kyrus, et il continua de vivre jusqu'au temps de Darius et de Kyrus.*

4° L'an 1$^{er}$ de Darius, il lit dans les livres (de Jérémie), et il trouve que les 70 *ans* de captivité ou de désolation *touchent à leur terme*. Ce trait est décisif; car, si de l'an 587, où commença la

---

(1) Josèphe, Antiq. jud., lib. IX, chap. 6.

captivité sous Nabukodonosor, vous descendez à l'an 520, qui fut la seconde année de Darius (année dans laquelle ce prince rendit son édit pour rebâtir le temple), vous aurez 68 *ans révolus*, qui sont le *terme très-voisin de* 70 ; enfin il est remarquable qu'un des plus anciens chronologistes chrétiens, *Maxime le martyr*, donnant une liste des rois de Babylone, après Kyrus et Cambyses, nomme *Darius* avec son épithète de *Mède*, ce qui prouve l'identité alors supposée du fils d'Hystaspes et du prétendu Darius de Daniel (1). Maintenant si, comme nous le pensons, la méprise est incontestable, tout le livre de Daniel est jugé. Il n'est plus nécessaire de rechercher de quelle date doivent partir ni *les* 7 *semaines* qu'il compte depuis *l'ordre de rebâtir jusqu'à l'oint de Dieu*, ni les 62 semaines *qu'il compte de là jusqu'à l'extermination* d'un autre oint (2). Seulement il convient de remarquer que la conversion des jours de ces semaines en années est totalement arbitraire; que les deux sommes ne doivent pas être réunies, comme l'a voulu *Africanus*, qui, par une autre erreur, compte 70 au lieu de 69, et cela, pour avoir une somme de 490 ans, *dont le départ*, dit-il, *est l'an* 20 *d'Artaxercès*. Mais si,

---

(1). *Voyez* Petau, Uranolog., p. 312 et 313.

(2) *Sancti Hieronym.*, *Comment. in Daniel*, tome III, pag. 1110.

comme il est de fait, l'an 20 d'Artaxercès correspond à l'an 445, la prophétie prétendue n'est pas applicable au cas que l'on indique... Au reste, il suffit de lire l'*aventure des trois jeunes gens dans la fournaise*, celle de *Daniel dans la fosse aux lions*, et *la métamorphose du roi de Babylone en quadrupède paissant et broutant*, pour voir que tout le livre doit être joint à celui *de Bel et Dagon*, et partager la sentence portée par les théologiens mêmes contre cette fabuleuse production (1).

Relativement au roi de Babylone, l'historien Mégasthènes (2) rapporte, d'après les Chaldéens, que Nabukodonosor eut une maladie qui semblerait avoir été ou la *manie*, ou l'*épilepsie*, l'une et l'autre regardées comme un *mal divin*, et que, dans un accès de ce mal, il émit une prophétie sur la prise de Babylone par Kyrus. Ce trait prouve que les prophéties étaient la mode de ce temps-là et le goût général des peuples. Lorsqu'une grande catastrophe arrivait, on la trouvait tou-

---

(1) Ce livre, comme celui de Suzanne, a été classé au rang des apocryphes dès le temps de saint Jérôme. Quant à Daniel, nous ajouterons la remarque qu'entre le style et les images de plusieurs de ses chapitres et de ceux de l'Apocalypse, il y a une analogie qui indique, 1° un rapprochement dans le temps de composition; 2° une identité de source religieuse et mythologique, qui, pour ces deux livres, est la théologie persane et mithriaque.

(2) Eusèbe, Prépar. évang., liv. IX.

jours prédite dans quelque livre ancien, avec d'autant plus de facilité qu'il n'en coûtait que l'insertion d'un feuillet de papyrus, ou de palmier, ou même d'un seul verset, dans les manuscrits reliés à l'indienne : le vainqueur en était flatté, apaisé, et le vaincu se consolait par la persuasion que l'événement était dû aux immuables décrets de la fatalité.

## CHAPITRE XIX.

### Résumé.

Maintenant, si nous résumons ce long article des Babyloniens, nous trouverons pour principaux résultats :

1° Que Babylone n'eut de rois héréditaires et indépendants connus, que pendant environ 80 ans, ou 1 siècle au plus, c'est-à-dire depuis Nabopol-asar inclusivement, jusqu'à la conquête des Perses, sous Kyrus ;

2° Qu'avant Nabopol-asar, remontant jusqu'à Bélésys-Mérodak, ses rois purent jouir, pendant un temps, de l'indépendance accordée à tous les sujets de Ninive renversée ; mais qu'ensuite ils reconnurent la suzeraineté des Mèdes jusqu'au règne de Nabopol-asar;

3° Qu'avant Bélésys ses *rois* ne furent réellement que des pachas ou satrapes du *grand roi*, ou *sultan* de Ninive, maître de toute la Haute-Asie depuis Ninus et Sémiramis;

4° Que Sémiramis fut véritablement la fondatrice de la *grande* Babylone, par la création qu'elle fit des ouvrages de fortification et d'assainissement auxquels cette cité dut sa splendeur;

5° Qu'avant Sémiramis il existait en ce même lieu un *temple de Bel* ayant la forme d'une pyramide, que les traditions chaldéo-juives désignent sous le nom de *tour de Babylon* ou *Babel*, et les historiens grecs sous les noms divers de *palais*, de *tombeau*, de *citadelle*, de *tour de Bel*;

6° Que cette tour ou pyramide fut essentiellement un *observatoire d'astronomie*, le foyer antique et mystérieux des sciences de ces prêtres *chaldéens* dont les Grecs font remonter l'origine à des temps inconnus; ce qui s'accorde très-bien avec la date de 3195 ans avant J.-C., que les calculs phéniciens et juifs assignent à la fondation de cette *tour*;

7° Qu'un établissement de ce genre prouve l'existence d'un peuple civilisé tel que l'indique Ktésias à l'époque où Ninus subjugua la Babylonie;

8° Que ce peuple fut d'origine et de sang *arabe*, spécialement de la branche éthiopienne ou *Kus-*

*hite*, ce qui lui donne des affinités particulières avec les nations *phéniciennes*;

9° Que ces affinités sont confirmées par le *langage* et par le *système* alphabétique appelés *chaldaïques*, dont on trouve l'usage chez les Chaldéens jusqu'à une époque très-reculée;

10° Que si maintenant les briques des murs de Babylone nous offrent une écriture d'un système différent, c'est parce que Sémiramis, qui bâtit ces murs, dut employer l'écriture du peuple vainqueur qu'elle commandait, c'est-à-dire les *caractères assyriens* que Darius fit graver sur le monument de sa guerre contre les Scythes; et si Darius employa ces *caractères assyriens*, c'est parce que ceux des Perses ses sujets étaient du même système, et que sans doute ils en avaient été empruntés pendant les 500 ans que les *Perses* furent gouvernés par les Assyriens de Sémiramis. Nous pourrions pousser plus loin nos inductions sur ces antiquités; mais nous aurons l'occasion de les reprendre dans l'article des Égyptiens, dont il nous reste à traiter.

# CHRONOLOGIE

### DES

# ÉGYPTIENS.

## CHAPITRE PREMIER.

La chronologie de l'ancienne Égypte se trouve juste au même degré d'obscurité où la prit et la laissa John Marsham en 1672 (1), avec cette différence, qu'à cette époque les passages des anciens auteurs, relatifs à ce sujet, étaient disséminés dans une foule de livres et de manuscrits, et que Marsham, en ayant rassemblé le plus grand nombre, en a rendu la discussion plus aisée. Si les sociétés savantes qui proposent des prix annuels eussent

---

(1) *Voyez* son livre intitulé *Canon ægyptiacus,* l'un des plus érudits, mais aussi l'un des plus mal fabriqués de l'*école moderne :* tout y est pétition de principes, jugement sans discussion, décision sans preuves, rapprochement sans analogie, et digression sans motifs.

systématisé cette méthode et ordonné d'abord le tableau de tous les fragments relatifs au sujet proposé, elles eussent beaucoup hâté les progrès de la science. On aurait cru que la magnifique *Collection des monuments égyptiens* récemment publiée par la commission des savants français eût dû nous donner des renseignements nouveaux; mais cette Collection ne semble avoir ajouté que de nouveaux problèmes. Nous sommes réduits presque aux mêmes moyens d'instruction que nos prédécesseurs; et cependant nous en avons déduit des résultats absolument différents. Pourquoi cela? parce que nous avons opéré par une méthode impartiale absolument différente, ainsi que le lecteur va le voir dans les chapitres suivants.

Les documents que nous ont transmis les anciens auteurs se réduisent à des extraits de livres originaux, maintenant perdus, à des fragments altérés dans leur passage d'une main à l'autre; en un mot, à des idées vagues et même quelquefois contradictoires: il ne faut donc pas s'étonner si des interprètes partiaux, chacun en son sens, n'ont pu s'accorder sur des hypothèses privées de base; et il ne faudrait pas s'étonner encore si nous-mêmes aujourd'hui, quoique appuyés sur tout ce qui subsiste d'autorités textuelles, nous n'arrivions pas à un degré d'évidence et de certitude dont les moyens nous sont refusés... En de telles matières on ne peut prétendre qu'aux probabilités les plus raisonnables. Commençons par établir nos moyens d'instruction : ils consistent, 1° en un tableau sommaire inséré par Hérodote en son second livre, et qu'il nous donne comme étant le résumé de tout ce que les prêtres de Thèbes, de Memphis et d'Héliopolis répondirent à ses questions, comme étant la substance de leur doctrine historique à l'époque où vivait l'auteur. Pour bien apprécier le mérite de cette pièce, il est nécessaire d'observer qu'Hérodote visita l'Égypte 65 ans seulement (vers l'an 460 avant notre ère) après que les Perses eurent soumis ce pays à leur domination. L'invasion et le mélange de ces étrangers commencèrent d'introduire bien des altérations dans les lois, dans les mœurs et les doctrines nationales; mais parce qu'après la courte tyrannie de Kambyse, le régime tolérant de Darius Hystaspe et de ses successeurs permit au peuple égyptien de revenir à son caractère, l'on peut croire que le système indigène ne fut encore ni oublié ni changé : il dut au contraire se retremper, lorsque, 77 ans après le séjour d'Hérodote (l'an 413 avant J.-C.), le peuple égyptien, las des vexations des Perses, secoua le joug du *grand roi* (Darius Nothus), et se reconstitua peuple indépendant sous le gouvernement d'*Amyrtée* (1). Les Égyp-

---

(1) On ne voit pas sans quelque surprise le nom de ce nouveau roi cité par Hérodote en son second livre, § CXI...... Ce

tiens se trouvèrent alors dans une situation politique et morale semblable à celle du peuple juif au moment où, conduit par les Machabées, il brisa le joug des Grecs et reprit son caractère national avec un enthousiasme mesuré sur sa haine des étrangers.

En Égypte comme en Judée, le peuple insurgé eut à lutter, sous tous les rapports, contre les prétentions du peuple dominateur, et il dut exister une guerre diplomatique et littéraire à laquelle on n'a point fait assez d'attention. Nous verrons bientôt l'importance de cette remarque.

Après 63 ans d'indépendance, les Égyptiens retombèrent sous le joug des Perses, qui prirent à tâche d'effacer tout ce qui fut contraire à leur pouvoir et même à leurs opinions.... Les Grecs d'Alexandre, successeurs des Perses, altérèrent encore plus le caractère égyptien, en ce que, par

---

n'est pas que cet historien, alors âgé de 71 ans, n'ait pu le connaître; mais outre que le passage cité a l'air d'une note rapportée, il porte une erreur chronologique incompatible avec les idées de l'auteur, en ce qu'il suppose un laps de 700 années entre le règne d'*Amyrtée* et celui d'*Anysis*, que précéda l'Éthiopien Sabako. Or, nous verrons que, dans le plan d'Hérodote, Sabako n'a pu précéder l'an 750, ou tout au plus l'an 780 avant N. E., et de là au règne d'*Amyrtée* ( en 413 ) il n'y a que trois siècles et demi. Aussi les savants critiques regardent-ils comme interpolé ce passage qui d'abord n'était point dans les manuscrits au § CXL. Il a plu à Larcher d'altérer encore ce texte et de substituer de son chef le nombre 500 à celui de 700 que portent les manuscrits.

la douceur de leur régime, ils vainquirent l'antipathie nationale, et finirent par amener le peuple à l'adoption de leurs mœurs et même de leur langue.

Cette époque nous fournit le second de nos documents historiques provenant du livre que le prêtre égyptien Manéthon composa vers l'an 270 avant J.-C., près de deux siècles depuis Hérodote. A cette époque, Ptolomée-Philadelphe provoquait la traduction des livres juifs, des livres chaldéens et de tous les livres orientaux ; Manéthon, encouragé par ce prince, constitué par lui chef de toutes les archives sacerdotales, publia en langue grecque une compilation de trois volumes qu'il dit être la substance des chroniques anciennes : malheureusement cette compilation s'est perdue, et il ne nous reste qu'un squelette de listes qui, altérées par le prêtre *Jules-Africanus*, par l'évêque Eusèbe Pamphile, et par le moine Georges le Syncelle, retracent bien mal l'original. Néanmoins elles suffisent à rendre sensible la différence notable qui existe entre Hérodote et Manéthon sur plusieurs chefs, notamment sur l'époque de *Sésostris*. Manéthon, se prévalant de sa qualité d'indigène, a prétendu que l'auteur grec avait erré ou menti en beaucoup de cas. Mais puisque Hérodote proteste qu'il n'a été que l'écho fidèle des prêtres, dont les récits choquent quelquefois son bon sens, nous n'avons pas le droit de l'inculper : il y a plutôt lieu de croire que c'est ici une contestation nationale, élevée de *collége* à *collége* de prêtres qui, dans un intervalle de 100 ou de 150 ans, et dans le contact avec les étrangers, auront trouvé ou cru trouver des motifs de penser autrement que leurs ancêtres. Il y a ici cette circonstance remarquable, que, dans la chronologie égyptienne comme dans l'assyrienne, l'opinion de date nouvelle, présentée par Ktésias et Manéthon, soutient le système en *plus*, tandis que l'opinion ancienne présentée par Hérodote soutient le système en *moins*, et que la première veut que Sésostris soit, comme Ninus, reculé de six siècles, tandis que la seconde les rapproche dans une proportion égale. L'époque de ce roi est le vrai nœud de la difficulté, comme nous le verrons ci-après.

Un troisième document nous est fourni par le Syncelle, qui, argumentant contre Manéthon, lui oppose une *ancienne chronique*, dont il cite le résumé à partir de la xvi$^e$ dynastie. On a demandé d'où venait cette *ancienne chronique*, et quelle était son autorité, etc., etc. Quelques-uns ont voulu, parce qu'elle arrive jusqu'au dernier roi national, 18 ans avant Alexandre, qu'elle ne pût avoir été rédigée avant cette époque; mais si l'on considère qu'en un tel cas elle n'eût point mérité le nom d'*ancienne* que Manéthon paraît lui avoir donné, et qu'à titre de *nouvelle* il eût dû la déprécier, d'autant plus qu'elle diffère de son système; on pensera, avec nous, qu'elle a dû être primitivement rédigée sous les règnes de Darius et Artaxercès, dont la tolérance permit aux savants d'Égypte de recueillir les débris de leurs monuments saccagés et dispersés par le tyran Kambyse ( et remarquez que ce désir de recueillir et de rassembler est le premier sentiment après toute convulsion, tout naufrage). Ce premier cadre une fois établi, il lui est arrivé, comme à la plupart des autres chroniques ( par exemple à celle dite *Kanon de Ptolomée*), de recevoir des additions successives de la main de chaque savant qui en a possédé un manuscrit; et parce que l'original put avoir déjà 200 ans au temps de Manéthon, cet auteur a pu le classer parmi les documents anciens. Nous en examinerons le mérite à son rang.

Très-peu de temps après Manéthon, le savant Ératosthènes, bibliothécaire d'Alexandrie, découvrit et publia une liste de rois thébains, que n'avait point connus ou mentionnés le prêtre égyptien, dont le travail s'est borné à la Basse-Égypte. Cette liste, citée par le Syncelle, forme notre cinquième document, qui est très-peu de chose, puisqu'il se réduit à une nomenclature stérile de princes inconnus, et qu'au lieu de 89 mentionnés par Apollodore, copiste d'Ératosthènes, le Syncelle n'en a conservé que 30; néanmoins ce monument vient à l'appui d'Hérodote et de Diodore de Sicile.

Ce dernier auteur nous fournit un sixième document dont le mérite est surtout de servir à classer les matériaux fournis par les autres. On sait que Diodore, postérieur d'un siècle et demi à Manéthon, eut l'ambition de rassembler en un corps d'histoire tout ce qui était épars en divers auteurs; et il a dû trouver dans Alexandrie et dans l'Égypte, qu'il visita, des moyens qui manquèrent à ses prédécesseurs.

A ces 6 pièces principales ajoutez quelques passages tirés des auteurs anciens, tels que Strabon, Pline, Tacite, Josèphe, les livres juifs, etc., et un fragment anecdotique produit par Eusèbe, comme venant d'un historien persan : voilà tous les matériaux faibles et mutilés mis à notre disposition pour reconstruire l'édifice vaste et compliqué de la chronologie égyptienne. Nous ne parlons point des monuments dont nous enrichit en ce moment l'expédition française d'Égypte, parce que cette magnifique collection, dont il ne faut pas séparer le précieux travail de Denon, en nous offrant les ruines gigantesques des palais et des temples de la Haute-Égypte, nous donne plutôt des problèmes à résoudre que des instructions.

## CHAPITRE II.

Exposé d'Hérodote.

Hérodote nous apprend qu'étant venu en Égypte recueillir des matériaux pour son histoire, il trouva, dans les villes d'Héliopolis, de Memphis et de Thèbes, des colléges de prêtres avec qui il eut les conférences scientifiques dont son second livre contient le résultat. Comment se tinrent ces conférences? fut-ce en langue persane? nous ne voyons pas qu'Hérodote l'ait sue, encore moins la langue égyptienne; il est plus probable que l'Égypte, ouverte aux Grecs depuis Psammitik, fut remplie de marchands de cette nation; qui auront su la langue du pays; quelqu'un de ces hommes officieux aura servi d'interprète à l'auteur, qui fut son hôte. Cette communication par interprète est moins exacte que directement. Quant à l'exposition, la méthode suivie par l'auteur est excellente: il traite d'abord du sol, du climat et de tout l'état physique de l'Égypte; et le tableau qu'il en fait est tel, que nos plus savants voyageurs ont trouvé aussi peu à y ajouter qu'à y reprendre: il passe ensuite aux coutumes, aux lois, aux rites religieux ; enfin il arrive à la partie historique et chronologique : citons ses propres paroles.

§ XCIX. « Jusqu'ici j'ai dit ce que j'ai vu et
« connu par moi-même, ou ce que j'ai appris par
« mes recherches; maintenant je vais parler de ce
« pays *selon ce que m'en ont dit les Égyptiens eux-*
« *mêmes* ; j'ajouterai à mon récit quelque chose
« de ce que j'ai vu par moi. »

Il est clair qu'Hérodote n'ayant rien pu voir
de ce qui est historique ancien, tout ce qu'il va
en dire est le récit des prêtres mêmes.

« Selon ces prêtres, le premier roi d'Égypte fut
« *Menès* ; il fit construire les digues de Memphis.
« Jusqu'alors le Nil avait coulé entièrement le
« long du Mont libyque : Menès ayant comblé le
« coude que le fleuve formait au sud, et construit
« une digue d'environ 100 *stades* au-dessus de
« Memphis, il mit à sec l'ancien lit, fit couler le
« Nil par le nouveau, et fit bâtir la ville actuelle
« de Memphis sur le sol même d'où il avait dé-
« tourné le fleuve, et qu'il avait converti en terre
« ferme. Il fit encore creuser un grand lac au nord
« et à l'ouest de la ville ( pour la défendre ), et
« il éleva un grand et magnifique temple au dieu
« *Phtha* ( principal dieu des Égyptiens ). »

§ C. « Les prêtres me lurent dans leurs annales
« les noms de 330 autres rois qui régnèrent après
« *Menès :* dans une si longue suite de générations
« il se trouve 18 Éthiopiens et une femme égyp-

« tienne: tous les autres furent *Égyptiens, hommes*
« *et non dieux.* »

§ CI. « Les prêtres me dirent encore que, de tous
« ces rois, aucun ne s'était rendu célèbre par quel-
« que grand ouvrage ou par quelque action écla-
« tante, excepté Moïris, le dernier de ceux-là (des
« 330). — Or ( dit Hérodote au § XIII ) au temps où
« les prêtres me parlaient ainsi, il n'y avait pas en-
« core 900 ans que *Moïris* était mort. »

( Nous savons qu'Hérodote visita l'Égypte l'an
460 avant J.-C. ; par conséquent les prêtres plaçaient la mort de Moïris vers les années 1350 à
1355).

« Je passerai sous silence ces princes obscurs,
« poursuit notre auteur, et je me contenterai de
« parler de *Sésostris*, qui vint après *eux*. »

(Ce dernier mot semblerait dire que Sésostris
ne fut pas le successeur immédiat de Moïris ; et en
effet nous verrons d'autres auteurs placer plusieurs
règnes entre ces deux princes).

§ CII. « Selon les prêtres, Sésostris fut le premier
« qui, partant du golfe Arabique (la mer Rouge) sur
« des vaisseaux *longs* (1), subjugua les riverains de
« la mer Erythrée. Il s'avança jusqu'à une mer
« remplie de bas-fonds, qui le repoussèrent. —

---

(1) Hérodote, Strabon, Pline, etc., nous apprennent que
faute de bois, les naturels n'avaient pour embarcations que
des pirogues ou de palmier ou de roseaux tressés recouvertes
de peaux goudronnées.

« De retour en Égypte, il leva une armée immen-
« se, et marchant par le continent ( l'isthme de
« Suez), il subjugua tous les peuples sur sa route,
« et passa même d'Asie en Europe, où il attaqua
« et vainquit les Skytes et les Thraces; je crois qu'il
« n'alla pas plus avant. Revenant sur ses pas, il
« s'arrêta aux bords du Phase; mais je ne vois pas
« clairement si ce fut Sésostris qui de son gré y
« laissa une partie de son armée pour coloniser,
« ou si ce furent les soldats qui, las et ennuyés de
« ses courses, s'y arrêtèrent (malgré lui). Quoi qu'il
« en soit, les habitants du Phase (les Colches) sont
« des Égyptiens, car ils ont la peau noire, les che-
« veux crépus; ils pratiquent la circoncision et ils
« parlent la même langue, etc. A son retour en
« Égypte, Sésostris, disent les prêtres, faillit de
« périr à Daphnês (Taphnahs), par les embûches
« de son frère qui incendia la tente où il dormait
« (à la suite d'un grand repas). Echappé à ce dan-
« ger, il employa les nombreux prisonniers qu'il
« avait amenés, à exécuter divers grands ouvrages,
« et entre autres, à élever les chaussées et à creu-
« ser les canaux dont le pays est aujourd'hui en-
« trecoupé. Avant ce prince, l'Égypte était com-
« mode pour les chars et la cavalerie; mais après
« lui, leur usage est devenu impraticable : il est le
« seul roi égyptien qui ait régné sur l'Éthiopie
« (Abissinie moderne). » Tel est en substance le
récit des prêtres auteurs d'Hérodote. Mais parce

que de plus grands détails sur *Sésostris* seront utiles à notre sujet, nous allons en joindre d'autres tirés de divers auteurs.

Selon Pline (1), la borne de l'expédition de Sésostris en Afrique fut le port *Mossylicus, d'où vient la cannelle*. (Ce lieu situé à l'ouest du cap *Guardafui*, est distant d'environ 550 lieues de Memphis.)

Strabon (2) ajoute que, long-temps après, la route de ce prince était encore marquée par des colonnes inscrites, et par des temples et autres monuments. Il observe que les anciens rois d'Égypte avaient été peu curieux de recherches géographiques avant *Sésostris*; et cela ferait croire qu'en cette occasion Sésostris eut les mêmes idées de curiosité que nous avons trouvées, à pareille époque, chez les rois homérites de l'Iémen (3).

Diodore de Sicile (4), qui cite l'opinion des prêtres de son temps, et celle de divers auteurs anciens, ne donne point à ce prince le nom de Sésostris, mais celui de Sésoosis, analogue au Séthosis et au *Séthos* de Manéthon et des listes (5). Ce narrateur dit que les inclinations de Sésostris furent, dès le berceau, moulées et dirigées par le

---

(1) Hist. natur., lib. VI, pag. 343, Hardouin.
(2) Strabo, lib. XVII, p. 790, Casaubon.
(3) *Voyez* tome IV, p. 468.
(4) Diod. Sicul. lib. I.
(5) Le son du *th* grec est sifflant comme l'*s*.

roi son père (*Amenoph*), qui lui donna une éducation entièrement militaire, avec la circonstance singulière d'avoir fait élever avec lui tous les enfants mâles nés le même jour, lesquels devinrent ses camarades pour la vie.... Sésostris et sa petite troupe, au nombre de 1,700, furent élevés dans les exercices les plus pénibles de la guerre; leurs premières expéditions furent en Arabie et en Libye contre les lions et les Arabes. Le jeune prince n'était qu'à la fleur de l'âge.... Diodore joint immédiatement la mort d'*Amenoph* à l'avénement de Sésostris, et la résolution de celui-ci de conquérir la terre entière; mais il pèche contre les vraisemblances, quand il ajoute que, selon quelques auteurs, sa fille, nommée *Athirté*, l'excita à cette entreprise, et lui en fournit les moyens : ce conte doit être posthume comme celui du songe d'Amenoph, dans lequel le dieu *Phtha* lui avait promis l'empire du monde pour son fils.... Sésostris, à la fleur de l'âge, ne dut pas avoir plus de 22 à 24 ans quand il régna. Ses conquêtes durèrent 9 ans (1); il s'y prépara pendant 1 ou 2 ans : supposons-lui 35 à 36 ans à son retour en Égypte; ses enfants, à cette époque, sont représentés encore jeunes. Son règne fut en tout de 33 ans; il aurait donc vécu environ 60, ou tout au plus 64 à 65 ans.

---

(1) Diodore semble indiquer cette durée pour celle d'Europe seulement. Celle d'Éthiopie n'a pu durer 3 ans.

Devenu aveugle, la vie lui devint odieuse, et par suite de son orgueil, il ne put la supporter et il se tua. Cette circonstance suppose encore la force de l'âge et cadre bien avec notre hypothèse.

Selon Diodore, « l'armée de Sésostris fut de « 600,000 hommes de pied, 24,000 chevaux, « 27,000 chariots de guerre : sa flotte, composée « de 400 voiles, soumit les îles et les côtes de la « mer Érythrée jusqu'à l'Inde ; tandis que ce roi, « conduisant l'armée de terre, subjugua toute l'A-« sie. Il poussa ses conquêtes plus loin qu'Alexan-« dre même, car ayant passé le Gange et pénétré « jusqu'à l'Océan oriental, il revint par le nord « subjuguer les Scythes jusqu'au Tanaïs ( le *Don*). » Contre ceci nous observons que le docte et judicieux Strabon (1) nie, d'après *Mégasthènes*, ambassadeur grec dans l'Inde, que ni *Sésostris*, ni *Sémiramis*, ni *Kyrus*, aient jamais pénétré dans cette contrée ( jusqu'au Gange ). Il paraît qu'ici les prêtres égyptiens cités par Diodore, ont, par émulation nationale, voulu que leur héros eût plus fait que celui des Grecs ( Alexandre ), et qu'ils ont emprunté de ceux-ci l'idée d'un circuit géographique impossible par lui-même, et inconnu à leurs prédécesseurs : nous pensons donc avec ces derniers et avec Hérodote, leur interprète, que Sésostris sortit par l'isthme de Suez; et Strabon ne dit rien

---

(1) Strabo, lib. XIV, p. 686.

de contraire, lorsqu'il rapporte « que ce prince:
« *passa du pays des Troglodytes dans l'Arabie*,
« *puis de l'Arabie dans l'Asie*, » vu que le pays
des Troglodytes s'étend le long de la mer Rouge
jusqu'en face de Memphis, et que l'Arabie commence à l'isthme immédiatement où finit l'Égypte.

Aucune mention ne nous est faite des Juifs, ni
des Phéniciens, qui purent être laissés sur la gauche, ni des villes de Babylone et de Ninive, qui,
dans le système chronologique de Ktésias, auraient dû exister et provoquer l'orgueil du conquérant (1), qui nous est attesté avoir soumis le pays,
et laissé en Perse une colonie de 15,000 Scythes.
Ces villes, dans notre système, n'existèrent que
plus de 150 ans après Sésostris. Ce conquérant
entra-t-il en Scythie par le Caucase ou par le Bosphore de Thrace? Cela n'est pas clair. Son retour
par la Colchide n'est pas douteux; mais il nous
paraît, contre l'opinion des prêtres, que *Sésostris*
revint battu: car Pline (2) a lu dans des auteurs
anciens, qu'il fut vaincu par *Æsubopus*, roi de Colchide, célèbre par l'immense quantité d'or et d'argent qu'il posséda; et Valerius Flaccus a eu les
mêmes documents lorsqu'il a dit (3):

---

(1) *Cedreni hist. compendium*, p. 20.
(2) Lib. XXXIII.
(3) Argonauticon, lib. V.

.................................... Ut prima Sesostris
Intulerit rex bella Getis, ut clade suorum
Territus hos Thebas patriumque reducat ad amnem,
Phasidis hos imponat agris Colchosque vocari
Jubeat................

« Que Sésostris fut le premier qui fit la guerre
« aux Gètes, et qu'effrayé de la défaite de son ar-
« mée, il en ramena une partie à Thèbes et sur les
« rives du fleuve natal, tandis qu'il fixa l'autre sur
« les bords du Phase en leur imposant le nom de
« Colches. »

D'accord avec Hérodote et avec Manéthon (en
Josèphe) sur le danger que Sésostris encourut de
la part de son frère, qu'il avait laissé vice-roi,
Diodore remarque « que le conquérant, de retour,
« fit l'entrée la plus pompeuse, suivi d'une foule
« innombrable de captifs et d'une immensité de
« butin et de riches dépouilles; il en orna tous les
« temples de l'Égypte; il rapporta aussi plusieurs
« inventions utiles. — Ayant renoncé à la guerre,
« il licencia ses troupes, récompensa ses soldats,
« et leur partagea des terres qu'ils eurent en pro-
« priété; mais sa passion pour la renommée ne lui
« permettant pas le repos, il entreprit une foule
« d'ouvrages magnifiques, faits pour immortaliser
« son nom, en même temps qu'ils durent contri-
« buer à la sûreté et à la commodité de l'Égypte.
« D'abord il fit bâtir en chaque ville un temple en
« l'honneur du dieu patron : en plusieurs endroits
« il fit élever des chaussées et des tertres pour ser-
« vir de refuge pendant l'inondation; en d'autres,
« il fit creuser des canaux, des fossés...; il en fit
« creuser un, entre autres, pour communiquer de
« Memphis à la mer Rouge. »

(Au sujet de celui-ci, nous observons que Strabon (1) nie positivement son exécution entière; d'accord avec Aristote (et Pline), sur ce qu'il en eut la première idée et qu'il en fit la première tentative, il assure qu'il s'en désista, parce qu'il reconnut que le niveau de la mer Rouge *était plus élevé* que celui de la Méditerranée, (*et cela est vrai.*)

Diodore poursuit et dit « que pour arrêter les
« courses dévastatrices des Arabes, Sésostris fit
« élever une muraille de 1,500 stades de longueur,
« laquelle ferma l'isthme depuis Peluse jusqu'à Hé-
« liopolis. — Ayant fait construire un vaisseau en
« bois de cèdre, long de 280 coudées, plaqué d'ar-
« gent en dedans et d'or en dehors, il en fit l'of-
« frande au dieu qu'on adore à Thèbes. Il éleva (2)
« deux obélisques d'une pierre très-dure (granit),
« de 120 coudées de hauteur, sur lesquels il fit
« graver l'état numératif de ses troupes, de ses re-
« venus, des nations qu'il avait vaincues, des tri-
« buts qu'il en percevait. A Memphis il plaça, dans
« le temple de Vulcain sa statue et celle de sa
« femme, l'une et l'autre de 30 coudées de hau-
« teur, d'un seul morceau. Les plus pénibles ou-

---

(1) Strabo, lib. I, p. 38. Aristote, Meteorol., lib. I, cap. 14, pag. 548. Pline, lib. VI, cap. 29.

(2) Le sens étant continu ici, l'on doit conclure que ce fut en la même ville qu'il éleva ces obélisques, les mêmes que Germanicus y trouva, comme nous le verrons.

« vrages furent exécutés par les prisonniers qu'il
« avait amenés, et il eut soin d'y attacher des in-
« scriptions portant qu'*aucun Égyptien n'y avait
« mis la main* (1). »

« Un des traits les plus remarqués parmi les ac-
« tions de Sésostris, est sa conduite envers les rois
« qu'il avait vaincus. Ce conquérant leur avait
« laissé leurs titres et la gestion de leurs états ;
« mais chaque année, à un temps prescrit, ils
« étaient obligés de lui apporter les *présents*,
« c'est-à-dire les *tributs* qu'il leur avait imposés
« dans la proportion des moyens de leurs peuples :
« il accueillait ces rois avec de grands honneurs ;
« mais lorsqu'il allait au temple, il faisait déte-
« ler les 4 chevaux de front de son char, et les
« rois, prenant leur place, traînaient l'orgueilleux
« vainqueur qui voulait faire sentir que sa valeur
« l'avait mis hors de comparaison avec les autres
« hommes. (De là le titre fastueux que portaient
« les inscriptions de ses monuments : *Sésostris, roi
« des rois, seigneur des seigneurs*). »

Ces curieux détails seraient la matière d'un riche
commentaire sur l'état politique et moral où se

---

(1) Les journaux du temps auront bien loué ce trait d'humanité : nous qui calculons que les prisonniers de Sésostris furent le prix du sang et des trésors de l'Égypte, nous pensons que ces travaux coutèrent à la nation vingt fois plus que s'ils eussent été faits directement par ses mains, sous un régime de paix. De tout temps l'hypocrisie et la fausse logique ont été l'apanage de la tyrannie.

trouvait l'Égypte à l'avénement de ce *roi-fléau*; sur les éléments qui avaient préparé cet état, dont il fut comme la conséquence; enfin sur les changements dont il devint la cause à son tour. Les récits des voyageurs grecs, romains, arabes, dans les temps postérieurs, sur la perfection des sculptures, des peintures et des constructions de Sésostris, qu'ils virent en masses ou en débris, indiquent un degré de perfection étonnant dans les branches de ces arts... L'article qui nous intéresse le plus, est le système militaire qui, par sa force et sa supériorité relatives, nous indique des guerres antérieures, dont la longue continuité amena ce perfectionnement que la pratique amène dans tout art. Or, comme Hérodote nous assure que jusqu'à Sésostris aucun roi d'Égypte n'avait fait de guerre *hors du pays*, il s'ensuit que ces guerres furent *intérieures*, soit de faction à faction, ou de secte à secte, en supposant un seul et même gouvernement; soit d'état à état, en supposant plusieurs royaumes parallèles, selon une hypothèse émise avant ce jour, que nous examinerons en son temps. Reprenons maintenant notre sujet et poursuivons la narration d'Hérodote.

« Le successeur de Sésostris, me dirent encore
« les prêtres, fut son fils appelé Pheron. »

( Diodore l'appelle Sésoosis II, et Pline, Nunclérus ou Nunchoreus. )

« Pheron eut pour successeur un *homme de*

« Memphis appelé *Protée*, au temps duquel Mé-
« nélas aborda en Égypte. » Sésostris serait antérieur de deux règnes à la guerre de Troie.

§. cxxi. « A Protée succéda Rhampsinit...; aucun
« roi d'Egypte ne posséda une aussi grande quan-
« tité d'or et d'argent que ce prince. »

§. cxxiv. « Jusqu'à lui, l'abondance et la justice
« fleurirent dans ce pays; mais il n'y eut pas de
« méchanceté où ne se portât son successeur
« *Cheops*... Ce fut lui qui bâtit la grande pyramide,
« dont la construction dura 20 ans, sans compter
« la taille des pierres dans les montagnes, et leur
« transport sur la place, qui, pendant 20 autres
« années, employèrent 100,000 hommes. »

§. cxxvii. « *Cheops* régna 50 ans. Son frère *Che-*
« *phren* lui succéda; se conduisit en tyran comme
« lui; bâtit aussi une grande pyramide : (§ cxxviii)
« il régna 56 ans. Ainsi les Égyptiens furent acca-
« blés de toutes sortes de maux pendant 106 ans.
« Aussi ont-ils gardé tant de haine pour ces deux
« rois, qu'ils ne les nomment point. »

§. cxxix. « A Chephren succéda *Mykerinus*, fils
« de *Cheops*; ce prince prit à tâche de consoler et
« soulager le peuple des cruautés de ses deux pré-
« décesseurs; aussi est-il cité avant tout autre pour
« son zèle à rendre la justice : un oracle le con-
« damna à mourir, parce que le destin ayant con-
« damné l'Égypte à être tourmentée pendant 150
« ans, il n'avait pas rempli le temps. »

§ CXXXVI. « Après Mykerinus régna *Asychis*. »

§ CXXXVII. « Après *Asychis* régna un aveugle de
« la ville d'*Anysis* et qui fut appelé de ce nom.
« Sous son règne, *Sabako*, roi d'Éthiopie, fondit
« sur l'Égypte avec une nombreuse armée ; Anysis
« se cacha dans des marais. *Sabako* régna 50 ans
« avec douceur et justice ; il prépara et perfectionna
« les digues et chaussées qu'avait élevées Sésostris ;
« puis il se retira en Éthiopie ; Anysis reparut et
« régna encore. Après *Anysis*, un prêtre du dieu
« *Phtha* monta sur le trône, *à ce qu'on me dit* :
« ce prêtre, nommé *Séthon*, fut attaqué par *Sen-*
« *nachérib*, roi des *Arabes* et des Assyriens. Séthon
« l'attendit à *Péluse*, qui est le boulevard et la clef
« de l'Égypte ; et dans une seule nuit, une immense
« quantité de rats ayant infesté le camp ennemi,
« et rongé les carquois, les cordes d'arc, et les
« courroies de bouclier, les Arabes prirent la fuite
« et périrent pour la plupart. Séthon mourut en-
« suite. »

§ CXLII. « Jusqu'à cet endroit de mon histoire,
« les Égyptiens et les prêtres me firent voir que,
« depuis le 1$^{er}$ roi (Menès) jusqu'à Séthon, il
« y avait eu 341 *générations* de rois et autant de
« prêtres. »

§ CXLVII. « Maintenant je vais raconter ce qui
« s'est passé en Égypte, de l'*aveu unanime* des
« Égyptiens et des autres peuples ; et j'y joindrai
« les choses dont j'ai été témoin oculaire. »

Remarquons ces mots d'Hérodote : « *Maintenant*
« *je vais raconter ce qui s'est passé de l'aveu una-*
« *nime*, » c'est-à-dire que ses narrateurs n'étaient
pas d'accord sur plusieurs des faits qu'il a récités,
et dont quelques-uns sont en effet ridicules ; lui-
même nous avertit de son opinion, lorsqu'il dit,
§ CXXII : « Si ces propos des Égyptiens paraissent
« croyables à quelqu'un, il peut y ajouter foi ; pour
« moi, je n'ai d'autre but, dans tout mon récit, que
« de transmettre ce que j'ai entendu de chacun... »
Par suite de cette candeur, il nous prévient maintenant que ce ne sont plus des *ouï-dire*, ou des
traditions qu'il va raconter, mais des faits vraiment
historiques, reconnus pour tels par les Égyptiens
et les Grecs : et en effet, à partir du règne de
*Psammitik*, son récit prend, pour les détails d'actions et pour les dates, une précision qu'il n'a
point eue dans ce qui précède.

§ CXLVII. « Après la mort de Séthon, les Égyp-
« tiens, ne pouvant vivre un seul moment sans rois,
« en élurent 12, entre lesquels fut partagé le pays ;
« ce fut par ces princes que le labyrinthe fut bâti...
« L'un d'eux, nommé *Psammitik*, d'abord exilé,
« finit par chasser les autres et par régner seul...
« Il se fit une armée de soldats grecs, et il ouvrit
« l'Égypte à tous les marchands de cette nation ;
« il étendit son pouvoir dans la Palestine, il y ar-
« rêta les Scythes après la bataille de l'Éclipse,
« entre Alyattes et Kyaxarès. Il régna 54 ans (y

« compris le temps qu'il partagea le pouvoir avec
« ses 11 collègues. ) »

§ CLVIII. « Son fils Nékos lui succéda : ( étant
« allé en Palestine), il livra bataille aux Syriens
« (*les Juifs*), il les vainquit et s'empara de (leur
« capitale) *Kadutis*, ville considérable. Il régna
« 16 ans en tout. »

§ CLXI. « Son fils Psammis, qui lui succéda, ne
« régna que 6 ans. Apriès, fils de Psammis, régna
« après son père, pendant 25 ans ; mais ayant abusé
« de la fortune, il fut abandonné par ses soldats et
« détrôné par *Amasis*, l'un d'eux (lib. III ; § x ),
« lequel régna 44 ans. Son fils *Psamménit* lui suc-
« céda ; mais ayant été attaqué par Kambyses, fils
« de Kyrus, roi des Perses, il fut vaincu et mis à
« mort, n'ayant régné que 6 mois. De ce moment,
« l'Égypte subjuguée n'a plus été qu'une province
« de l'empire perse. »

Arrêtons-nous ici ; nous y avons une date connue : il est certain que Kambyses subjugua l'É-
gypte l'an 525 avant notre ère : en partant de ce
point, nous remontons avec précision jusqu'à
la 1$^{re}$ année de Psammitik, qui fut l'an 671
avant J.-C. (1). Dans cette période, les dates d'Hérodote se trouvent toujours d'accord avec celles
des livres juifs, chaldéens, etc. Les autres listes

---

(1) *Voyez* le tableau de la Chronologie d'Hérodote, à la fin
de ce volume.

égyptiennes n'ont pas ce mérite, qui tend à proûver l'exactitude de notre historien en ce qui a dépendu de lui. Cela ne nous empêchera point de relever dans son récit plusieurs discordances qui sans doute viennent de ses auteurs.

1° En remontant de Psammitik à Séthon, nous trouvons une lacune sensible : Psammitik commença de régner l'an 671.... L'attaque de Sennachérib, roi d'Assyrie, contre l'Égypte, et sa fuite subite, datent de l'an 722. Voilà 51 ans d'intervalle : on ne saurait admettre que Séthon les ait remplis, surtout lorsque les autres listes nous prouvent le contraire... Ces listes s'accordent avec les livres juifs à placer au temps de Sennachérib un roi *éthiopien* nommé *Tarakah* dont l'immense armée fut le vrai fléau du roi *assyrien* : ce Tarakah est le 3ᵉ roi de la 25ᵉ dynastie, avec un règne de 20 ans. Ce fait est masqué dans Hérodote. Ces 20 ans ne nous amènent qu'à l'an 702; il nous reste 31 à 32 ans de lacune jusqu'à Psammitik : or l'Éthiopien Sabako n'existait plus dès avant Séthon. Comment a-t-on pu dire à Hérodote, § CLII, « que Psammitik, jeune encore, « effrayé du meurtre de son père Nékos, qu'avait « fait tuer Sabako, s'était sauvé en Syrie, d'où il « ne revint que pour être l'un des 12 rois ? »

Psammitik, qui régna 54 ans, ne peut guère avoir eu plus de 30 ans quand il fut élu; par conséquent il ne dut naître que vers les années 702 ou 704 avant J.-C. Les auteurs d'Hérodote ont fait ici quelque confusion. Ils auront pris le dernier Éthiopien pour le premier; et la fuite de Psammitik n'a pu avoir lieu qu'autant qu'il aura été un enfant sauvé par des amis : alors ce prince aurait vécu 85 à 86 ans; cela est possible.

2° Le *Sabako* d'Hérodote semble indiqué par les livres juifs à l'époque de 731 : ils disent que *Hoshée*, roi de Samarie, implora le secours d'un roi d'Égypte nommé *Soua* ou *Seva*; si vous ajoutez *kush*, signifiant *éthiopien*, vous aurez *Sevakus* ou *Sevakos*, tel que le présente la liste de Manéthon. Toujours est-il vrai que la date de 731 convient à *Sabako*, prédécesseur de Séthos, qui régnait en 722. Dans cette hypothèse, les 50 ans de Sabako auraient commencé vers l'an 780; mais cela est aussi peu admissible que le retour d'*Anysis* après ces 50 ans : nous admettons plutôt l'avis de Desvignoles, qui pense que ces 50 ans sont la totalité des 3 rois éthiopiens ( dynastie 25$^e$ ). Les listes n'en diffèrent que de 6 ans. Alors nous croirons qu'il y eut anarchie de l'an 671 à l'an 701 ou 702, et que Sabako, 1$^{er}$ des 3 rois *éthiopiens*, entra en Égypte vers 751 ou 750 ; il s'y trouvera naturellement au temps de *Hoshée*.

3° Au-dessus de cette date 750, nous n'avons plus de série exacte jusqu'à Mœris, dont la mort est placée par Hérodote vers 1350 ou 1355. Supposons qu'*Anysis* ait été le tyran qui, selon les listes, fut vaincu et brûlé vif par Sabako sous le nom du *Bocchoris* des listes, et qu'il ait régné les 6 ans de celui-ci ; son prédécesseur *Asychis* aurait fini en 757 ; donnons-lui 25 à 30 ans de règne, il aurait commencé entre 780 et 788. Alors vient le règne de Mykerinus, que l'*oracle* indique n'avoir pas été très-long. Admettons-le depuis l'an 800 : maintenant les 106 ans des deux tyrans, ses oncle et père, ne nous mènent qu'à l'an 906 : nous n'avons plus que les 3 règnes de Rhampsinit, Protée et Pheron, pour arriver à Sésostris, par-delà l'an 1300 ; il est vrai que nous pouvons corriger la date de *Cheops*, par le moyen de Diodore, qui nous apprend que les (1) prêtres de son temps comptaient *mille* ans depuis l'érection de la pyramide, ce qui la place vers l'an 1056 avant notre ère ; mais il n'en reste pas moins impossible que 3 règnes comblent le vide de 1056 à 1350 : il y a lacune évidente en toute cette période ; de Sésostris à Sabako, il y a désordre de faits ; car, après les 50 ans de *Cheops*, faire régner son frère 56 ans, puis encore Mykerinus, *fils de Cheops*, cela est incroyable en généalogie. Il est clair qu'Hérodote n'a reçu ici que des idées générales et vagues ; le seul article appuyé d'une date positive est celui du roi Mœris, attesté *mort un peu moins de* 900 ans avant les conférences d'Hérodote en

---

(1) Diodor., lib. I, p. 72.

460...; par conséquent vers 1350 à 55. Mais ici naît une difficulté : Sésostris fut-il le successeur de Mœris ? Hérodote ne le dit point, il semble même indiquer la négative, lorsque, parlant des rois en général, il dit que *Sésostris vint après eux* : à l'appui de cette *négative*, nous avons Diodore, qui compte sept générations (ou plutôt 5 *intermédiaires*) de Sésostris à Mœris ; à la vérité, le témoignage de Diodore est, comme nous le verrons, assez léger en cette partie; d'un autre côté, Hérodote semble se redresser ou s'éclaircir, lorsque, parlant du prêtre Séthon, il compte de Menès à lui 341 *rois*. Si de Menès à Mœris il y en eut 330, y compris ce dernier, il n'en restera que 11 de lui à Séthon; et nous les trouvons précisément dans l'énumération d'Hérodote ; cet auteur a donc entendu que Mœris fut le père, ou tout au plus l'aïeul de Sésostris, lequel ne pourrait être placé plus haut que 1355... Ce roi ayant régné 33 ans, selon Diodore, 48 ou 51 ans, selon Manéthon, il aurait vu réellement se renouveler la fameuse période sothiaque en l'an 1322, comme le disait la flatterie aux temps de Tacite ; mais Tacite lui-même (1) nous avertit de l'incertitude de cette opinion ; et les époques qu'il

---

(1) Tacite, *Annal.*, lib. VI, § xxviii, parlant de la durée des *périodes* dont la fin amenait l'apparition du *Phénix* (oiseau fabuleux), dit: « L'opinion varie sur le nombre des an-

allègue en prouvent l'erreur. Et comment en effet un incident si remarquable dans les superstitions égyptiennes eût-il été oublié ou omis par les pré-

---

« nées: celui de 500 ans est le plus répandu ; celui de 1,461
« est affirmé par quelques auteurs qui disent que les *Phénix*
« ont paru d'abord sous Sésostris ( quelques manuscrits lisent
« Sesosis ), puis au temps d'Amasis; enfin sous le troisième
« Ptolomée ( d'Égypte ). *Mais l'antiquité est ténébreuse:* entre
« ce Ptolomée ( Évergète ) et Tibère, il y a eu un peu moins de
« 250 ans ; d'où l'on conclut que ces oiseaux sont une fable ».

Nous ajoutons qu'entre Amasis en 570 et Ptolomée en 247, il y a 323 ans, entre Amasis et Mœris 780; ainsi tout est discordant.

Le traducteur d'Hérodote s'est cru plus heureux et mieux instruit, lorsque d'un passage inédit de Théon il a conclu que Sésostris avait commencé de régner juste en 1365. Nous avons consulté sur ce même passage MM. *Peyrard* et *Halma*, savants hellénistes et géomètres, à qui nous devons la traduction d'Euclide et de Ptolomée: leur réponse par écrit nous assure que le texte de Théon diffère matériellement du sens que lui donne Larcher. Théon dit : « Si nous voulons trouver
« le lever de la canicule l'an 100e de Dioclétien; prenons les
« 1,605 années accumulées depuis Ménophrès ( roi égyptien )
« jusqu'à *la fin* d'Auguste; ajoutons-leur les 100 ans écoulés
« depuis le commencement de Dioclétien, et nous aurons 1,705
« ans. »

Tout ce qu'on peut voir ici est que sous Ménophrès, roi égyptien, il y eut une observation précise du lever en question, qui servit de base aux calculs, et que ce Ménophrès vécut 1,605 ans avant la mort d'Auguste. Larcher veut que *la fin* d'Auguste soit la fin de son ère : il place de son autorité la fin de cette ère à l'an 328 de J.-C. ; il dit qu'en ajoutant ce nombre à celui de 1,605, cela donne l'an 1323 avant J.-C., 33e année de Sésostris. Il nous est impossible de voir comment cela se

tres et par les historiens? Diodore prétend que le fils de Sésostris, ou Sésoosis, prit le nom de son père, et s'appela Sésostris II. Cet incident sauverait la citation de Tacite; mais il restera à expliquer pourquoi les listes copiées de Manéthon s'accordent, comme nous le verrons, à placer *Sésostris* plusieurs années plus haut, savoir : celle d'Eusèbe en Syncelle, à l'an 1376; celle d'Africanus, 1394, et la (vieille) Chronique d'Alexandrie, à l'an 1400 avant notre ère. Nous avouons que rien ne nous paraît démontré ni décisif sur la date précise de ce conquérant, si ce n'est qu'il n'a pu commencer avant 1394 ou 1400; ni plus tard que 1371 à 72, s'il a régné 48 ans. Cela nous donne un peu plus de 100 ans de date avant *Ninus*, ce qui remplit suffisamment les assertions d'Agathias, de Justin, et autres auteurs qui s'accordent à faire ce roi assyrien postérieur à l'Égyptien : nous reprendrons cette question dans le récit de Manéthon.

A l'égard des temps qui précédèrent Sésostris, le récit d'Hérodote et de ses prêtres n'est qu'un sommaire peu instructif, puisqu'il présente en masse 336 rois *obscurs* et fainéants; néanmoins

---

fait. De plus, il prétend que Mèn-Ophrès signifie un *Pharaon*, *qui ne peut être que Sésostris*, et il ajoute que *mèn* est une particule ajoutée par les Grecs, *euphoniæ gratiâ*. (*Voyez* Traduct. d'Hérodote, tome II, seconde édition, page 556.) Nous avouons que tout cela est au-dessus de notre portée.

ce récit donne lieu à plusieurs objections assez graves.

1° Prétendre que Menès ait été le 1ᵉʳ roi du pays, et lui attribuer l'ouvrage gigantesque d'avoir déplacé le fleuve du Nil pour bâtir Memphis dans l'ancien lit mis à sec et comblé, etc., c'est choquer grossièrement toutes les vraisemblances : de tels travaux supposent une nation déja nombreuse, un gouvernement puissant, des arts avancés, etc. Il a fallu des siècles pour amener un tel état de choses. Imaginer qu'un pays de 200 lieues de long et de 3,500 lieues de surface carrée ait, dès le premier jour, été habité par une seule et même société, gouverné par un seul et même pouvoir, c'est n'avoir aucune idée du monde physique et politique : il a fallu à l'espèce le temps de se multiplier; à l'état social le temps de se former; puis aux gouvernements de chaque société, de chaque canton, peuplade, arrondissement, le temps de se quereller et de se subjuguer l'un l'autre. Dans l'Égypte, comme partout ailleurs, la population a commencé par être vagabonde et sauvage; puis, rendue sédentaire par la culture du sol, elle a formé des peuplades divisées d'intérêts, de passions, limitées naturellement par des bras de rivières, par des marais, des lagunes, etc. Ces petits états, souvent en guerre, se sont successivement dévorés. Les roitelets vaincus sont devenus les vassaux, les lieutenants des rois vainqueurs, qui, à leur tour subjugués par le plus méchant et le plus fort, ont fait place à un roi unique, à un despote, roi des rois : celui-là a eu le moyen de faire de grands ouvrages. Voilà l'histoire universelle. Ainsi, avant qu'il existât en Égypte un royaume identique, il y eut une succession d'états partiels, qui devinrent progressivement moins nombreux et plus grands ; et cet ordre de choses-là, comme partout ailleurs, a laissé sa trace dans les divisions politiques du pays ; motivées par les obstacles physiques de leurs frontières. Ainsi l'on peut assurer qu'il y eut d'abord autant de peuplades que de bourgades ; puis autant de peuples et d'états que l'on voit de préfectures ; enfin, qu'il se forma trois grands royaumes représentés par la Thébaïde ou Égypte supérieure, le Delta ou Égypte inférieure, et l'Heptanome ou pays du milieu, dont les distinctions physiques et même politiques subsistent encore aujourd'hui... Le roi donc qui bâtit Memphis, et ses palais, et ses temples, et ses digues, ne put être qu'un monarque tardif dans l'ordre des temps ; et les prêtres qui en font le chef, se décèlent pour être les échos d'un système tardif et partiel, qui n'a connu ou voulu connaître d'histoire que celle de la monarchie de Memphis, la plus puissante, mais la dernière formée de toutes. Ce que le raisonnement nous dicte à cet égard, nous verrons les autorités de Diodore l'attester par des témoignages positifs ; mais, de plus, nous trouvons dans le récit même des auteurs d'Hérodote le démenti positif de leur opinion. Écoutons leurs propres paroles au § iv, titre 2.

§ iv. « Au temps de Menès, premier homme qui « ait régné en Égypte, toute l'Égypte, à l'excep- « tion du nome thébaïque, n'était qu'un marais : « il ne paraissait rien de toutes les terres que l'on « voit aujourd'hui au nord du lac Mœris, quoi- « qu'il y ait 7 jours de navigation depuis ce lac « jusqu'à la mer. »

§ v. « Tout homme judicieux », ajoute Hérodote, « en examinant le terrain, même au-dessus du lac « de Mœris (*qui est le Faïoum*), pensera qu'il est « un don du fleuve, une terre apportée et dépo- « sée par lui. »

Alors il est évident que *Memphis* fut une ville moderne en comparaison de Thèbes ; que ses rois ne furent ni les premiers ni les plus anciens de l'Égypte, et qu'en reportant tout à Menès, les auteurs d'Hérodote décèlent, comme nous l'avons dit, un *système local* et tardif qui n'a point connu ou voulu connaître ce qui lui fut antérieur.

§ vi. *Système des générations.* Ce caractère systématique et paradoxal se montre avec encore plus d'évidence dans leur manière d'évaluer *en gros* le temps écoulé depuis Menès, et la durée des 341 règnes comptés ou supposés depuis ce prince jusqu'à *Séthon*, contemporain de Senna-

chérib. « Ils prétendent », dit notre historien, § CXLII, « que dans une si longue suite de géné-
« rations il y eut autant de grands-prêtres que de
« rois : or 300 générations font 10,000 ans ; car
« 3 générations valent 100 ans ; et les 41 qui
« excèdent les 300 font 1,340 ans ( total, 11,340
« ans ). »

D'abord il y a erreur en cette addition ; elle devrait être de 1366 ⅔. La dernière génération est tronquée de 26 ans... Le prince qui l'a remplie n'aurait régné que 7 ans : cela conviendrait à Séthon.

Mais nous voyons bien d'autres objections à faire. 1° Le mot *génération* est impropre ici ; son vrai sens est la *succession du père au fils*. Or il n'y a point eu de telle *succession*, de l'aveu des prêtres ; car Hérodote nomme plusieurs rois, tels que Séthon, Sabako, Anysis, Asychis, Chephren, Protée, etc., qui ne furent point fils de leurs prédécesseurs, sans compter les 17 Éthiopiens, qui furent des étrangers, intrus par violence : en outre, la liste de Manéthon fait foi qu'il y eut, jusqu'à Séthon, 23 ou 24 ruptures d'ordre généalogique, par le passage de dynastie à dynastie, c'est-à-dire de famille à famille. Il y a donc grave erreur à prétendre évaluer le temps par génération, quand il n'y a eu que succession de règnes, ce qui est très-différent : les 11,340 ans allégués par Hérodote n'ont donc aucune autorité raisonnable, et sont une pure hypothèse imaginée, peut-être, pour mesurer un espace de temps dont le point de départ aurait été quelque observation astronomique marquante !

Ici la candeur et le bon sens d'Hérodote se trouvent en faute. « M'étant rendu à Thèbes », dit-il, « (pour vérifier ces récits), les prêtres de Jupiter « me conduisirent dans l'intérieur d'un grand édi- « fice, où ils me montrèrent autant de colosses de « bois qu'il y avait eu de *grands-prêtres*, et les « comptant devant moi (au nombre de 345), ils « me *prouvèrent* que chacun était fils de son pré- « décesseur. »

C'est une preuve par trop bizarre d'un fait étrange en lui-même, que des mannequins de bois, fabriqués probablement depuis Kambyses, puisque ce tyran se plut à brûler et faire brûler tout ce qu'il put de monuments ! Qui croira d'ailleurs que dans un pays qui fut, autant et plus que tout autre, agité de guerres civiles, politiques et religieuses, qui croira que 345 grands-prêtres se soient succédés régulièrement de père en fils? Ce sont-là des contes sacerdotaux inventés après coup pour soutenir un système.

Mais d'où vient ici l'évaluation d'une *génération* à 33 ans, c'est-à-dire de 3 au siècle ? Ce ne peut être un système grec; il eût fallu, pour l'établir sur des faits, posséder de longues séries généalogiques, en tirer un terme moyen, le comparer

à des époques fixes; et les Grecs, qui, dès le temps de Solon, ne pouvaient calculer l'époque d'Homère, qui jamais n'ont pu tirer au net la série des rois lacédémoniens, n'ont pu inventer ou établir un système de ce genre. Ils l'ont pu d'autant moins, que déja l'on en voit l'indice au temps où ils étaient moins civilisés, du moins en Europe, au temps d'Homère, qui, parlant du grand âge de Nestor, dit qu'*il avait déja vécu trois générations d'homme.* (Odyssée, lib. III, v. 345; et Iliade, lib. I). Le savant Eustathius, en commentant ce vers (tome I, page 192), observe que, « selon les an-
« ciens, le mot *génération* ( gênea ), celui-là même
« qu'emploie Hérodote, signifie 30 ans, au bout
« desquels seulement l'homme est censé avoir at-
« teint l'intégrité et la perfection de son organi-
« sation. » Voilà une idée scientifique qui n'est pas d'Homère..... Et comme tout ce qui est scientifique en ce poète a un caractère égyptien, nous pouvons dire que c'est une idée égyptienne, d'une date d'autant plus reculée, qu'elle tient à l'astrologie. Les docteurs de cette école, toujours pleins d'idées symétriques, ayant examiné la vie de l'homme, s'aperçurent que le *maximum* de sa durée était entre 90 et 100 ans. D'autre part, remarquant que toutes ses facultés n'étaient réellement bien complètes que vers 30 ans, qu'elles prenaient une déclinaison sensible vers 60, ils aimèrent à voir en ce sujet la division tripartite

qu'ils trouvaient dans toute la nature, cette division qui mesure toutes les existences en période d'*accroissement*, période d'*équilibre* ou stase, et période de *décadence*. Or, parce que, dans l'homme, la première période fut caractérisée surtout par l'*engendrement*, elle reçut le nom de *gênea*, *génération*, qui dans l'usage populaire devint l'expression d'une durée de 30 à 33 ans; et parce que le peuple ne classe point les événements avec précision, qu'il se rappelle seulement qu'ils sont arrivés au temps de *telle personne*, dans l'*âge* et *génération* où elle florissait, les esprits systématiques trouvèrent commode d'employer cette mesure équivalente à 30 ans : puis, pour la commodité d'un calcul plus étendu, et afin d'éviter une fraction par siècle, ils voulurent que trois générations valussent 100 ans, ce qui porta chacune à 33. Il est remarquable que l'idiome latin, cet ancien grec de l'Italie, a conservé la trace de ces équivoques; car le mot *ætas* signifiant l'*âge*, le *temps*, la *génération* où vivait un *tel*, paraît n'être que la contraction d'*ævitas*, dérivé d'*ævum*, qui d'abord dut exprimer la durée totale de la vie; puis fut appliqué à la période par *excellence*, à celle de l'existence morale et physique en son *maximum*. Voilà pourquoi d'anciens interprètes d'Homère ont voulu que Nestor eût vécu trois siècles; Eustathe, en les redressant, et en nous reportant à la doctrine des anciens, eut peut-être en vue Aristote et Platon, dont le premier ( livre VII, chapitre 6, *des animaux* ) dit que l'homme n'est accompli que vers 30 ans, et qu'il perd ordinairement vers 60 ans la faculté d'engendrer; et le second conseille de ne pas se marier avant l'âge de 30 ou 35 ans. Mais ces deux autorités nous deviennent un nouveau garant de l'origine égyptienne, que nous réclamons pour ces idées, puisqu'il est constant qu'Aristote et Platon ont puisé la plupart de leurs idées spéculatives et systématiques dans des livres égyptiens.

Au reste, et dans tout état de cause, nous sommes fondés à dire qu'il n'y a point eu chez les rois d'Égypte de série généalogique, de *génération* dans le sens vrai du mot; et que l'évaluation de la génération à 33 ans, et même au terme moyen de 30 ans, comme l'employèrent tous les successeurs d'Hérodote, est une mesure arbitraire dont l'application serait moins une règle générale qu'un cas d'exception (1).

En résumant ce chapitre, nous trouvons que l'exposé d'Hérodote n'a réellement d'exactitude historique qu'en remontant de Kambyses jusqu'au règne de Psammétik......; que dans ce qui pré-

---

(1) L'érudit Larcher prétend avoir prouvé de fait et de droit, que chez les anciens Grecs on ne se mariait qu'à 33 ans. Si le lecteur prend la peine de lire notre note à la fin de ce volume, il se convaincra que jamais on n'a plus abusé de la permission de citer.

cède ce prince, jusqu'à l'époque de Mœris, il n'y a point une précision suffisante à dresser une échelle suivie ; que, depuis Mœris, ce sont des récits absolument vagues ; et que le seul article déterminé avec une sorte de certitude est l'existence du conquérant Sésostris entre les années 1300 et 1350. Ce fut là un point de doctrine constant chez les savants d'Égypte au temps d'Hérodote ; et si nous le trouvons altéré 150 ans après lui, notre tâche épineuse sera de découvrir la cause de ce changement. ( *Revoyez* le tableau sommaire d'Hérodote. ) Examinons maintenant le système du prêtre Manéthon.

## CHAPITRE III.

### Système de Manéthon.

MANÉTHON, comme nous l'avons dit, fut postérieur, de près de deux siècles, à Hérodote ; le roi Ptolomée-Philadelphe ayant mis à sa disposition toutes les archives des temples, ce prêtre indigène eut de grands moyens d'instruction : quel parti sut-il en tirer ? voilà pour nous la question. Il prétendit qu'Hérodote avait menti (1) ou erré en beau-

---

(1) *Voyez* Fl. Josèphe contr. Appion., lib. I, § xiv ; et le Syncelle, pag. 40, 52, 53, etc.

coup de choses; mais lui-même a été inculpé d'erreurs et de peu de jugement : son ouvrage étant perdu, il nous reste peu de moyens de prononcer sur son caractère; seulement nous pouvons dire que, si les anciens en général ont eu assez peu de ce que nous appelons *esprit de critique*, il est bien probable qu'un prêtre égyptien n'en aura pas été doué plus particulièrement.

Il faut néanmoins regretter la perte des trois volumes qu'il dédia au roi Ptolomée. Que de faits curieux n'y eussions-nous pas trouvés, ainsi que dans les livres de Bérose et de Ktésias? Ces trois auteurs nous eussent dévoilé l'ancien Orient; par cette raison même, l'ignorance fanatique s'est efforcée de les détruire, et elle y a réussi.

Un premier pas à cette destruction fut l'*abrégé* que *Julius Africanus* fit de l'ouvrage de Manéthon, vers l'an 230 après J.-C. Ce prêtre chrétien, d'origine juive, scandalisé de ce que la chronologie égyptienne faisait le monde plus vieux de quelques milliers d'années que les livres juifs, entreprit une refonte générale de toutes les chronologies profanes, et posant pour régulateur de tout calcul celui de la traduction grecque, il tailla et trancha tous les autres, jusqu'à ce qu'il les y eût adaptés. Dans cette opération mécanique on sent combien le système de Manéthon fut défiguré. Ce n'est pas tout : le livre d'*Africanus* s'est perdu à son tour; nous ne le connaissons que par les extraits qu'en fit, au 9.ᵉ siècle, le moine Georges, dit le *Syncelle*; et ce copiste avoue s'être permis de tailler encore et de changer. (1) Qu'on juge en quel état est l'original ! Le lecteur équitable n'exigera donc pas de nous les démonstrations; il se contentera de probabilités, et notre espoir est de lui en offrir d'assez grandes.

L'étendue de la liste d'Africanus nous a obligé d'en renvoyer la portion supérieure à la fin de ce volume : nous y avons joint en regard la liste d'Eusèbe, telle que la donne le Syncelle; et le lecteur remarquera, à la honte des copistes, que cette dernière diffère non-seulement de celle d'Africanus, quoique devant venir l'une et l'autre de Manéthon, mais qu'elle diffère encore de celle du *Chronicon* publiée par Scaliger comme ouvrage direct du même Eusèbe; il remarquera encore que dans la période la mieux connue, celle des rois compris entre Psammitichus et Kamby-

---

(1) L'examen minutieux de ces altérations ne mènerait à rien : il nous suffit d'observer que jusque dans les *additions* énoncées par le compilateur, *son total ne cadre point avec les sommes partielles qu'il donne*. Par exemple, les règnes de la 18.ᵉ dynastie rendent 259, et le Syncelle accuse 263 : Ceux de la 1.ʳᵉ, 263, le Syncelle, 253. La 5.ᵉ, 218, le Syncelle, 248, etc. En plusieurs dynasties il y a, tantôt des omissions de règne, tantôt des lacunes de noms; dans une occasion, à la dynastie 18, le Syncelle nous avertit qu'Africanus voyant que ses calculs n'amenaient pas Moïse au temps du *roi Amosis* ( comme l'exigeait l'opinion dominante ), il a supprimé 110 ans à un patriarche, pour opérer le synchronisme requis.

ses, les listes ne sont point d'accord sur les durées de règne, et qu'en différant d'Hérodote, elles pèchent aussi contre les calculs des Juifs.

| Liste de Manéthon selon Africanus. | | Années av. not. ère. | Selon Eusèbe en Syncelle. | Années av. not. ère. |
|---|---|---|---|---|
| 24ᵉ *Dynastie ou famille originaire de Saïs.* | | | | |
| Bocchoris.... régna | 6 ans. | 721 | ......... 44 ans. | 781 |
| 25ᵉ *Dynastie. Rois Éthiopiens.* | | | *Éthiopiens.* | |
| Sabako...... régna (Il prit Bocchoris et le brûla vif.) | 8 | 715 | ......... 12 | 737 |
| Sevechus (son fils).. | 14 | 707 | ......... 12 | 725 |
| Tarkus........... | 18 | 693 | ......... 20 | 713 |
| 26ᵉ *Dynastie. Princes Saïtes.* | | | Amméris éthiopien.. 12 ans. | 693 |
| Stephinates....... | 7 | 675 | ......... 7 | 681 |
| Nekepsos........ | 6 | 668 | ......... 6 | 674 |
| Nekao I......... | 8 | 662 | ......... 8 | 668 |
| Psammitichus..... | 54 | 654 | ......... 45 | 660 |
| Nekao II, il prit Jérusalem.... | 6 | 600 | ......... 6 | 615 |
| Psammutis........ | 6 | 594 | ......... 17 | 609 |
| Uaphris......... | 19 | 588 | ......... 25 | 592 |
| Amosis.......... | 44 | 569 | ......... 42 | 567 |
| Psammacherites.... | » 6 m. | | | |
| 27ᵉ *Dynastie. Rois Perses.* | | | | |
| Kambyses envahit et règne.......... | | 525 | ............... | 525 |

En effet, selon Africanus, Nekao, fils de Psammitichus, ne règne qu'en l'an 600 avant J.-C.; et selon les Juifs, il avait pris Jérusalem 9 ans auparavant (609). — Selon l'Eusèbe du Syncelle,

## VIEILLE CHRONIQUE EN SYNCELLE.

| Numéros des Dynasties. | Noms des Dynasties. | Nombre des Rois. | Durée du temps. | Avant J.-C. | SELON EUSÈBE DE SCALIGER. | | | SELON AFRICANUS. | |
|---|---|---|---|---|---|---|---|---|---|
| | | | | | Noms des Dynasties. | Durée des Règnes. | Avant J.-C. | Rois. | Somme des Années. |
| XVI. | Rois Tanites..... | 8 | 190 ans. | 2041 | 26 Rois Thébains régnant sur toute l'Égypte, depuis Ninus....... | 190 ans. | 2003 | 32 | 518 |
| XVII. | — Memphites... | 4 | 103 | 1851 | 5 Rois pasteurs....... | 103 | 1813 | 86 | 153 |
| XVIII. | — Memphites... | 14 | 348 | 1748 | 16 Rois Thébains...... | 348 | 1710 | 16 | 284 |
| XIX. | — Thébains..... | 5 | 194 | 1400 | 5 Rois : 1ers indigènes sur toute l'Égypte... | 178 | 1360 | 6 | 204 |
| XX. | — Thébains..... | 8 | 228 | 1206 | Rois Thébains...... | 178 | 1184 | 12 | 135 |
| XXI. | — Tanites....... | 6 géné. | 121 | 978 | 8 Rois Tanites....... | 129 | 1006 | 7 | 130 |
| XXII. | — Tanites....... | 3 | 48 | 857 | 3 Rois Bubastites..... | 49 | 877 | 9 | 116 |
| XXIII. | — Diospolites ou Thébains..... | 2 | 19 | 809 | 3 Rois Tanites....... | 44 | 828 | 4 | 89 |
| XXIV. | — Saïtes ....... | 3 géné. | 44 | 790 | 1 Roi Saïte, Bocchoris. | 46 | 784 | 1 | 6 |
| XXV. | — Éthiopiens.... | 3 géné. | 44 | 746 | 3 Rois Éthiopiens, dont le premier est Sabako. | 44 | 738 | 3 | 40 |
| XXVI. | — Memphites... | 7 géné. | 177 | 702 | 9 Rois Saïtes....... | 169 | 694 | 9 | 150. 6m. |
| | | 63 | 1516 | | TOTAL..... | 1488 ans. | | 185 | 1707. 6m. |
| XXVII. | Le roi perse Kambyses. | ...... | ...... | 525 | Kambyses....... | ...... | 525 | ..,... | 525 |
| | | | | | | | | | 2232. 6m. |

ce Nekao serait mort en 610, et cependant les Juifs attestent qu'il faisait la guerre en Syrie en 604! D'autre part, l'Eusèbe du *Chronicon* a des variantes notables sur plusieurs règnes, et l'erreur choquante de faire arriver et régner Kambyses à Memphis, l'an 530 ( an 3 de l'olympiade 62 ), au lieu de l'an 525, qui est la date avouée de tous les auteurs. Si l'on ajoute que dans ce même *Chronicon*, des événements marquants, tels que la fondation de Carthage, la législation de Lycurgue, la naissance de Pythagore, etc., etc., sont portés chacun à deux ou trois dates différentes, de 20, 40 ou 50 ans, on conviendra que les anciens auteurs ecclésiastiques, malgré tout leur zèle, ont été plus audacieux qu'aucun des modernes; et que ce qu'ils méritent de notre part est bien moins le respect que la sévérité.

L'*ancienne Chronique* égyptienne, produite par le Syncelle ( *voyez* le tableau ci-contre ), ne fournit point les détails des règnes, mais seulement les sommes de chaque dynastie : il est digne de remarque qu'elle ouvre la 25$^e$ et la 26$^e$ à des dates tout-à-fait concordantes avec les calculs des Juifs et des prêtres d'Hérodote : ce premier trait d'exactitude appelle notre confiance, ou du moins notre attention pour d'autres cas.

Au-dessus de Psammitichus les listes d'Africanus et d'Eusèbe diffèrent totalement du récit d'Hérodote : elles ne parlent point des 12 *rois* dont ce prince fut l'un; elles font régner son père et amènent Tarakus trop tard pour cadrer avec les livres juifs. Tout accuse leurs dévots auteurs d'une inexactitude involontaire ou préméditée. Comment expliquer leur discordance sur le règne de Bocchoris, porté par l'une à 44 ans, par l'autre, seulement à 6 ? Ce Bocchoris, détrôné et *brûlé vif par Sabako*, devrait être le roi aveugle de la ville d'*Anysis*, dont parle Hérodote. Continuons l'examen de ces listes.

*Au-dessus* de la 24ᵉ dynastie nous avons le tableau suivant :

| 19ᵉ *Dynastie*. 7 *Rois Thébains*. | | Avant J.-C. | Selon Eusèbe. 5 Rois Thébains. | | Avant J.-C. |
|---|---|---|---|---|---|
| 1 Séthos | 51 ans. | 1394 | Idem | 55 ans. | 1376 |
| 2 Raphakes | 61 | 1346 | Rapses | 66 | 1321 |
| 3 Ammenophthes | 20 | 1285 | Idem | 40 | 1255 |
| 4 Ramesses | 60 | 1265 | (Omis) | | |
| 5 Ammenemès | 5 | 1205 | Idem | 26 | 1215 |
| 6 Thuoris, contemporain de Troie | 7 | 1198 | Idem | 7 | 1189 |
| 7 (Omis) | | | | | |
| 20ᵉ *Dynastie*, 3ᵉ *volume de Manéthon*, 12 *Rois Thébains*. | | | 12 *Rois Thébains*. | | |
| Anonymes, régnèrent 135 ans depuis | | 1191 | régnèrent 178 depuis | | 1182 |
| 21ᵉ *Dynastie*. 7 *Rois Tanites*. | | | Selon Eusèbe. 7 Tanites. | | |
| Smèdes | 26 | 1056 | Smendis | 26 ans. | 1004 |
| Phusennes | 46 | 1030 | | 41 | 978 |
| Nephetcheres | 4 | 984 | | 4 | 937 |
| Amenophtis | 9 | 980 | | 9 | 935 |
| Osochor | 6 | 971 | | 6 | 924 |
| Pinaches | 9 | 965 | | 9 | 918 |
| Susennes | 30 | 956 | | 25 | 909 |

DES ÉGYPTIENS.

| 22ᵉ Famille. 9 Rois Bubastites. | | Avant J.-C. | Selon Eusèbe, 3 Rois Bubastites. | | Avant J.-C. |
|---|---|---|---|---|---|
| 1 Sesogchis | 21 ans. | 926 | Sesogchosis. | 21 ans. | 874 |
| 2 Osoroth | 15 | 905 | Osorthon.. | 15 | 853 |
| 4ᵉ | 25 | 890 | | | |
| 6ᵉ Takellotis | 13 | 865 | Idem | 13 | 838 |
| 9ᵉ | 42 | 852 | | | |
| 23ᵉ Famille. 4 Rois Tanites. | | | 3 Rois Tanites. | | |
| Petubates | 40 | 810 | Idem | 25 | 825 |
| Osorcho | 8 | 770 | | 9 | 800 |
| Psammus | 10 | 762 | | 10 | 791 |
| Zet | 31 | 752 | | | |

Si nous jetons un regard attentif sur ces dynasties, en remontant de la 23ᵉ, nous trouvons encore des différences notables entre Africanus et Eusèbe, quoique tous deux se disent copistes de Manéthon ; rien de leur part ne ressemble à Hérodote. Nous ne voyons point les deux tyrans *Cheops* et *Chephren*, avec leurs 106 ans ; mais le 1ᵉʳ roi de la dynastie 22ᵉ nous frappe, en ce que son nom de *Sesogchis* ressemble beaucoup à *Sesoch* ou *Sesach*, roi d'Égypte, qui, selon les Juifs, vint l'an 5 de Roboam, fils de Salomon (974 avant J.-C.), attaquer et rançonner Jérusalem. *Sesoch* est trop tardif dans les listes : celle d'Africanus seulement le place au siècle qui convient.(926), et comme nous sommes sûrs de la date des Juifs, nous pouvons accuser d'erreur toutes ces listes.

Un autre prince remarquable est le 1ᵉʳ de la dynastie 19ᵉ, nommé *Séthos*, et *Sethos-is*. *Eusèbe* lui donne 55 ans de règne, avec cette variante, que sa liste en Syncelle le place à 1376, et celle en Scaliger, à l'an 1356. C'est vers cette hauteur qu'Hérodote place *Sésostris*, et nous savons par Manéthon, en Josèphe, que *Sethos-is*, dit aussi *Ramessès* et *Égyptus*, est le même que Sésostris. Il est fâcheux de voir Africanus et la *vieille Chronique* s'écarter beaucoup de ces données, en reportant Séthos jusqu'aux années 1394 et 1400, sans nous donner aucun éclaircissement sur lequel nous puissions raisonner.

Au-dessus de *Séthos* la dynastie 18ᵉ est digne d'attention, en ce qu'elle nous offre trois princes qui jouent un rôle marquant dans un passage de Manéthon, conservé par Josèphe : ces princes sont le cinquième, le sixième et le dernier. (Misphragmutos, Tethmos et Amenoph. (*Voyez* la liste ci-contre.)

Au-dessus de cette dynastie, Eusèbe place immédiatement celle des *rois pasteurs*, dont l'invasion et la tyrannie furent un des grands événements de l'histoire d'Égypte. Africanus, au contraire, les rejette 2 dynasties plus haut (à la 15ᵉ) : cette différence a suscité de vifs débats entre les commentateurs. Le Syncelle a prétendu qu'Eusèbe avait commis un faux matériel pour satisfaire à des convenances systématiques, et Scaliger a admis cette inculpation. Mais que répondront le Syncelle et Scaliger, si nous prouvons que la disposition d'Africanus est absurde en elle-même; qu'elle

## DIX-HUITIÈME DYNASTIE.

| SELON MANÉTHON DANS AFRICANUS. | | Avant J.-C. ans. | SELON EUSÈBE EN SYNCELLE. | | Avant J.-C. | SELON EUSÈBE EN SCALIGER. | | Avant J.-C. |
|---|---|---|---|---|---|---|---|---|
| Amosis (omis le temps)... | | | Amosis................ | 25 | 1740 | Idem................ | | 1704 |
| Chebros...règne....... | 13 | 1653 | Chebron............... | 13 | 1715 | Idem................ | | 1679 |
| Amenophtis........... | 21 | 1640 | Ammenophis........... | 21 | 1702 | Idem................ | | 1666 |
| Amersis............... | 22 | 1619 | ..................... | | | ..................... | | |
| Misaphris............. | 13 | 1597 | Miphris............... | 12 | 1681 | Nephrès............. | Id. | 1645 |
| Misphragmutos-is..... | 26 | 1584 | Misphragmutos-is..... | 26 | 1669 | Idem................ | | 1633 |
| Tuthmos-is............ | 9 | 1558 | Tuthmosis............. | 9 | 1643 | Idem................ | | 1607 |
| Amenophis............ | 31 | 1549 | Amenophis............ | 31 | 1634 | Idem................ | | 1598 |
| Horus................. | 37 | 1518 | Orus........... 38 ou | 36 | 1603 | Orus................. | 38 | 1567 |
| Acherrès.............. | 32 | 1481 | Achencherses......... | 12 | 1577 | Acencherrès.......... | | 1529 |
| Rathos................ | 6 | 1449 | Athoris............... | 39 | 1565 | Achoris.............. | 7 | 1517 |
| Chebres............... | 12 | 1443 | Chencheres........... | 16 | 1526 | Cencherrès........... | 18 | 1510 |
| Acherrès.............. | 12 | 1431 | Acherrès.............. | 8 | 1512 | Idem................ | | 1492 |
| Armeses............... | 5 | 1419 | Cherrès............... | 15 | 1504 | Idem................ | | 1484 |
| Ramessès............. | 1 | 1414 | Armès................ | 5 | 1489 | Armais............... | Id. | 1469 |
| Amenoph............. | 19 | 1413 | Ammeses............. | 68 | 1484 | Rameses............. | Id. | 1464 |
| | | | Memophis........... | 40 | 1416 | Menophis............ | Id. | 1396 |
| Total...... | 259 | | | | | | | |
| *Seize rois qui selon l'auteur donnent 263 années, et le total apparent est.....* | 259 | | Total........ | 376 | | Total...... | 348 | |
| | | | *Seize rois selon l'auteur, donnant........* | 348 | | | | |
| 19ᵉ Dynastie. Sethos..... | 51 | 1394 | 19ᵉ Dynastie. Sethos..... | 55 | 1376 | 19ᵉ Dynastie. Sethos..... | 55 | 1356 |
| | | | | | | Les Égyptiens commencent d'avoir un roi de leur nation................ | | |

est démentie par un texte positif de Manéthon que cite Josèphe ; et qu'ici Eusèbe est autorisé par l'*ancienne Chronique*, dont il paraît suivre de préférence le système depuis la 16ᵉ dynastie ? Commençons par examiner le fragment de Manéthon, que Josèphe prétend avoir transcrit littéralement.

## § I.

### Texte de Manéthon en son second volume.

« Nous eûmes jadis un roi nommé *Timaos*, au
« temps duquel Dieu étant irrité contre nous, je
« ne sais par quelle cause, il vint du côté d'orient
« une race d'hommes de condition ignoble, mais
« remplie d'audace, laquelle fit une irruption sou-
« daine en ce pays (d'Égypte), qu'elle soumit sans
« combat et avec la plus grande facilité. D'abord,
« ayant saisi les chefs ou princes, ces étrangers
« traitèrent de la manière la plus cruelle les villes
« et les habitants, et ils renversèrent les temples
« des dieux. Leur conduite envers les Égyptiens
« fut la plus barbare, tuant les uns, et réduisant
« à une dure servitude les enfants et les femmes
« des autres. Ils se donnèrent ensuite un roi nommé
« *Salatis,* qui résida dans Memphis, et qui, plaçant
« des garnisons dans les lieux les plus convena-
« bles, soumit au tribut la *province supérieure* et
« la *province inférieure*; il fortifia surtout la fron-

« tière orientale, se défiant de quelque invasion
« de la part des Assyriens, alors tout-puissants; et
« parce qu'il remarqua dans le nome de Saïs, à l'o-
« rient de la *branche* (du Nil nommée) Bubastite,
« une ville avantageusement située, qui, dans
« notre ancienne théologie, s'appelle *Avar*, il l'en-
« toura de fortes murailles, et il y plaça une gar-
« nison de 240,000 hommes armés : chaque été
« il y venait (de Memphis) tant pour faire les mois-
« sons et payer les soldes et salaires, que pour
« exercer cette multitude et inspirer l'effroi aux
« étrangers. Après 19 ans de règne, il mourut ;
« son successeur, nommé *Béon*, régna 44 ans ;
« puis *Apachnas* 36 ans et 7 mois ; puis *Apophis*
« 61 ans ; puis *Yanias* 50 ans ; puis *Assis* 49 ans et
« 2 mois.

« Ces six premiers rois firent constamment aux
« Égyptiens une guerre d'extermination. Toute
« cette race portait le nom de *Yksos*, c'est-à-dire
« *rois pasteurs*; car, dans la langue sacrée, *yk* signi-
« fie *roi*, et, dans le dialecte commun, *sos* signifie
« *pasteur*.

« Selon quelques auteurs, ce peuple était *arabe*,
« cependant Manéthon dit en un autre ouvrage
« que, selon certains livres qu'il avait consultés,
« le mot *hyksos* signifiait *pasteur captif* ; *hyk*, en
« langue égyptienne, et *hak*, avec une aspiration,
« signifiant *captif* : et cela, dit-il, me paraît plus
« vraisemblable et plus conforme à l'ancienne his-
« toire. » (Josèphe continue).

Manéthon dit encore que ces *pasteurs rois* et que *leurs successeurs* possédèrent l'Égypte environ 511 ans; mais les rois de la Thébaïde et ceux *du reste de l'Égypte* ayant entrepris contre eux une guerre longue et violente, ils la continuèrent jusqu'à ce que sous l'un de ces rois nommé *Alisphragmutos* (lisez *Misphragmutos*), les pasteurs, vaincus et repoussés du pays, se renfermèrent en un local nommé *Avar*, dont le circuit était de 10,000 arpents; Manéthon dit que les pasteurs entourèrent ce local d'une forte et immense muraille, pour la défense et la conservation de leurs personnes et de leur butin. Après *Alisphragmutos*, son fils, nommé Thummosis, vint avec 480,000 hommes assiéger cette place; mais n'ayant pu réussir à la prendre de force, il fit avec les *pasteurs* un traité dont la condition fut qu'ils pourraient quitter l'Égypte sains et saufs: à ce moyen ils emmenèrent leurs familles et tout leur butin, etc., etc., et sortirent au nombre de 240 *mille* par le désert qui mène en Syrie; mais parce qu'ils craignirent les *Assyriens*, qui alors dominaient en Asie, ils s'arrêtèrent dans la contrée qu'on appelle *Judée*, et ils y bâtirent une ville nommée *Jérusalem*, capable de contenir toute leur multitude.

Ici Josèphe veut se prévaloir du sens *de pasteur captif* donné par quelques livres au mot *yksos*, pour en inférer qu'il s'agit du peuple hébreu emmené par Moïse: laissons cette fausse hypothèse où s'égare l'écrivain juif, pour ne nous occuper que du récit du prêtre égyptien.

Dans ce récit plusieurs fautes se révèlent à un examen attentif.

1° Si, comme il est vrai, le nom du père de *Thummos* se lit constamment *Misphragmutos* dans Africanus et dans les deux listes d'Eusèbe, il est évident que l'*Alisphragmutos* de Josèphe est une erreur de copiste, venue de ce que l'M grec mal conformé a pris l'apparence d'AΛ dont la réunion a quelque ressemblance : les manuscrits de Josèphe sont pleins de ces fautes. La correction de celle-ci met en évidence la liaison intime de la dynastie 18ᵉ avec celle des pasteurs, tant par l'identité des noms et qualités des 2 rois cotés 5 et 6 dans les listes, que par leur titre de *rois thébains*. *Amenoph*, le dernier, est cité dans un récit subséquent.

2° Il résulte de ce premier point que l'expulsion des pasteurs eut lieu dans le cours de cette dynastie 18ᵉ, un peu plus de 100 ans après son ouverture, et dès lors Africanus est atteint et convaincu d'erreur; car, puisque l'expulseur fut *Thummos*, il est clair que les premières années de sa dynastie jusqu'à lui ont été parallèles aux dernières années des pasteurs : or de là il résulte un double emploi de *cent années*, pour le moins, qu'il faut retirer sur l'une des 2 dynasties; il est clair en outre qu'Eusèbe a eu raison de joindre immédiatement la dynastie expulsée à la dynastie expulsante, tandis que leur séparation dans Africanus forme un hiatus inconcevable et réellement absurde, que bientôt nous verrons condamné par Manéthon même..... Il est encore à remarquer qu'Eusèbe, dans son *Chronicon*, ne donne aux *pasteurs* que 103 ans de durée, ce qui est la somme exacte de leur dynastie dans l'*ancienne Chronique*, où ils sont appelés rois memphites, à raison de leur chef-lieu. Il semblerait ici que cette ancienne Chronique a évité le double emploi dont nous venons de parler; car, si aux 103 ans qu'elle compte nous ajoutons les 100 quelques années écoulées depuis *Amos-is* jusqu'à Thummos, nous avons un total de 200 quelques années qui se rapproche de celui donné par Josèphe. D'autre part, Eusèbe, en plaçant l'ouverture de cette dynastie 18e à l'an 1740, imite encore sensiblement l'*ancienne Chronique*, qui l'assigne à l'an 1748; et cette imitation, qui le disculpe de l'accusation de faux, donnerait à penser qu'il s'est aperçu des incohérences choquantes d'Africanus, et qu'il a eu le bon sens de lui préférer l'*ancienne Chronique*, dont l'autorité nous paraît s'accroître à chaque pas.

Mais comment expliquer les 511 ans que Josèphe dit s'être écoulés depuis l'entrée des *pasteurs* jusqu'à l'expulsion *de leurs successeurs?* qui sont-ils, ces successeurs? Nous voyons dans Africanus une dynastie de *pasteurs grecs*, au nombre de 32 rois, succéder aux *rois pasteurs* pendant 518 ans : voilà presque les 511 de Josèphe, et même voilà juste les 518 ans qu'il reproduit dans sa controverse contre Manéthon ; mais le prêtre égyptien semble avoit compris dans les 511 toute la durée des 6 *rois pasteurs*, qu'Africanus place en dehors! Ce dernier aurait donc encore fait ici un double emploi? ou bien serait-ce le texte de Manéthon qui, par une équivoque, aurait causé méprise et confusion? Cet embarras est sensible dans le paragraphe de Josèphe que nous discutons et qui commence par ces mots : « Manéthon dit encore « que les *pasteurs rois*. » Ici Josèphe cesse de copier son original ; il parle de son chef, et résumant un article du texte qui nous manque, il en déduit la somme totale de 511, sans nous faire connaître les sommes partielles qui la composent. Pour nous figurer ce qu'a pu contenir ce texte, il faut se rappeler que, dans l'article antérieur, Manéthon a dit que les *pasteurs rois* étaient nommés *Yksos*; que ce nom était composé de deux mots égyptiens; *yk* signifiant *roi*, et *sos pasteur*; mais que dans d'autres livres il avait trouvé le mot *hyk* et *hàk* avec aspiration signifiant *captif*: en ce dernier cas, il paraît que Manéthon aurait eu en vue les Hébreux, qui de leur aveu furent à la fois *captifs* ou *prisonniers* des Égyptiens, et *pasteurs* d'origine chaldéenne, c'est-à-dire *Arabes*; comme les pasteurs rois. Cette dernière circonstance a pu contribuer à quelque confusion ; et parce qu'ensuite Manéthon, lorsqu'il explique l'origine des Hébreux et leur sortie d'Égypte sous Moïse, qu'il nomme *Osarsiph* (1), prétend qu'ils furent une *tourbe populaire* composée de lépreux et de gens impurs de toute espèce au nombre de 80,000, chassés par le roi *Amenoph* père de *Sethos*, sur l'ordre d'un oracle, le juif Josèphe, indigné de la comparaison, quitte son texte pour argumenter contre lui et prouver que ses ancêtres furent les *pasteurs rois* : cette prétention est inadmissible ; mais il est probable que Manéthon, après avoir parlé des *pasteurs captifs*, avait résumé en masse tout le temps écoulé depuis leur expulsion par *Aménoph* jusqu'à l'entrée des *pasteurs rois* sous *Timaos*, et qu'il avait évalué ce temps à la somme de 511 ans. Voilà sans doute ce qu'a voulu dire Josèphe ; et en effet, si l'on part de l'an 1400, où régnait le roi *Aménoph*, selon les listes, ces 511 ans remontent à l'an 1911, comme date originelle de l'invasion des pasteurs ; mais parce qu'il y a eu double emploi des cent premières années de la dynastie de *Tethmosis*, il ne faut compter que 1811, et l'Eusèbe du Syncelle donne 1830 pour date de l'entrée des pasteurs rois. L'Eusèbe du *Chronicon* donne 1807, ce qui se rapproche suffisamment. D'ailleurs plus nous scruterons Manéthon, plus

---

(1) § xxvi, contr. Appion, lib. I.

nous verrons qu'il n'a point eu d'idées nettes sur son sujet en général, ni en particulier sur celui que nous traitons. Les erreurs, les contradictions, les discordances de ses copistes en font foi, et Diodore complétera la preuve.

L'historien Josèphe, dans son argumentation contre ce prêtre, nous fournit d'autres preuves d'erreur pour leur compte commun. Mais on a peine à concevoir l'excès de sa distraction dans la liste des rois qu'il dit avoir succédé à Tethmos, expulseur des *rois pasteurs*. « Après cette expul- « sion (1), dit-il, Tethmos régna 25 ans, puis « après lui régna son fils *Chebron*, etc. » Suivez la liste, qu'il dit copiée de Manéthon :

---

(1) Contr. Appion, lib. I, § xxvi.

## LISTE DE JOSÈPHE (DYNASTIE 18ᵉ).

*Après avoir chassé les pasteurs rois,*

| | | |
|---|---|---|
| Tethmos-is règne.. | 25 ans | 4 mois. |
| Son fils Chebron... | 13 | |
| Aménoph (I)...... | 20 | 7 |
| Sa sœur Amess-is.. | 21 | 9 |
| Mephris......... | 12 | 9 |
| Mephramutos..... | 25 | 10 |
| Tmos-is......... | 9 | 8 |
| Aménoph (II).... | 30 | 5 Total partiel, 128ᵃ. 11ᵐ. |
| Orus............ | 36 | 5 |
| Sa fille Acencher-es | 12 | 1 |
| Son frère Rhatot-is | 9 | |
| Acencheres....... | 12 | 5 |
| Acencheres ...... | 20 | 3 |
| Armaïs.......... | 4 | 1 |
| Ramessès........ | 1 | 4 |
| Amessès Miâmi... | 46 | 2 |
| Aménoph (III).... | 19 | 6 |
| Total général..... | 320 | 7 Total partiel, 191ᵃ. 8ᵐ. |
| Sethos-is, appelé aussi *Rame-* | | |
| *sès* (Sésostris)........... | | |

« Or, dit-il en se résumant, comment Manéthon
« peut-il placer sous *Aménoph* la sortie des *pasteurs*
« vers Hiérusalem, quand il a placé cette sortie
« 518 ans plus haut sous Tethmos? »

Nous trouvons ici deux fautes : 1° Josèphe nous
a dit 511 ans, et maintenant il nous dit 518; mais

ce qui est bien plus grave, il a dit, ou fait dire à son auteur « que les *pasteurs* et leurs *successeurs* « *possédèrent* l'Égypte pendant 511 ans : » lesquels par conséquent doivent se compter depuis leur entrée (en possession), et maintenant il veut les compter depuis leur sortie ou expulsion. Ce n'est pas tout : il accuse Manéthon d'introduire un faux *Aménoph* sans date connue ; et cependant Manéthon exprime qu'Aménoph fut père de Séthos (Sésostris) *qui à l'époque de l'expulsion était âgé de 5 ans*, ce qui le classe suffisamment.

« Or, ajoute-t-il, depuis Tethmos jusqu'à *Séthos*, « les années intermédiaires sont au nombre de 393. »

Ce n'est donc plus 511 ni 518, ce n'est pas même le nombre donné par la liste, lequel est 320, portant un déficit de 73 ans ; mais ce qui est pis, c'est que cette liste, comparée à ses analogues dans Africanus et Eusèbe, accuse et convainc Josèphe d'une méprise inconcevable, en ce qu'il place à la tête de la dynastie le roi expulseur qui n'en fut que le 7e ; qu'il le confond sous le nom de *Tethmosis*, avec *Amosis*, vrai roi 1er régnant 25 ans ; et qu'il ne le reconnaît point dans *Tmosis*, fils de *Misphragmutos*, écrit par lui plus haut, *Alisphragmutos*. Attribuera-t-on de telles erreurs à des copistes ? quel fonds faire sur les manuscrits ou sur l'auteur ? combien le juif Josèphe, avec quelque esprit de critique, nous eût-il évité d'embarras ! Il nous y laisse entièrement pour les dates d'entrée et de sortie des pasteurs. Voyons si dans le texte qu'il a cité de Manéthon quelques circonstances peuvent nous diriger à cet égard.

## § II.

### Analyse du texte cité par Josèphe.

« Jadis nous eûmes un roi nommé *Timaos.* »

Pourquoi ce nom ne paraît-il sur aucune liste ? ne serait-ce pas que les pasteurs ayant tout saccagé, les archives de Memphis auraient été détruites ? cela trouverait sa preuve dans le désordre et la nullité des listes antérieures, comme nous le verrons.

« Et du temps de Timaos il vint du côté d'orient
« ( par l'isthme de Suez ) une race d'hommes de
« condition ignoble ( des pâtres très-méprisés par
« les laboureurs d'Égypte ), et ces hommes rem-
« plis d'audace soumirent le pays sans *combat* et
« avec la plus grande facilité. »

( Donc les Égyptiens, isolés du monde et entièrement livrés à l'agriculture, avaient jusque-là vécu dans une paix profonde. Donc ils étaient encore en ces siècles d'obscurité dont parle Hérodote, avant qu'*aucun roi se fût rendu célèbre* par de grands ouvrages ou par des guerres au dedans ou au dehors. )

« Et ce peuple étranger, que quelques auteurs
« disent *Arabe*, traita les Égyptiens avec la plus

« grande cruauté, tuant les chefs, détruisant les
« villes, renversant les temples, réduisant le *peu-*
« *ple en servitude.* »

Nous demandons ce que devinrent les monuments historiques pendant deux siècles que dura cette tyrannie.

« Après les premiers désordres, les *pasteurs* se
« nommèrent un roi. »

[ Ils n'en avaient donc pas auparavant ; ils vivaient donc par tribus indépendantes (quoique associées), à la manière des Arabes. ]

« Et ce roi, nommé Salatis, résida dans Mem-
« phis. »

Dans laquelle? car il y eut deux Memphis : l'une ancienne et première, située à l'orient du Nil, et du côté d'Arabie, selon l'aveu d'Hérodote et de Diodore; l'autre, de fondation postérieure et de plein jet, par un monarque puissant que Diodore nomme *Uchoreus*, qui fit le grand travail qu'Hérodote attribue mal à propos à *Menès*. Salatis dut résider dans l'ancienne et première *Memphis*, qui, par sa position, fut plus exposée aux pasteurs. La seconde Memphis eût été plus résistante à cause de ses *fossés* et de ses *remparts* ; sans compter que ces *fossés* et ces *remparts* ne durent pas encore exister à cette époque d'état pacifique, négligent, antimilitaire. Leur idée ne fut probablement suggérée que par ce malheur et par ses suites.

Mais pourquoi ne nous dit-on pas un mot d'*Hé-*

*liopolis*, ville non moins importante, et qui étant sur la route de Memphis, eût dû être attaquée et prise avant celle-ci ? Ne doit-on pas conclure qu'elle n'existait pas encore ? alors ne seraient-ce pas ces pasteurs qui, fortifiant la *frontière orientale*, auraient bâti cette ville dédiée à leur *dieu Soleil ?* Cette hypothèse cadrerait avec un passage de Pline (1), qui dit qu'Héliopolis fut fondée par les *Arabes*, tels qu'ont dit ceux-ci : alors encore, si les Juifs placent à *Héliopolis* ( qu'ils nomment *On*) le roi égyptien lors de leur entrée en Égypte, cette entrée est donc postérieure aux pasteurs; et si le conquérant Sésostris, lorsqu'il éleva une muraille sur cette frontière, prit pour point d'appui Péluse d'un côté, et *Héliopolis* de l'autre, il trouva donc cette dernière ville existante; son règne fut donc postérieur à la fondation d'Héliopolis et au règne des *pasteurs* comme à leur expulsion..... Notons ce fait.

« Or Salatis placé à Memphis, soumit au tri-
« but la province *supérieure* et la province *infé-*
« *rieure.* »

Si Salatis, après avoir pris Memphis, y fit sa résidence, il y a apparence que cette ville était déjà la capitale du pays.... Alors on entend sans peine que la *province inférieure* fut la *Basse-*Égypte, le *Delta.* Mais que signifie la *province supérieure ?* en-

---

(1) Hist. nat. lib. VI, p. 343, édit. de Hardouin.

tendrons-nous toute la *Haute-Égypte* et le royaume de Thèbes? cela ne se doit pas ; car si une ville de l'importance et de la célébrité de Thèbes eût été prise, Manéthon n'eût pas manqué d'en faire mention; et de plus on ne verrait pas dans son récit subséquent, les rois de Thèbes figurer comme chefs de la ligue qui se forma contre les pasteurs, et de la guerre opiniâtre qui les expulsa. La *province supérieure* fut donc seulement l'*Heptanomis*, cette portion de l'Égypte qui de tout temps a formé l'une de ces 3 grandes divisions, et nous avons droit de penser que les pasteurs furent arrêtés vers *Osiout* par l'opposition des rois de Thèbes et par les obstacles naturels du sol, qui de tout temps ont formé une ligne de séparation entre la Haute et la Basse-Égypte, et défendu la frontière du *Saïd* contre les attaques venues d'en bas.

« Et les *rois* de la Thébaïde s'étant ligués avec
« *ceux du reste* de l'Égypte, ils entreprirent une
« guerre longue et violente. »

Voici bien clairement exprimés d'*autres rois d'Égypte* que ceux de Memphis et de Thèbes; il y avait donc au temps des pasteurs, plusieurs royaumes grands ou petits en Égypte. Nos érudits veulent nier le fait; mais leurs arguments démentis par le raisonnement, par la nature des choses et par des témoignages positifs, ne méritent point que l'on s'y arrête. Il suffit d'observer que dans un temps postérieur le petit pays de Kanaan comptait 30 à 32 rois ou roitelets, qui furent soumis par Josué, pour concevoir qu'un pays tel que le Delta, plus étendu que la Palestine, et morcelé par des bras de fleuve, par des marais et par des déserts, a dû avoir et conserver long-temps des chefs ou rois qui, soit indépendants, soit vassaux du roi de *Memphis*, auront échappé ou résisté aux pasteurs, auront invoqué le secours des rois de Thèbes, demeurés puissants, et les auront secondés contre l'ennemi commun de la nation.

L'on voit que dans cette anecdote des *rois pasteurs*, l'Égypte nous est représentée dans l'état de faiblesse et d'inexpérience dont Hérodote parle, comme ayant précédé les temps où des rois égyptiens se rendirent célèbres par de grands ouvrages et par des guerres étrangères. — Par conséquent *Mœris* n'avait point encore creusé son immense lac; Sésostris n'avait point fait ses immenses conquêtes, et c'est l'indication positive de Manéthon, en Josèphe, lorsque celui-ci, copiant sa liste des successeurs de Tethmos, nomme *Ramessés* dit *Miami*, puis son fils *Amenoph*, puis ses enfants Armaïs et *Sethos-is*, dit aussi *Ramessés* (comme son aïeul), *lequel eut de puissantes et nombreuses armées de terre et de mer*. Tout ce que Josèphe dit de ce *Sethos-is* démontre qu'il fut *Sésostris* lui-même, comme nous l'avons déjà dit.

Mais quel fut précisément le siècle des pasteurs? un mot de Manéthon nous donne à cet égard plutôt une lueur qu'une lumière : « Salatis, dit-il, « *fortifia surtout la frontière d'Orient*, dans la « crainte des *Assyriens* alors tout-puissants en « Asie... » D'où Manéthon a-t-il tiré ce motif? il n'a pas eu en main les archives de Salatis; les Égyptiens n'auront pas écrit de mémoires à cette époque de persécution... C'est donc une idée de Manéthon lui-même, qui, disciple des Grecs, voulant leur plaire et ayant en main l'histoire des Assyriens, par Ktésias, a cru faire ici acte d'érudition et de discernement, en comparant les temps obscurs de son pays à une époque étrangère plus connue... Cela ne nous donne pas de date précise, mais nous y trouvons une limite au-dessus de laquelle l'invasion des pasteurs ne peut plus se placer...; cette limite est la fondation de l'empire assyrien par Ninus : selon Ktésias, ce prince aurait régné vers les années 2000 à 2100 avant J.-C. (1) L'invasion des pasteurs, selon Manéthon, est donc postérieure à cette date, et elle peut l'être de beaucoup d'années; mais qui de Josèphe, ou de l'ancienne chronique, ou des listes d'Eusèbe et d'Africanus, est l'interprète de Manéthon? toutes leurs données diffèrent entre elles : selon la chronique, ce fut l'an 1851; selon Eusèbe en son Chronicon, ce fut l'an 1807, et 1830 en sa

---

(1) Eusèbe, qui suit cet auteur, compte 2024; et Larcher, 2107.

liste du Syncelle ; selon Africanus, ce serait en 2612. (*Voyez* la liste.)

Ici ce copiste est encore une fois atteint et convaincu d'erreur et d'infidélité, *si Manéthon lui-même ne l'est de contradiction* : car cette date de 2612 excède de plus de cinq siècles le règne de Ninus ; par conséquent elle anticipe de toute cette somme sur l'extrême limite donnée par le prêtre égyptien ; et de près de 800 ans sur les dates d'Eusèbe et de l'ancienne chronique. Il en résulte incontestablement que les dynasties 16e et 17e de prétendus *pasteurs grecs* et *anonymes*, sont démontrées fausses par témoignage positif, comme nous les avions démontrées absurdes par simple raisonnement : ainsi les 153 ans de la 17e dynastie et les 518 de la 16e, ne sont que du remplissage dont Africanus pourrait avoir pris l'idée en Josèphe, à l'article que nous avons censuré, s'il ne l'a prise dans Manéthon même. Quelle confiance pouvons-nous désormais avoir en ce copiste ? et cependant nous ne sommes pas à la dernière erreur ou contradiction démontrable.

En remontant dans sa liste à la dynastie 12e, nous sommes choqué d'y trouver le célèbre *conquérant Sésostris* cité comme 3e *prince*, avec des circonstances qui viennent plutôt d'Hérodote que de Manéthon. Nous avons vu ce dernier auteur le placer sous le nom de *Sethos* au même rang, et par conséquent à la même époque que les listes d'Eusèbe et d'Africanus, en tête de la dynastie 19e : nous avons vu Hérodote s'accorder avec ces témoignages en le plaçant dans le même siècle. Nous remarquons qu'il y aurait une contradiction, un chaos inexplicable à supposer que l'Égypte, élevée au plus haut degré de puissance politique et d'art militaire sous Sésostris, fût retombée au degré de faiblesse et d'ignorance où la trouvèrent les pasteurs. Comment un tel anachronisme peut-il donc se présenter dans la liste d'Africanus (1), copiste de Manéthon, et, ce qui est plus étrange, dans celle de Diodore son successeur, ainsi que nous le verrons? ceci est un vrai problème littéraire qui nous a long-temps embarrassé : quelle qu'ait pu être sa cause originelle, il en eut une, et il est intéressant de la trouver; après bien des indications, principalement sur la moralité et les moyens d'instruction de nos auteurs, il nous a semblé découvrir le mot de l'énigme dans la confiance accordée par Manéthon à Ktésias, et dans les circonstances politiques et littéraires où les Égyptiens et les Perses se sont respectivement trouvés au temps de cet auteur.

Nous avons considéré que lorsque les Égyptiens, en l'an 413 avant J.-C., secouèrent le joug

---

(1) Nous ne parlons point de la liste d'Eusèbe, parce qu'il ne paraît pas que cet auteur ait connu Manéthon autrement que par l'entremise d'Africanus.

des Perses, il ne put manquer d'y avoir récrimination de la part du grand roi et de ses diplomates qui, selon l'usage de tous les temps et de tous les puissants, ne manquèrent pas de crier à la *rébellion* contre *l'autorité légitime.* Les Égyptiens durent opposer à cette inculpation deux réponses solides : 1° leur état d'indépendance naturelle avant que Kambyses les eût injustement subjugués ; 2° leur état même de suprématie avant l'existence de l'empire perse, puisqu'il était prouvé par leurs annales, que le conquérant Sésostris avait soumis au tribut tous les peuples de cette partie de l'Asie avant l'existence de l'empire assyrien même. — Cet ordre de faits était vrai dans le sens où l'a présenté Hérodote qui, comme nous l'avons vu, a placé Sésostris au-delà de l'an 1300, et Ninus vers l'an 1230 ou 36 seulement : en faveur de cette opinion était le silence même des monuments et des traditions qui jamais n'avaient dit ou insinué que Sésostris eût pris les imprenables cités de Ninive et de Babylone, ou qu'elles eussent résisté à cet invincible guerrier, alternative également remarquable, dont le souvenir eût été conservé : ils durent même ajouter ce que nous lisons en *Cedrenus,* (1) savoir, que Sésostris laissa une colonie de 15,000 Scythes dans le pays des Perses qui s'y mêlèrent. L'orgueil de la

---

(1) *Cedren. histor. compendium.,* pag. 20.

cour du grand roi dut être infiniment choqué de ces allégations; mais comme de tout temps la diplomatie eut des ressources, principalement dans les gouvernements despotiques, quelque courtisan délié imagina un moyen efficace de démentir ou d'éluder ces faits, en élevant le règne de Ninus au-delà du temps de Sésostris, à une époque obscure et inattaquable. Cela se pouvait d'autant plus aisément, que la chancellerie perse, que nous avons vue en activité sous Kyrus, sous Kambyses et sous Darius (1), possédait seule les archives des Mèdes et des Assyriens. Elle put donc fabriquer des listes de rois et des durées de règnes, selon son besoin et son gré. C'est cette fraude que nous avons indiquée en notre 1$^{er}$ volume ( pag 484 ), quand nous avons démontré le doublement des rois mèdes par Ktésias, et que nous avons fortement inculpé cet auteur, d'une opération semblable sur la liste des rois d'Assyrie; nous eûmes dès-lors le soupçon que nous renouvelons ici; mais en réfléchissant sur ces expressions de Diodore, « *que Ktësias*, particulièrement « favorisé des bonnes graces d'Artaxercès, eut en « main les archives royales, et après avoir re- « cherché avec soin tous les faits, *les mit en ordre*, « etc. ; » nous sommes maintenant porté à croire

---

(1) *Voyez* les passages d'Esdras cités en notre 1$^{er}$ volume des Recherches sur l'histoire ancienne, p. 441, et en celui-ci, page 134.

que ce Grec, adroit et souple mercenaire, a lui-même été le conseiller et l'auteur de la fraude : quoi qu'il en soit, elle nous paraît positive; son époque a dû être entre les années 380 et 390, où Ktésias fut en faveur, par conséquent une vingtaine d'années après l'insurrection des Égyptiens. Ceux-ci ayant connu cet argument inopiné, durent éprouver de l'embarras; mais parce que l'esprit des anciens cabinets se ressemblait ( ainsi que celui des temples ), les diplomates du Pharaon régnant ( probablement Nectanebus I$^{er}$.) s'avisèrent du même expédient, et ils combinèrent à leur tour cet échafaudage de listes qui rejette Sésostris plusieurs siècles avant Ninus : de là ces deux systèmes de chronologie qui ont divisé les auteurs anciens et déconcerté les modernes : l'un, que nous appelons l'*ancien*, que nous trouvons dans Hérodote, et même dans l'ancienne Chronique; l'autre, le système *nouveau*, qui nous est présenté par Diodore et par Africanus, copistes de Manéthon. Nous ne saurions regarder le prêtre égyptien comme son inventeur; mais il nous semble que, doué de peu de critique, il l'a compilé sans le comprendre, et que c'est de lui que Diodore l'a emprunté.

Il nous semble encore que Manéthon lui-même appuie notre conjecture sur sa *nouveauté*, en donnant l'épithète d'*ancienne* à la Chronique anonyme jointe par lui à son livre d'où le Syncelle l'a tirée par l'entremise d'Africanus (1). Quelques érudits ont voulu qu'elle fût de composition tardive et postérieure à Nectanebus II, c'est-à-dire à l'an 350, où se terminait aussi l'ouvrage de Manéthon; mais il est prouvé par nombre d'exemples, que les manuscrits anciens de chroniques pareilles ont reçu des additions et des continuations posthumes à leur premier auteur, et cela de la main des savants qui les possédèrent ou qui en donnèrent des copies.... Ainsi la mention de Nectanebus II ne prouve rien; et si l'on considère, d'une part, que Manéthon dut avoir ses raisons d'appeler *ancienne* la chronique dont nous parlons, et d'autre part, qu'elle diffère essentiellement du plan de cet écrivain, en ce qu'au-dessus de la seizième dynastie, c'est-à-dire, un peu au-dessus des pasteurs, elle n'admet ou ne connaît aucun fait historique (comme pour indiquer que la persécution de ces tyrans en aurait effacé la trace); que, de plus, dans les dynasties inférieures, elle se rapproche du plan d'Hérodote; l'on sera porté à croire qu'elle a été rédigée un peu après Kambyses, lorsque le règne tolérant de Darius Hystasp permit aux savants Égyptiens de recueillir les débris de leurs monuments, brûlés ou dispersés par le féroce fils de Kyrus. De telles idées viennent en de telles circonstances : alors elle a précédé Manéthon de près de 240 ans, et

---

(1) Syncelle, pages 52, 53.

par-là elle a mérité, relativement à lui, le titre d'*ancienne*, surtout s'il a eu, comme nous le croyons, quelque indice que le système signalé par nous n'existait pas auparavant. Quoi qu'il en soit de nos conjectures, en revenant au point primitif de notre discussion, il reste prouvé par les témoignages combinés de tous les anciens, que le règne de Sésostris, antérieur à celui de Ninus, n'a pu être que postérieur à l'invasion des pasteurs. — Ce second chef se démontre par le raisonnement. En effet, d'après le tableau du règne de ce conquérant, il est impossible, comme nous l'avons déja dit, de concevoir comment l'Égypte serait retombée dans l'état de faiblesse, d'avilissement où la trouvèrent les pasteurs.... Tout, dans cette hypothèse, marche en sens inverse du cours naturel des choses politiques ; tout suit, au contraire, un cours naturel, en admettant que l'époque d'ignorance et d'esclavage précéda et même prépara l'époque de l'affranchissement et de l'énergie militaire qui, depuis, alla croissant et se développant.

Au moment où arrivent les pasteurs, nous voyons l'Égypte, par suite de son état primitif de morcellement en peuplades sauvages, divisée encore en plusieurs états, et certainement en deux royaumes principaux ayant pour capitales *Thèbes* et *Memphis l'ancienne*. La population, toute agricole, est, comme celle de la Chaldée au temps de Ninus, inexpérimentée à l'art de la guerre : l'étranger aguerri soumet sans peine celle du Delta et l'accable de cruautés. Il est probable que cette persécution fut une époque d'émigration à laquelle se rapporteraient certaines colonies égyptiennes en Grèce, en Italie, en Babylonie, mentionnées par les monuments et par les historiens. — Thèbes résista par sa position topographique, et par la puissance de ses rois, qui déja paraissent avoir élevé les masses gigantesques de ses temples et de ses palais : c'est l'indication de Diodore. La Basse-Égypte saccagée, asservie, privée de tous ses chefs, dut tourner ses regards vers les rois Thébains qui étaient de sa langue et même de son sang. Ils devinrent ses protecteurs naturels, ses rois nationaux. — Leur pays fut le lieu de refuge; leur puissance fut le moyen libérateur qu'on invoqua. — Il dut exister une guerre sourde et constante. — Les bras s'aguerrirent, les courages se formèrent; de premiers succès élevèrent l'espérance; une guerre ouverte éclata : sa *longueur*, son *opiniâtreté* donnèrent aux Memphites les habitudes militaires qui leur manquaient; toute l'Égypte devint guerrière. De son côté, la race *hardie* des pasteurs dut défendre sa proie pied à pied. Un premier effort l'ayant chassée de Memphis, ils purent se défendre dans Héliopolis, puis dans Peluse où ils résistèrent à d'immenses efforts. Pendant ce temps les rois de Thèbes prenaient possession, d'abord de l'Heptanomis, puis du Delta, par droit de conquête et par assentiment national. Lorsqu'enfin ils eurent totalement chassé l'étranger, ils furent, de droit et de fait, considérés comme les maîtres légitimes de tout le pays, comme les successeurs naturels des anciens rois dont la race était extirpée : c'est donc à cette époque, c'est-à-dire, à dater du règne de *Tethmos*, que l'Égypte a commencé de former un seul et même empire, dont l'unité n'a plus été rompue que temporairement. — Alors ces monarques, investis d'une masse triple et quadruple de puissance, par la réunion de 7 à 8,000,000 de bras sous un même sceptre, (1) et de tous les tributs du sol le plus fécond sur une étendue de 3,500 lieues carrées, ces monarques eurent les moyens et bientôt conçurent les idées de ces ouvrages, d'abord utiles et grands, puis gigantesques et extravagants, dont Hérodote trace l'ordre successif, et dont l'exécution n'eût pas été possible auparavant.

Le premier de ces travaux relativement aux Égyptiens de *Memphis*, fut la fondation de leur ville, qui dut avoir deux versions à raison de l'équivoque de l'*ancienne* et de la *nouvelle* ville : l'*ancienne* dut naturellement être attribuée au roi *Menès*, plutôt *dieu* qu'*homme*, que nous verrons aussi premier

---

(1) Selon quelques auteurs, tels que Pline, Diodore, l'Égypte aurait eu jusqu'à 10,000,000 d'habitants; mais c'est beaucoup, à moins d'y joindre des dépendances au-delà des cataractes et dans les *oasis*.

roi à Thèbes, et qui paraît n'avoir été qu'un synonyme d'Osiris. La seconde, qui fut la *nouvelle* Memphis, nous est déclarée par Diodore avoir été l'ouvrage d'un roi puissant nommé *Uchoreus*, dont les listes nous présentent un synonyme dans le roi *Achoris*, (1) successeur de *Tethmos*. Il appartint à un tel prince de déplacer un fleuve, tel que le Nil, pour élever une ville entière sur son lit comblé. L'expérience, qui avait fait connaître la faiblesse de l'*ancienne* Memphis, suggéra l'idée de cette *nouvelle* création, où de puissants moyens défensifs furent réunis à la commodité. Diodore nous apprend que bientôt le « *séjour de Memphis* « *la neuve parut si délicieux aux rois*, qu'ils aban- « nèrent celui de Thèbes, dont la splendeur ne fit « plus que décliner. » Voilà donc Thèbes devenue vassale sans secousse, sans révolution, et le silence de l'histoire est expliqué sur la confusion souvent faite des rois des deux métropoles.

Après la création de Memphis par Uchoreus, le premier ouvrage, grand et digne d'admiration, fut, selon Hérodote, le lac de *Mœris*, ce roi dont le règne précéda de peu celui de Sésostris. Si ce dernier se place vers les années 1360 à 1365, comme nous l'avons dit, Mœris ne doit pas être éloigné;

---

(1) *Athoris* dans l'Eusèbe du Syncelle, Acherre I dans Africanus : la lettre égyptienne a pu embarrasser les Grecs qui n'auront pas eu son identique.

et si nous n'apercevons pas son nom entre *Uchoreus* et *Sésostris*, c'est par la raison que beaucoup de ces princes ont eu divers noms. Nous en connaissons au moins 4 à Sésostris. Dans ce nouvel ouvrage nous voyons une marche croissante de la puissance : les conquêtes de *Sésostris* ne sont qu'un autre genre du développement, une autre conséquence de l'accumulation progressive des moyens depuis le règne de *Tethmos*. La guerre contre les pasteurs avait forcé ce prince de lever un grand état militaire; il put le réduire, mais non l'annuler. Ses successeurs, selon le penchant de tous ceux qui gouvernent, durent trouver commode et utile d'entretenir cette forte armée, tant pour résister au dehors que pour maintenir l'obéissance au dedans; les habitudes guerrières étaient contractées, on les conserva. La tactique fut cultivée, et ce fut de cette source que Sésostris tira les instruments de conquête que son génie mit en action. Ainsi c'est du règne des pasteurs que nous voyons dériver, comme conséquences naturelles, tous les événements postérieurs.

Si après Sésostris, son troisième successeur, *Rhampsinit*, nous montre la *plus grande masse d'or et d'argent que l'on eût encore vue*, c'est qu'elle provint des conquêtes de Sésostris et des tributs de toute l'Asie (1); si après Rhampsinit, les tyrans

---

(1) Il est bien possible aussi que le commerce d'Ophir, qui fleurit vers cette époque, y ait contribué.

*Cheops* et *Chephren* bâtissent leurs extravagantes pyramides, c'est parce que le despotisme ignorant ne sait comment employer ses trésors accumulés, etc., etc.

Mais c'en est assez sur ce sujet : nous avons à répondre à deux questions que déja se sera faites le lecteur.

En quel temps précis arriva l'invasion des *pasteurs*, et quelle fut cette race d'étrangers?

Ici le défaut de documents positifs nous réduit à des calculs de probabilités que nous tâcherons de rendre raisonnables.

Aucune des listes ne s'accorde sur la date de l'invasion des *pasteurs* : l'ancienne Chronique donne l'an 1851; l'Eusèbe du Syncelle, 1830; l'Eusèbe du Chronicon, 1807; Josèphe, dégagé de ses erreurs, se rapproche infiniment de ce dernier; car, en plaçant le règne de *Sethos-is*, qui est *Sésostris*, vers 1360 ou 1365, nous trouvons dans les rois qui remontent jusqu'à *Tmos-is*, fils de *Mefragmutos*, c'est-à-dire jusqu'au véritable expulseur, une somme de 191 années, qui nous porte à l'an 1556. De là, jusqu'à l'entrée des pasteurs sous *Salatis*, Josèphe compte 239, ce qui la place en 1795, différence, 12 ans de 1807, et il nous appartient 4 ou 5 années sur le règne de *Tmos*. D'autre part, si nous prenons les 128 ans que nous donne sa liste depuis Tmosis jusqu'au chef de la dynastie (Amosis, qu'il nomme *Tethmosis*), et que nous y joignions les 103 ans qu'Eusèbe et l'ancienne Chronique donnent aux pasteurs, nous avons 331 ans; plus, 4 ou 3 ans du règne de *Tmosis*. Nous sommes bien voisins des 239 de Josèphe. L'analogie de ces deux produits, et leur ressemblance avec les 1807 d'Eusèbe, nous font donc regarder comme la plus probable des dates, celle de 1800 à 1810 pour l'arrivée des pasteurs. — Maintenant quelle race d'hommes furent-ils? Voici nos conjectures.

Manéthon nous a dit que, selon quelques auteurs, ils furent des Arabes; son copiste Africanus les appelle *Phéniciens*, et cela présente peu de différence, parce que les *Phéniciens* sont reconnus pour être d'origine arabe. Maintenant pesons toutes les circonstances de Manéthon. Il nous dit que cette horde, en quittant l'Égypte, comptait 240,000 hommes armés : on doit croire que pendant une résidence de deux siècles, cette population, nourrie dans l'abondance, s'était beaucoup multipliée, et qu'en arrivant elle peut n'avoir pas eu plus de 100,000 combattants; c'était assez pour vaincre. Cela suppose 400,000 têtes au moins : c'est beaucoup de monde pour les Arabes. Cette multitude *entre par l'isthme de Suez* : des Arabes seulement peuvent entrer par-là. *Elle n'a point de roi suprême* : elle est donc divisée en tribus *comme les Arabes*, ayant chacune son chef ou ses chefs, égaux entre eux, sauf la prépondérance du plus fort. Cette multitude ne marche pas droit sur Memphis ; Africanus indique qu'elle s'arrête dans la Basse-Égypte ( pays de pâturages pour ses troupeaux ), et qu'elle *y bâtit une ville*, c'est-à-dire un camp retranché : ces hommes-là veulent mettre en sûreté leurs familles et leurs biens. (1) Ce n'est qu'ensuite qu'ils attaquent les Égyptiens *doux*, *timides*, et qu'ils s'emparent de Memphis : toutes ces circonstances n'annoncent pas une invasion préméditée, ni un peuple armé pour conquérir; elles indiquent, au contraire, *un peuple chassé* de son pays, cherchant *refuge ailleurs* : qui fut ce peuple à cette époque? En méditant cette question, nous nous sommes rappelé que dans les *monuments arabes* de l'ancien Iémen il est fait mention d'une grande révolution arrivée dans toute la presqu'île à une époque très-reculée. Nous avons vu ( tome 1$^{er}$ des *Recherches nouvelles*, pages 278 et 498) que *Maseoudi, Hamza, Aboulfeda* et *Noueïri* nous ont dit « que les plus « anciens peuples de l'Arabie furent quatre tribus « appelées *Aâd, Tamoud, Tasm* et *Djodaï*; qu'*Aâd* « habita le *Hadramaut*; Tamoud, le Hedjâz et le

---

(1) Quelques savants modernes veulent trouver ici la fondation de *Tanis*, et ils s'appuient d'un passage du 72$^e$ psaume, qui désigne cette ville comme le centre d'habitation des Hébreux ; mais ce psaume 72 n'est point une autorité suffisante, attendu qu'il est l'ouvrage du lévite *Saphan*, après la captivité de Babylone : cela indique plutôt comme déja existante, cette confusion des *Hébreux* avec les *Pasteurs*, que nous retrouvons dans la version des docteurs juifs, comme dans Josèphe.

« rivage oriental de la mer Rouge (le Tehama) etc. ;
« que ces Arabes furent attaqués par une autre con-
« fédération d'origine différente, composée de 10
« tribus; qu'il y eut entre elles des guerres vio-
« lentes qui se terminèrent par la défaite et l'ex-
« pulsion des quatre tribus, etc. »

Dans notre opinion ce seraient les débris de ces quatre tribus qui se seraient écoulés vers l'Égypte, et nous en trouverions les restes dans les *Thamudeni* et dans les *Madianites* et les *Amalekites* leurs parents : quant à la date de cet événement, ce que les auteurs musulmans nous indiquent ne laisse pas que de se rapprocher. « Le prince qui vain-
« quit ces Arabes, ajoutent-ils, s'appelait *Abdel-*
« *Chems*; il prit le surnom de *Saba* (le *victorieux*);
« son fils (ou descendant) *Homeir*, fut l'auteur du
« nom de *Hemiarites* ou Homérites, donné aux
« tribus victorieuses. Celui-ci chassa les Arabes
« *Tamoud* de l'Iémen dans le Hedjâz. Son 15ᵉ des-
« cendant fut *Haret-el-Raïes* » (que nous avons prouvé être contemporain de Ninus et associé à ses conquêtes).

Or Ninus ayant régné en 1230, les 15 générations, si on les évaluait à la manière égyptienne, nous porteraient au-delà de 1760 ans avant J.-C. Mais de plus, il est constant que dans cette antiquité, et même assez généralement dans des temps moins reculés, les Arabes omettent ou suppriment des degrés de filiation; que par le nom de *fils* ils entendent très-souvent un simple descendant, en sorte qu'il n'est pas du tout prouvé que Homeir ait été le fils immédiat de Saba : d'autre part, l'historien Nouéïri ajoute que Homeir fut contemporain d'Ismael, fils d'Abraham : ce qui veut dire que Nouéïri comparant les calculs arabes aux calculs juifs, a trouvé l'analogie citée. Or dans les calculs des Juifs, Abraham se place entre 1900 et 2000, et cela cadre singulièrement avec nos données. Ce n'est donc pas sans quelque vraisemblance que nous regardons les *pasteurs* de Manéthon comme étant les anciens Arabes chassés par *Saba* et *Homeir*, et que nous plaçons l'époque de cet événement vers les années 1800 à 1810.

Nous trouvons d'autres probabilités dans le *caractère hardi* et féroce de ces expulsés, aigris par leurs malheurs ; dans les idées militaires qu'ils montrent et que leur avaient enseignées des guerres longues et sanglantes; enfin même dans la persécution religieuse qu'ils exercent, attendu qu'étant élevés dans le culte simple du *soleil* et des astres, ils durent prendre en haine les idoles bizarres des Égyptiens dont ils ne conçurent point le sens allégorique. Ces pasteurs étant de la branche des *Arabes noirs*, ils furent, en style oriental, des enfants de *Kush*, en style grec, des Éthiopiens ; à ce titre ils étaient parents des *Phéniciens*, dont Africanus leur applique le nom. Ce nom de *Kush* serait-il la base de celui d'*Y-ks-os* que leur donnèrent les Égyptiens? Cela n'est pas impossible ; mais ce qui est presque certain, c'est que sous le nom d'*Éthiopiens*, leurs rois sont du nombre des 18 de ce sang, qu'Hérodote dit avoir régné en Égypte. Il serait étonnant que les prêtres eussent omis cette dynastie qui posséda la Basse-Égypte pendant plus de 200 ans ; elle dut même y laisser quelques traces de son langage : malheureusement nous n'avons presque rien de l'ancien égyptien (1). Peut-être la pratique de l'Arabe en cette contrée fut-elle un des moyens qui en ouvrit aux Phéniciens le commerce, et leur procura la connaissance des idées théologiques et scientifiques de l'Égypte, qu'ils répandirent dans la Grèce plus de 1600 ans avant notre ère ; enfin les pasteurs chassés se perdirent dans le désert sans laisser de trace sensible, et il semble qu'il n'y a que des Arabes qui puissent paraître, vivre, et disparaître ainsi.

Un dernier moyen de nous éclairer pourra se trouver dans les monuments pittoresques apportés d'Égypte par les savants français : nous y voyons des scènes de combats qui représentent, d'une part, des Égyptiens reconnaissables à leur physionomie et à leurs costumes; d'autre part, des étrangers dont la tête est ornée de *couronnes* de plumes

---

(1) *Shât* signifie en copte comme en arabe, un *canal*, une rivière.

en forme de diadèmes. Il s'agit de savoir si ces physionomies, très-bien exprimées, trouvent leur ressemblance sur quelques médailles ou autres monuments phéniciens ou arabes. Le vainqueur ayant été roi de Thèbes, il serait naturel que le tableau de son triomphe eût été gravé sur les murs de son palais en cette ville. Les savants descripteurs de ces tableaux ont voulu y voir des Indiens; cela ne réfuterait pas notre conjecture, puisque les habitants de l'Arabie, et surtout de l'Iémen, ont été, comme ceux de l'Éthiopie, désignés en plusieurs occasions par les Grecs et par les Latins, sous le nom d'*Indi;* voilà tout ce que nous pouvons dire sur ce sujet. Il nous reste un mot à joindre sur les Juifs, d'après les idées de Manéthon et de quelques autres anciens historiens.

## § III.

Époque de l'entrée et de la sortie des Juifs, selon Manéthon.

Nous avons prouvé dans le tome I$^{er}$ de cet ouvrage, ch. 2, 3 et 4, que les livres juifs ne nous donnent aucune idée claire et précise du temps où se fit la sortie d'Égypte, et cela parce que la période anarchique des Juges présente un vide absolu d'archives et d'annales régulières. Il semble que l'historien Josèphe, muni de celles des Phéniciens et des Égyptiens, publiées par Ménandre l'Éphésien, par Manéthon, Lysimaque, Cheremon et d'autres auteurs, eût pu éclaircir cette difficulté; mais ce prêtre juif, fortement imbu de ses préjugés religieux, s'est plutôt occupé de disputer que d'instruire, et ce sont moins des résultats qu'on obtient de lui, que des matériaux. Voyons quel parti l'on peut tirer de ce qu'il nous dit être l'opinion de Manéthon dans la question dont il s'agit.

(1) Selon Manéthon, « les ancêtres du peuple
« juif furent un mélange d'hommes de diverses
« castes, même de celles des prêtres égyptiens qui,
« pour cause d'*impuretés*, de souillures canoni-
« ques, et spécialement pour la lèpre, furent, sur
« l'ordre d'un oracle, expulsés d'Égypte par un
« roi nommé *Aménoph*.....» Les livres juifs ne s'éloignent pas de ce récit, lorsqu'ils disent (dans l'Exode) que beaucoup de menu peuple et d'étrangers suivirent la *maison d'Israël* (2); les ordonnances répétées du Lévitique contre la lèpre prouvent que toutes ces maladies furent dominantes. Un autre reproche d'impureté de la part d'un Égyptien, est la vie *pastorale*; et les juifs conviennent qu'ils furent *pasteurs*. Manéthon évalue leur nombre à 80,000, lesquels des environs de Peluse se rendirent en Judée à *Hiérusalem*. Nous avons démontré (3) l'impossibilité physique

---

(1) Josèphe, lib. I, contre Appion, § XXVI.
(2) Exod., chap. 12.
(3) *Recherches nouvelles*, tome I, pag. 163 et suivantes.

des 600,000 hommes armés de l'*Exode*, lesquels supposeraient une masse totale de 2,400,000 ames ; et nous avons tiré des livres juifs eux-mêmes, des indices qui se rapprochent beaucoup de Manéthon : il n'a point été aussi ignorant en tout ceci que veut le dire Josèphe..... Celui-ci lui reproche d'introduire un faux *Aménoph* sans date connue ; mais puisque cet Aménoph est dit *père de Séthos*, qui (lors de la guerre de 13 ans occasionée par les lépreux) était âgé de 5 ans ; Manéthon a suffisamment désigné l'homme et le temps : il y ajoute un nouvel indice, lorsqu'il nomme en sa liste un roi *Ramessés*, père d'Aménoph ; car ce *Ramessés* qui effectivement précède Aménoph dans la 18ᵉ dynastie, correspond très-bien à celui par l'ordre duquel les Juifs bâtirent la ville de Ramessés. En tout ceci Josèphe est le plus répréhensible de ne nous avoir pas donné la date du règne de *Séthos-Sésostris*, prise sur l'échelle chronologique des Juifs !.... Ce règne est, comme nous l'avons dit plus haut, le point de départ d'où tout dépend : selon l'ancienne chronique il aurait commencé en l'an 1400 avec la dynastie 19ᵉ, dont Séthos fait l'ouverture : selon Africanus c'eût été en 1394 : ces deux dates se ressemblent, et elles justifieraient nos calculs dans l'article des Juifs (1),

---

(1) *Voyez Recherches nouvelles*, etc. tome I, chap. 3.

lorsque nous y avons dit que la sortie d'Égypte sous Moïse dut arriver avant l'an 1420 : cela cadre singulièrement avec le récit de Manéthon, qui nous représente Séthos âgé de 13 ans à l'époque de la guerre pour l'expulsion des lépreux.

D'autre part, selon l'Eusèbe du Syncelle, le règne de Séthos ne daterait que de l'an 1376, et selon l'Eusèbe de Scaliger, il se retarderait jusqu'à l'an 1356. La 1$^{re}$ de ces dates, en raisonnant toujours d'après Manéthon, placerait la sortie vers 1390; ce qui s'accorde avec notre calcul généalogique des grands-prêtres cités par Josèphe. La 2$^e$ réclame en sa faveur l'autorité d'Hérodote; mais elle nous laisse contre elle le soupçon d'avoir été dressée par Eusèbe dans cette expresse intention : en résultat, il paraît certain que la sortie d'Égypte n'a pu précéder les années 1410 à 1420, ni se retarder au-dessous de 1390 avant J.-C. Posons pour terme moyen 1400, et disons que si *Séthos-Sésostris*, dans le début de sa grande expédition, n'attaqua point les Hébreux, ce fut par suite de l'aversion et du mépris que lui inspirait leur récente origine.

Maintenant combien dura réellement le séjour des Juifs en Égypte? Leurs livres ne sont pas d'accord.... Le texte samaritain dit 215 ans; l'hébreu et le grec disent 430.

Si nous appliquons ces 215 au calcul d'Hérodote et d'Eusèbe (1355), l'entrée aura eu lieu vers 1570. (1) Si nous les appliquons au calcul d'Africanus et de la Chronique, elle aura eu lieu vers 1610. Dans l'un et l'autre cas, elle tombe dans la période de nos pasteurs, expulsés en 1556.

Si au contraire nous employons les 430 ans du texte hébreu, l'entrée remontera vers les années 1790 ou 1820, et ici elle coïncide presque à l'entrée des *rois pasteurs*.

Pourquoi cette différence si forte d'un texte à l'autre? Ne pourrait-on pas dire que l'un représente l'opinion du rédacteur du *Pentateuque*, le grand-prêtre Helqiah, tandis que l'autre serait l'opinion des docteurs d'Alexandrie, qui, au temps de la traduction, ayant eu connaissance des livres égyptiens, auraient voulu, comme le fit Josèphe, que les pasteurs rois fussent les pasteurs hébreux. L'autre hypothèse ne laisse pas

---

(1) Ici se présente un rapprochement singulier: Eusèbe, en son *Chronicon* (par Scaliger) dit en une année (qui correspond à l'an 1575 avant J.-C.) « que des *Éthiopiens venus du fleuve Indus*, campèrent et s'établirent près de l'*Égypte* ». « Les Juifs, de leur propre aveu, étant de *race chaldéenne* (branche des *Arabes noirs*), il s'ensuit qu'ils sont de vrais *Éthiopiens*. Quant au fleuve *Indus* ou *Noir*, ce nom a été donné à plusieurs fleuves: en outre, Mégasthènes, parlant des *Juifs*, dit qu'ils furent une tribu ou secte indienne appelée *Kalani*, et que leur théologie se rapproche beaucoup de celle des Indiens. Devrait-on lire *Kaldæi* au lieu de *Kalani*? Josèphe n'en fait pas la remarque. En résultat, ceci nous indique toujours une tribu d'Arabes Éthiopiens.

que d'avoir plusieurs convenances. Par exemple, la Genèse parle des relations orales de la famille d'Abraham et de Jacob avec les Égyptiens, comme d'une chose simple et naturelle ; cependant nous savons que la langue de ce peuple différait essentiellement de l'hébreu ; et dans ces siècles barbares une langue n'était pas connue hors de son territoire : si donc nous supposons que ces relations aient eu lieu avec les rois pasteurs, il n'y a plus de difficulté, parce que leur langue fut un dialecte arabique comme l'est l'hébreu.

D'autre part, les Égyptiens haïssaient les pâtres comme gens *impurs* devant la loi : et les rois et prêtres d'Égypte n'eussent pas dû accueillir si bien les Hébreux; les rois pasteurs l'ont pu ; leur prêtre Putiphar a pu même recevoir Joseph en sa maison, et une femme de cette race recueillir Moïse flottant sur les eaux.

Selon les livres chaldéens cités par Bérose, et selon les livres égyptiens cités par le Persan *Artapanus*, (1) Abraham enseigna l'astrologie ou astronomie aux *Égyptiens;* comment croire que les Égyptiens, inventeurs du zodiaque, et de tout temps célèbres par leur science astronomique, aient reçu des leçons d'un étranger vagabond ; mais cela peut se croire des *pasteurs arabes* d'É- gypte qui arrivèrent et purent rester ignorants en

---

(1) Eusèbe, *Præp. evang.*, lib. IX.

cette science. Artapanus ajoute que Joseph établit le mesurage des terres et autres institutions utiles, lesquelles n'ont pu être ignorées que des pasteurs qui avaient tout bouleversé. — Quant à l'*accaparement* de toutes les terres dont parle la Genèse, comme conseillé par Joseph en temps de famine, cela convient encore à l'esprit des rois pasteurs, spoliateurs et tyrans : ce livre d'*Artapanus*, qui sous quelque rapport diffère des récits de la Genèse et de Manéthon, a, sous d'autres rapports, des analogies marquées... Il fait élever Moïse par la fille du roi de Memphis, en disant qu'il y avait en ce temps-là un autre roi dans *le pays au-dessus* et *divers rois en Égypte*. Il fait de Moïse un ministre et un général du roi qui l'aime d'abord, puis qui redoute son grand crédit et veut le faire périr dans une guerre d'*Éthiopie*. Moïse part pour ce pays, s'arrête en chemin *pendant 10 ans*, et avec les seuls bras de sa famille ou de ses nationaux, il bâtit une ville appelée *Hermopolis*... Tout cela pèche par invraisemblance ; mais si l'on se rappelle que l'*Éthiopie* des Grecs est le pays de *Kush* des Orientaux ; que le pays de *Madian*, où se retira Moïse, était une dépendance, une terre de *Kush*, comme nous l'avons prouvé, (1) et que près de ce pays, sur la frontière d'Égypte, est la ville d'*Héroopolis*, tout près de celle de

---

(1) *Recherches nouvelles*, tome 1, p. 278.

*Phitom* ( Patumos d'Hérodote ), bâtie par les Hébreux, on sera porté à croire qu'Artapanus ou ses copistes ont commis l'altération d'*Héroopolis* en *Hermopolis.* Du reste, Artapanus parle des miracles opérés par Moïse et de la sortie de son peuple, presque comme l'Exode, excepté qu'il les répartit sur une durée de temps plus ou moins longue, pendant laquelle Moïse se serait prévalu des accidents et phénomènes naturels. On veut aujourd'hui traiter Artapanus de romancier; mais Josephe et Alexandre Polyhistor l'ont regardé comme un homme savant, nourri de la lecture des livres égyptiens. De tout ce mélange de variantes (1), d'analogies, d'invraisemblances, que conclure; sinon qu'il a réellement existé des faits qui ont été la base de l'histoire, mais qui, vu leur antiquité, vu la négligence des écrivains à les recueillir près de leur source, ont été altérés par les récits populaires d'une génération à l'autre, et se sont présentés sous cette forme aux historiens tardifs? Il est probable que la nation juive

---

(1) Hécatée, ancien auteur, nous donne encore une autre version, en disant « que beaucoup d'Égyptiens rapportent à « Dieu même l'origine du peuple juif, en ce qu'alors il y avait « en Égypte plusieurs races d'étrangers qui chacune observaient « des rites particuliers et divers de sacrifices, et comme il ar- « riva que plusieurs Égyptiens quittèrent le culte national, le « gouvernement crut nécessaire d'éloigner ces étrangers : les « premiers et les plus importants allèrent en Grèce sous la con- « duite de Darcau et de Cadmus; les autres allèrent en Judée ».

doit son origine à un premier noyau de peuple d'origine chaldéenne, puisque l'idiome chaldéen est resté sa langue. Il est probable encore qu'il y a quelque chose de vrai dans ce que Manéthon dit de sa sortie, puisque les livres hébreux, et Artapanus, et Tacite même (1), citent des circonstances très-ressemblantes.

Quant aux dates fixes, puisque les Juifs même n'ont pu nous les donner, qu'ils se montrent au contraire tout-à-fait ignorants sur la période entière du séjour et sur l'état de l'Égypte lors de la sortie, il faut nous contenter de celles qu'indique le raisonnement; mais n'omettons pas de remarquer, en finissant cet article, qu'il sera toujours étrange de voir l'auteur quelconque de la Genèse se prétendre si bien instruit de tant de détails minutieux sur Abraham, Jacob et Joseph, quand il l'est si peu de tout ce qui concerne le séjour en Égypte, et la sortie sous Moïse, et la vie errante du désert jusqu'au moment de passer le Jourdain. Cela est contre tout état probable de monuments; et cela nous confirme dans l'opinion émise ailleurs, savoir que les matériaux de la Genèse sont totalement étrangers aux Juifs, et qu'ils sont un com-

---

(1) Tacite dit que ce fut à l'occasion d'une *contagion* (*tabe ortâ*), et sur l'ordre d'un oracle: il ajoute que ce fut sous le roi *Bocchoris*; mais le seul de ce nom que présentent les listes avant Sabako, ne peut convenir, et ceci indique que Tacite a consulté d'autres auteurs que Manéthon.

posé artificiel de légendes chaldéennes dans lesquelles l'esprit allégorique des Arabes a représenté l'histoire des personnages astronomiques du calendrier sous les formes anthropomorphiques. Mais rentrons dans notre domaine chronologique, et voyons quels secours ajoute Diodore de Sicile aux cadres tronqués de Manéthon et d'Hérodote.

## CHAPITRE IV.

### Récit de Diodore.

D'après tout ce que nous avons vu du désordre et des contradictions de la liste d'Africanus, copiste apparent de Manéthon, nous avons droit de croire que la dynastie des *pasteurs* a été la borne historique des savants de Memphis, et cela par la double raison que ces étrangers auront détruit les archives nationales, et que l'école de Memphis, ne trouvant au-delà de leur époque que des rois thébains, les aura négligés par esprit de parti pour sa métropole. Si nous avions la liste complète de ces rois, trouvée par Ératosthènes, et copiée par Apollodore, peut-être y trouverions-nous le moyen de renouer le fil de succession par l'entremise de la 18e dynastie : à son défaut, il faut nous adresser à Diodore.

Cet auteur, qui lut et compulsa un grand nombre de livres sur ces matières, dans la bibliothèque d'Alexandrie, eut de grands moyens de s'instruire et de nous instruire avec lui : malheureusement il s'est moins appliqué à la précision qu'à l'étendue. — Cet historien nous donne comme résultat de ses recherches, et comme un fait non contesté de son temps, « que le royaume de Thèbes fut le « premier civilisé et le plus célèbre de toute l'É-« gypte. La ville de Thèbes, dit-il (1), fut fondée, « selon quelques-uns, par le dieu Osiris même, « qui lui donna le nom de sa mère ; mais ni les « auteurs ni les prêtres ne sont d'accord à ce sujet, « plusieurs assurant que cette ville a été bâtie bien « plus tard, par un roi nommé *Busiris.* »

Nous laissons à part ce que Diodore dit avec Hérodote, Manéthon et la *vielle chronique*, du règne des dieux, qui dura des milliers d'années, 10,000, selon les uns, 18,000 et même 23,000 selon d'autres, depuis Osiris ou le soleil, jusqu'à Alexandre... Ce sont là des allégories astrologiques, de même que l'invention prétendue de toutes les sciences, par un dieu ou homme nommé *Hermès*. — Mais Diodore parle historiquement, lorsqu'il peint l'état primitif des anciens habitants de l'Égypte, et leur vie sauvage entièrement semblable à celle des nègres et des Caraïbes des temps

---

(1) Lib. I, page 18, édition de Wesseling.

modernes (1). « Alors, dit-il, ceux-là étaient rois
« qui inventaient les choses et les moyens utiles
« aux besoins de la vie : le sceptre ne passait pas
« au fils du régnant, mais à celui qui avait rendu
« le plus de services ( comme dans l'ancienne
« Chine ).

« Parmi les rois d'Égypte, la plupart ont été in-
« digènes, quelques-uns furent étrangers : on
« compte, entre autres, *quatre Éthiopiens* qui ont
« régné 36 ans, non pas de suite, mais par inter-
« valles. »

Nous avons vu Hérodote en compter 18 : il
semble que Diodore n'aurait connu que ceux postérieurs à Sabako.

« Les rois, avant Kambysés, ont été au nombre
« de 470, et 5 reines. »

Voici une grave différence, puisque ce serait
au-delà de *cent* plus qu'Hérodote. Diodore suit
Manéthon ou s'en rapproche.

« Après les dieux, le premier roi fut *Menas* »,
que Diodore fait régner à Thèbes et non à *Memphis* ( qui en effet ne dut pas exister ). Il est singulier que ce *Menas* ou *Menès* se retrouve premier homme-roi à Memphis, à Thèbes, en *Crète*,
sous le nom de *Minos*, dans l'Inde sous celui de
*Ménou*. Il est singulier encore que Manéthon, dans
Africanus, ait noté qu'il fut tué par un *cheval* de

---

(1) *Voyez* page 52 et suivantes.

rivière (hippopotamos) nomme *Isp*. Comment une bête sauvage a-t-elle eu un nom propre? Il y a ici de l'allégorie : l'*hippopotame* fut l'emblème de *Typhon*, ce génie du mal, qui tua *Osiris*, génie du bien ; *Menès* doit être un nom d'*Osiris*, peut-être même le nom le plus ancien. Osiris fut, comme Bacchus, le dieu de l'abondance et de la joie. « *Menès*, comme Osiris, enseigna aux hommes
« toutes les commodités, tout le luxe de la vie, la
« bonne chère, les beaux meubles, les bonnes
« étoffes, etc. : » l'identité est sensible. Quant au nom du *cheval*, *Isp*, comment se fait-il qu'il soit le mot persan *asp*, un *cheval*? Manéthon aurait-il copié un auteur perse, qui, après Kambyses, au-rait traduit un livre égyptien?

Le nom de *Menas* fut aboli, nous dit Diodore, par un roi d'Égypte qui, pendant une guerre qu'il fit aux Arabes du désert, trouva de si grands inconvénients dans le luxe et l'épicurisme inventé par *Menas*, qu'il maudit son nom, et fit inscrire cette malédiction en lettres sacrées dans le temple de Ioupiter à Thèbes. Ne serait-ce pas à dater de cette époque que le nom d'Osiris aurait prévalu? Mais pourquoi *man* en langue sanscrite signifie-t-il *homme*, et en chaldæo-hébreu, *intelligence* ?

« Après Ménas, d'autres rois, dit Diodore, se
« succédèrent pendant 1,400 ans, sans rien faire
« de remarquable ; puis régna *Busiris*, premier du
« nom ; puis son 8ᵉ successeur, nommé aussi *Bu-*

« *siris*, bâtit la grande ville de Thèbes avec cette
« magnificence qui l'a rendue la plus célèbre des
« temps anciens. »

Faire bâtir Thèbes quand on dit qu'elle existait depuis 1,400 ans, est une contradiction manifeste; mais aujourd'hui que les savants français de l'expédition d'Égypte nous ont fait connaître géométriquement le local de Thèbes; qu'ils nous y font distinguer 4 et même 5 enceintes différentes, où la nature et l'emploi des matériaux, les uns de briques, les autres de pierre, le style et l'art des constructions, les unes petites et simples, les autres grandes et compliquées, attestent des époques diverses, nous concevons que là, plus qu'ailleurs, il a existé une gradation d'industrie et de puissance qui, selon les besoins ou les fantaisies du temps, a plusieurs fois déplacé l'habitation des rois et de leur cour, et qui, par l'agglomération qui se fait toujours autour de ces foyers d'activité, a formé plusieurs cités que leur voisinage réciproque a fait comprendre sous le même nom... D'après ce que Diodore dit de la grandeur des temples, des palais et autres ouvrages de *Bousiris*, l'on pourrait lui attribuer l'enceinte dite *Karnâq* (1); mais ne quittons pas notre fil chronologique.

---

(1) Diodore prouve qu'il a puisé à de bonnes sources, quand il dit que selon plusieurs historiens, les prétendues 100 *portes* n'ont été que de grands *vestibules de temples* ou de *palais*.

Après Busiris II, plusieurs de ses successeurs embellirent la ville de Thèbes. Ici Diodore place d'intéressants détails sur un roi *Osymandua*, dont il ne détermine point l'époque.

Le huitième successeur d'*Osymandua* porta le nom d'*Uchoreus* comme son père : ce fut lui qui *bâtit Memphis*.

Diodore entre dans des détails qui diffèrent peu de ceux d'Hérodote... « *Uchoreus* rendit le séjour
« de cette nouvelle ville si commode, si délicieux,
« que *presque* tous ses successeurs le préférèrent
« à celui de *Thèbes*, dont la splendeur baissa de
« jour en jour, tandis que celle de Memphis ne
« cessa de croître jusqu'à la fondation d'Alexan-
« drie.

« Douze générations après *Uchoreus*, régna
« *Moïris* qui construisit le lac célèbre dont parle
« Hérodote ; 7 générations après Moïris, régna *Sé-*
« *soôsis* (le Sésostris d'Hérodote), devenu si célè-
« bre par ses conquêtes. »

Nous voici arrivés à un point à peu près connu ;
et nous pourrions nous en servir pour calculer et
mettre en ordre les faits cités par Diodore ; mais
parce qu'il nous importe de savoir quel degré de

---

C'est précisément l'équivoque du mot arabe *báb*, *porte* et vestibule, désignant figurativement un *palais*. Tout son récit sur Thèbes est du plus grand intérêt, à suivre sur les plans de cette ville par les savants français.

confiance mérite ce compilateur souvent négligent et superficiel, nous préférons de descendre à une époque plus tardive et plus sûre qui nous fournisse des moyens positifs d'apprécier son degré d'instruction et d'exactitude.

Diodore parlant de la conquête de l'Égypte par Kambyse, fils de Kyrus, assigne cet événement à l'an 3 de la 63ᵉ olympiade, ce qui répond à l'an 526 avant J.-C. Il y a ici erreur apparente d'une année, puisque tous les critiques modernes sont d'accord que Kambyse n'entra qu'en l'an 525 ; mais parce que l'année olympique s'ouvrait au solstice d'été, et que Kambyses put n'entrer que dans le mois de février subséquent, c'est-à-dire après le commencement de l'année romaine et de l'année chaldéenne qui nous servent de guide, l'erreur n'est ni réelle, ni grave : admettons l'an 526, et voyons comment Diodore dispose les faits antérieurs.

## SELON DIODORE,

Il y a eu 470 rois en Égypte, depuis *Menas* jusqu'à *Kambyses*. Quatre de ces rois furent Éthiopiens, et régnèrent, non de suite, mais par intervalles.

1 *Menas*, premier roi homme et non dieu, régna à Thèbes (et non à Memphis).

2 Après *Menas*, des rois obscurs se succédèrent pendant 1400 ans.......................... ci 1400 ans.

3 Busiris I succède.

4 Busiris II, son 8ᵉ successeur, bâtit Thèbes et y élève les grands monuments qui subsistent encore.

5 Après Busiris II, règne une série de rois non définie.

6 Puis Osymandua.

7 Le 8ᵉ successeur, nommé *Uchoreus*, fonde *Memphis* à l'ouest du Nil.

12 générations après *Uchoreus*, règne *Moïris*, qui construit le lac.

7 générations après *Moïris* règne *Sésoosis* [ Sésostris ] (1), qui conquiert l'Asie.............. 33 ans.

Son fils *Sésoosis II*.

Nombre indéfini de successeurs obscurs.

Après eux vient *Amosis*, tyran.

*Amosis*, tyran, chassé par

*Actisanes*, éthiopien.

Mendès ou Marrus bâtit le labyrinthe.

Interrègne de 5 générations.

*Protée* ou *Ketés* est élu roi.

Remphis, le riche en or.

7 générations.

*Nileus* fait de très-grands ouvrages au fleuve qui prend son nom.

8 générations.

*Chembès* bâtit la grande pyramide.

*Chephren*, son frère.

Mykerinus, fils de Chembès.

Bocchoris le sage.

Plusieurs générations.

Sabako, *éthiopien*.

Interrègne........................... 2 ans.

12 rois, dont *Psammétik* est un.

Ils font un grand ouvrage, et règnent........ 15

---

(1) *Sésos-tris* paraît se composer de *Sésoos*, qui ne diffère point de *Sethos* prononcé à la grecque.

1 *Psammétik*............( règne omis ).
2
3
4 génération. Apriès...................... 22
      Amasis....................... 55
                av. J.-C.
Kambyses, perse, l'an.................... 526

« Avant Kambyses, dit-il(1), avait régné Amasis
« pendant 55 ans. »

Il y a ici omission totale du fils d'Amasis, *Psamménit*, qui lui succéda, régna 6 mois et périt, avec des détails intéressants mentionnés par Hérodote.

Ensuite pourquoi Diodore porte-t-il à 55 ans le règne d'Amasis qui, selon Hérodote, ne fut que de 44 ? Notez que Diodore paraît n'être que le copiste d'Hérodote depuis le règne de Protée : Amasis aurait donc commencé en 581.

Avant Amasis avait régné Apriès pendant 22 ans ( il aurait commencé en l'an 603 ).

« *Quatre générations* avant Apriès avait régné
« Psammitichus (2). »

Pourquoi Diodore omet-il encore ici la durée de ce règne important ? et de plus, pourquoi cette expression vague *quatre générations* ? Ne dirait-on pas qu'il y eut 4 règnes entre les 2 rois nommés, et qu'à raison de 30 ans par génération, selon le système de Diodore, on dut compter 120 ans ? En

---

(1) Diodore, édition de Wesseling, lib. I, p. 79.
(2) Diodore, pag. 78, n° 68.

ce cas Psammitichus serait rejeté à l'an 723; mais cette année sera-t-elle le commencement ou la fin de son règne? Notre embarras serait grand si Hérodote ne nous eût décrit les règnes d'Apriès, fils de Psammis; de Psammis, fils de Nékos; de Nékos, fils de Psammétik, avec toutes leurs circonstances d'action et de durée : on voit bien ici *quatre générations*, mais qui eût deviné que Diodore y comprenait les deux termes qu'il donne pour limites? Cette négligence rompt déja le fil chronologique que nous attendions de lui ; mais supposons que pour ses *quatre générations*, il ait compté 120 ans, selon sa méthode, le règne de Psammitichus aura commencé l'an 701.

« Avant lui, avait eu lieu pendant 15 ans(1),
« une oligarchie de 12 régents ou rois dont il
« avait été l'un. »

Cette oligarchie avait donc commencé en l'an 716, et elle avait succédé à une anarchie de 2 ans, qui elle-même succéda au règne de l'Éthiopien Sabako. Ce règne aurait donc fini en l'an 718. Nous avons contre cette date les témoignages des Juifs et des listes copiées de Manéthon : encore si Diodore nous donnait la durée du règne de Sabako; mais il l'omet nettement, et se contente de dire qu'il était venu régner en Égypte *plusieurs temps* après Bocchoris (le sage). Voilà notre fil de dates encore interrompu.

---

(1) Diodore, lib. I, page 76, n° 66.

« Or Bocchoris avait succédé (1) à *Mykerin*, dit
« aussi *Mecherin* (règne omis), lequel avait suc-
« cédé à son oncle *Chephren*, qui régna 56 ans et
« bâtit l'une des grandes pyramides; et Chephren
« avait succédé à son frère *Chembès*, lequel régna
« 50 ans, et bâtit la plus grande de toutes les py-
« ramides connues. »

Nous avons ici les rois *Mykerin*, *Chephren* et *Cheops* d'Hérodote, et dans les détails que récite Diodore, il se montre purement l'écho de cet auteur; mais il ne nous donne aucun moyen de rétablir la série chronologique rompue depuis Psammitichus : seulement il observe que depuis l'érection de la grande pyramide (de Chembès ou Cheops), jusqu'à l'année où il écrivait, plusieurs savants égyptiens comptaient une durée de 1,000 ans, ce qui correspond à l'année 1056 avant J.-C.; et cependant, dit-il, d'autres *prétendent qu'il s'est écoulé 3,400 ans.*

Nous pensons que cette seconde opinion doit s'entendre de quelque pyramide bien plus ancienne, et dont l'érection eut un but réellement astronomique, ainsi que la pyramide de Bel, érigée à *Babyl-on* vers cette époque.

Antérieurement à Chembès, Diodore place le roi Remphis, « lequel n'eut d'autres soins que d'a-
« masser d'immenses trésors. On prétend qu'il en-

---

(1) *Ibid.*, édit. de Wesseling, p. 72, 73, 74.

« tassa jusqu'à 400,000 talents, tant en or qu'en
« argent (à 3,000 fr. le talent, c'est 1,200,000,000
« francs). »

Ce Remphis est évidemment le Rampsinit d'Hérodote. « Après Remphis, pendant 7 *générations*,
« régnèrent des rois fainéants, livrés aux voluptés...
« Il faut cependant en excepter *Nileus*, qui, selon
« les annales sacerdotales, fit creuser des canaux,
« élever des digues, et exécuter une foule d'autres
« ouvrages tellement utiles à la navigation, qu'a-
« lors le fleuve reçut le nom de *Nil*, au lieu du
« nom d'*Ægyptus* qu'il portait auparavant. »

« Le huitième roi fut Chembès.... »

(Il nous semble qu'ici Chembès est le huitième
depuis Remphis et non depuis *Nileus*, comme le
veulent quelques traducteurs : ce terme 8 est une
suite, un complément des 7 *générations* mentionnées auparavant.

« Or Remphis avait été le successeur et le fils
« d'un roi que les Égyptiens nomment *Ketès*, et
« les grecs *Protée*, qui fut contemporain de la
« guerre de Troie » (dont l'époque est fixée par
Diodore à l'an 1188 avant notre ère, c'est-à-dire
1138 ans avant lui-même). Diodore est encore ici copiste d'Hérodote. Il semblerait, d'après cela, que
peu de règnes avant Protée devrait venir Sésostris;
point du tout : Diodore recourant à quelque autre historien, soit Manéthon, soit Hécatée, introduit une série de rois, dont il ne cite que 4 ou 5,

avec des détails qui éveillent contre lui nos soupçons.

« Le fils de Sésoosis (il nomme ainsi Sésostris),
« en lui succédant, prit le nom de son père.....
« Il devint aveugle, etc. Il eut pour successeurs
« une immense série de rois qui ne firent rien de
« remarquable. Enfin, après *plusieurs siècles*, le
« pouvoir passa aux mains d'*Amasis* qui en usa
« tyranniquement : il fit mourir les uns, confisqua
« le bien des autres, traita tout le monde avec in-
« solence..... Le peuple supporta l'oppression
« qu'il ne pouvait empêcher ; mais un roi des Éthio-
« piens, nommé *Actisanes*, étant venu attaquer
« *Amasis*, les Égyptiens saisirent l'occasion de lui
« montrer leur haine, et se soumirent sans com-
« bat à l'étranger. Actisanes usa de la victoire avec
« douceur et bonté. Il ne voulut pas même que
« l'on punît de mort les criminels (en justice) ; et
« cependant, comme il ne voulut pas les laisser
« impunis, il fit couper le nez à ceux qui furent
« légalement convaincus, et il les envoya habi-
« ter et coloniser un lieu désert, que pour cette
« raison l'on a nommé *rhinocolure (narines cou-*
« *pées)*.

« Après la mort d'*Actisanes*, les Égyptiens, de-
« venus libres, se nommèrent un roi, appelé *Men-*
« *dès* par les uns, et *Marras* par les autres. Ce
« prince ne s'illustra point par la guerre, mais il
« fit construire un ouvrage aussi admirable pour

« l'art que pour la masse : cet *ouvrage fut* le la-
« byrinthe devenu si célèbre, même parmi les
« Grecs.

« Après la mort de Mendès, 5 générations s'é-
« tant écoulées dans l'anarchie, un homme des
« basses classes du peuple fut élu roi. Les Égyp-
« tiens le nomment *Ketès*, et les Grecs *Protée*, qui
« fut contemporain de la guerre de Troie, etc. »
( comme nous l'avons dit plus haut ).

Remarquez que Diodore place la guerre de Troie
vers l'an 1188. Comment compte-t-il une immense
série de rois entre cette guerre et le règne de Sésostris, quand Hérodote, Porphyre, Strabon et
plusieurs autres anciens nous indiquent ces deux
époques comme assez rapprochées ? En examinant
son récit, nous pensons découvrir la source de son
erreur dans un défaut de jugement et dans la négligence habituelle de cet auteur qui, empruntant
ses récits de diverses mains, en a fait de vicieuses
combinaisons, et qui, dans le cas présent, ne s'est
pas aperçu qu'il employait deux fois des temps et
des rois qui sont en partie les mêmes.

En effet, si l'on compare les deux parties de sa
liste, qui sont, l'une entre Bocchoris et Psammétik, l'autre entre Amasis et Mendès, on verra que
les personnages et les faits sont absolument les
mêmes, quoique sous des noms différents. Le tableau ci-après rend cette identité sensible.

## DES ÉGYPTIENS.

| RÉCIT Iᵉʳ. | RÉCIT IIᵉ. | |
|---|---|---|
| | DIODORE. | HÉRODOTE. |
| *Amasis*, (ou Amosis), tyran détesté; ses sujets se livrent de plein gré à *Actisanes*, roi des Éthiopiens, lequel gouverne avec douceur: il abolit la peine de mort, et se contente d'envoyer les criminels habiter un lieu désert.<br><br>Après *Actisanes*, le peuple égyptien *devenu libre*, élit un roi appelé *Mendès*, qui construisit le *labyrinthe*.<br><br>Après *Mendès*, anarchie ou interrègne. | Bocchoris (*selon les listes*) fut brûlé vif au bout de 6 ans de règne (sans doute pour cause de tyrannie),<br><br>Par *Sabako*, roi d'Éthiopie, que sa douceur et sa piété distinguent d'ailleurs des rois précédents: il abolit la peine de *mort*, même pour les criminels, et il la commua en travaux publics de canaux, de chaussées, etc., utiles au pays.<br><br>Il se retira, sur un avis qu'il reçut en songe.<br><br>Après *Sabako*, anarchie de 2 ans. Douze grands se liguent et se font rois: ils construisent ensemble le *labyrinthe*.<br><br>Puis la guerre éclate entre eux: Psammitichus reste seul. | *Anusis* (prononcé Anousis par les Grecs, lequel se rapproche beaucoup d'*Amusis*), après un court règne est détrôné par *Sabako*, roi d'Éthiopie, qui régna avec douceur pendant 50 ans; il ne fit mourir personne; mais, selon la qualité du crime, il condamnait le coupable à travailler aux canaux et aux chaussées. Il se retira sur un avis qu'il reçut en songe. (Diodore a copié le reste).<br><br>Après *Sabako* revient *Anusis*, puis *Séthon*, prêtre de Phtha.<br><br>Puis les Égyptiens *devenus libres*, et ne pouvant vivre sans rois, en élisent *douze*, etc. |

Il est sensible dans ce tableau, qu'*Actisanes* et *Sabako* sont un seul et même personnage, cité par des auteurs divers, sous deux noms différents. Sabako peut être son nom *éthiopien*, et l'autre, un nom égyptien ou composé grec: non-seulement ses actions caractéristiques sont les mêmes, les faits antécédents et les subséquents sont encore identiques. « Il règne avec douceur et justice; il « *abolit* la peine de mort; il se retire volontaire-

« ment; les Égyptiens *restent libres ;* ils se font un
« *roi* ou un *gouvernement spontané* sous lequel est
« bâti le labyrinthe, etc..... » Avant l'invasion de
l'*Éthiopien* régnait un tyran. Hérodote ne le dit
pas positivement d'*Anusis*, mais il ne dit rien de
contraire; et entre ce nom d'*Anousis*, et celui d'*A-
mosis* ou *Amasis*, il y a tant d'analogie, que l'on
a droit de supposer l'altération d'une lettre par
les copistes : il est vrai que Diodore représente
*Bocchoris* comme un sage (1) et un législateur, antérieur de *plusieurs temps* à Sabako; tandis que les
listes font brûler vif *Bocchoris*, sans doute pour
cause de tyrannie; mais, outre que ce nom a pu
être commun à plusieurs princes, les dissonances
des auteurs sur cette circonstance prouvent seulement leur peu de soin et d'instruction. C'est un
reproche dont ne peut se laver le compilateur
Diodore; il est clair qu'il a composé son récit de
morceaux tirés de divers historiens, l'un évidemment Hérodote, et l'autre Manéthon, comme nous
allons le voir, et peut-être *Hécatée*, ou quelque
Grec du temps des Ptolomées; malheureusement
pour lui et pour nous, n'ayant pas pris le temps,
ou n'ayant pas eu l'art d'analyser et de comparer,
il a commis ici les mêmes fautes que dans sa Chronologie des Mèdes et des Assyriens, en doublant

---

(1) Ce doit être lui dont le père *Gnephactus* maudit la mémoire de Menas.

des faits et des personnages qui essentiellement sont les mêmes : il faut donc supprimer de sa liste tout ce qu'il dit des successeurs du fils de *Sésostris* ou *Sésoosis*, jusqu'à Protée ; et alors on voit qu'il reste purement copiste d'Hérodote en cette période......

Mais où a-t-il pris cette *immense série de rois* entre Sésostris et l'*Amosis* ou *Anousis* de *Sabako?* Nous trouvons la solution de cette énigme dans la liste qu'Africanus nous présente comme copiée de Manéthon.

En effet, après y avoir supposé que *Sésostris* fut le 3$^e$ prince de la 12$^e$ dynastie, cet auteur lui donne pour successeurs, d'abord 50 rois diospolites ou thébains (dynastie 13$^e$), puis un nombre indéfini de rois xoïthes (dynastie 14$^e$), plus les 6 rois pasteurs arabes qui envahirent l'Égypte (dynastie 15$^e$), plus les pasteurs grecs au nombre de 32 (dynastie 16$^e$), et encore d'autres rois pasteurs et thébains, au nombre de 43 (dynastie 17$^e$); enfin les 16 rois connus de la dynastie 18$^e$, laquelle précéda le vrai Sésostris, Séthos de Manéthon, etc.

Ainsi voilà bien plus de 157 règnes cités, sans compter les inconnus de la dynastie 14$^e$, et tous ceux qui se placent entre *Sésostris-Séthos* et Sabako : nous ne pouvons douter que ce ne soit ici la source où a puisé Diodore, et alors il est démontré, 1° qu'il a partagé l'erreur dont nous avons convaincu Africanus par le propre texte de Manéthon en Josèphe, au sujet de l'époque de Sésostris, rejetée par-delà l'an 2600 avant J.-C.; 2° que Manéthon lui-même est atteint et convaincu de cette erreur, puisque Diodore qui a écrit 280 ans avant Africanus, nous retrace le même système que ce prêtre. Nous devons donc regarder Manéthon, non pas comme l'auteur premier, comme l'inventeur prémédité de tout ce système de confusion, mais comme le compilateur malhabile et ignorant qui ayant eu en sa possession des archives de diverses villes, des chroniques de diverses mains, rédigées peut-être en idiomes divers, n'a pas eu le tact d'y reconnaître des faits foncièrement les mêmes, présentés sous des formes un peu différentes. De telles méprises sont grossières, sans doute; mais si l'on considère que les manuscrits anciens furent souvent écrits énigmatiquement, par suite de l'esprit mystérieux et jaloux des prêtres et des gouvernants; que, bornés à très-peu de copies, ils n'étaient soumis à aucun contrôle; que plus tard les copistes les altérèrent habituellement et impunément; que tout travail de collation et de correction devint d'une grande difficulté; qu'à des époques tardives, des compilateurs, tels que Ktésias et Manéthon, se prévalant des notions presque exclusives qu'ils eurent chacun en leur genre, s'en firent un moyen de faveur et de fortune près des princes, on concevra comment et jusqu'à quel point de tels abus ont été faciles. Maintenant que celui de notre sujet est signalé et reconnu, revenons au point d'où nous sommes partis, au règne de *Sésostris*, considéré comme moyen de calculer et de mettre en ordre les règnes antérieurs mentionnés par Diodore.

Cet auteur nous a dit (ci-devant, pag. 378) que le roi *Moïris*, qui creusa le célèbre lac de son nom, avait vécu 7 générations avant Sésostris; c'est-à-dire, selon sa méthode, qu'il y aurait eu cinq règnes entre ces deux princes : s'il était exact en ce récit, *Moïris* serait le 12$^e$ roi de la dynastie 18$^e$, nommé *Acherrès*; la différence de nom ne serait pas une difficulté, puisqu'il est constant que la plupart des rois eurent plusieurs noms, ou surnoms épithétiques provenants de leurs actions ou de leur caractère; mais parce que Diodore ajoute que 12 générations avant Moïris le roi *Uchoreus* avait bâti de fond en comble Memphis la neuve, en détournant le Nil, en comblant son lit, etc., nous avons le droit de lui opposer un de ses propres guides, Manéthon, qui, dans le passage très-détaillé que cite Josèphe, et dans toutes les listes de ses copistes, établit toujours la dynastie 18$^e$ comme ayant précédé immédiatement le règne de Séthos bien indiqué par Josèphe et par Manéthon, pour être Sésostris, chef de la dynastie 19$^e$..... Or, s'il est prouvé, comme nous le

croyons, qu'avant le sixième roi de la dynastie 18ᵉ, c'est-à-dire avant *Tethmos*, les rois de Thèbes ne régnèrent point sur l'ancienne Memphis; que cette capitale et toute la Basse-Égypte furent alors sous la domination des pasteurs, et précédemment sous celle des rois indigènes: s'il est prouvé que c'est *Tethmos*, qui, le premier des rois de Thèbes, régna sur l'ancienne Memphis, et cela, douze générations avant Sésostris (en style de Diodore); il s'ensuit que *Memphis-la-Neuve* n'a pu être bâtie que par l'un des successeurs de Tethmos; que par conséquent *Uchoreus* et *Moïris* doivent se trouver dans les dix princes qui séparent Tethmos de Sésostris, et que les dix-sept générations entre ce dernier et *Uchoreus*, rentrent dans la classe de celles dont nous avons vu Diodore être si prodigue dans tout son récit. Nous répéterons donc ce que nous avons dit plus haut, « que *Uchoreus* a dû être *Acho-*
« *ris*, 10ᵉ roi de la dynastie 18ᵉ, et que *Moïris* doit
« avoir été *Acherrès*, et peut-être encore mieux
« *Ramessès*, aïeul de Sésostris (1), lequel, par la
« longueur de son règne, offre le temps néces-
« saire à de grands ouvrages, tandis que par son
« rapprochement de Sésostris, il remplit l'indica-
« tion d'Hérodote sur la contiguité de ce dernier
« prince et de *Moïris*. »

---

(1) On a lieu de croire que ce fut ce Ramessès qui força les Hébreux de bâtir les villes de Ramessès et de Phitom, autre analogie.

Maintenant si nous partons de cette hypothèse, et que nous disions avec Diodore, que « huit géné-
« rations avant *Uchoreus - Achoris*, avait régné à
« Thèbes un prince nommé par les Thébains *Osy-*
« *mandua*, » ce roi se trouvera être ou *Chebron*
ou *Amenoph I.* ( 2$^e$ ou 3$^e$ rois de la dynastie 18$^e$),
lesquels régnèrent à Thèbes, tandis que les pasteurs régnaient dans l'ancienne Memphis.

Cet Osymandua dut être un prince riche, puissant et ami des arts, puisqu'il fit construire à
Thèbes un zodiaque de 360 coudées de circonférence sur une coudée de largeur ou hauteur, tout
en or massif, et qu'il eut une bibliothèque nombreuse, à laquelle il fit mettre pour inscription :
*Médecine* ou *Pharmacie* de l'*ame*. Il fit aussi bâtir un palais dont les ruines viennent d'être splen-
didement ressuscitées par les savants français de
l'expédition d'Égypte. Sur les murs de ce palais
« les prêtres thébains, au temps de Ptolomée La-
« gus (1); montraient aux voyageurs grecs des
« sculptures d'un travail exquis, qui, entre autres
« scènes, représentaient une guerre mémorable
« que fit ( ou soutint ) Osymandua contre des étran-
« gers révoltés. Sur un premier mur on voyait ce
« roi attaquant une muraille baignée par un fleuve,
« et combattant à la tête de ses troupes, escorté
« d'un lion terrible qui le défend : les uns disent

---

(1) Diod. sicul., lib. I, p. 57.

« que ce fut réellement un lion privé que pos-
« séda le prince; d'autres soutiennent que ce n'est
« qu'un emblême par lequel *Osymandua*, qui fut
« aussi *vaniteux* que brave, a voulu figurer son
« propre caractère. Sur un second mur, on lui
« présente des prisonniers qui n'ont ni *mains* ni
« *parties génitales*, pour signifier, dit-on, que
« dans le danger, ces hommes n'ont eu que des
« *cœurs de femmes* et des mains faibles et incapa-
« bles. — Les prêtres disaient encore que l'armée
« d'Osymandua, dans cette expédition, avait été
« composée de 400,000 piétons et de 20,000 ca-
« valiers; qu'il l'avait divisée en *quatre* corps, com-
« mandés par ses fils; enfin ils ajoutaient que ces
« *étrangers révoltés* furent les *Bactriens*. »

Si ce dernier mot ne résout pas l'énigme, il va
la compliquer beaucoup... En effet, d'après l'autorité d'Hérodote et des prêtres de son temps, il
était de foi historique en Égypte, qu'*aucun roi
du pays ne s'était illustré par des guerres étrangères avant Sésostris*, et cependant ici Diodore
nous présente un roi qui, dans son système généalogique, aurait précédé Sésostris de 27 générations, et ce roi aurait fait contre un pays aussi
lointain que la Bactriane, *deux expéditions, deux
guerres!* Car dès-lors que les *Bactriens* sont des
*révoltés*, il faut admettre qu'antécédemment il a
fallu les *attaquer*, les *soumettre* : comment un fait
si marquant eût-il été totalement oublié? et à

quelle époque, en quel temps avant Sésostris a-t-il pu arriver? Aurait-il précédé l'invasion des pasteurs? cela choque toute vraisemblance. Aurait-il été subséquent? il tombe dans une période connue qui ne saurait l'admettre. D'après ces préliminaires, méditant notre texte, voici ce qui nous a paru être, sinon la vérité, du moins la vraisemblance.

D'abord nous remarquons ces mots: *un roi que les habitants de Thèbes nomment Osymandua*. Les Thébains ou *Hauts-Égyptiens*, en beaucoup de choses, et notamment en dialecte, différèrent des Memphites ou *Bas-Égyptiens* (1). Ils auront pu donner un nom différent à un roi qui leur aurait été commun, et qui serait foncièrement le même. Voyons si les circonstances citées ne nous le feraient pas reconnaître.

« *Osymandua* fait la guerre aux Bactriens. »

Sésostris la fit aux Mèdes et aux Perses, qui furent leurs voisins.

« L'armée d'*Osymandua* est de 400,000 piétons
« et de 20,000 cavaliers. »

L'armée de Sésostris fut de 600,000.

« Les prisonniers sont présentés à *Osymandua*,
« privés de leurs mains et de l'organe viril, pour
« désigner leur faiblesse, leur incapacité. »

Sur les monuments de Sésostris on voyait l'i-

---

(1) Après tant de siècles de réunion ils en diffèrent encore.

mage sculptée de l'organe viril, pour désigner les peuples qui s'étaient bravement défendus, et celui du sexe féminin, pour désigner ceux qui s'étaient d'abord soumis.

« L'un des traits caractéristiques d'*Osymandua*
« fut l'*orgueil*, la *vanité*. »

Pline a dit de Sésostris, *tanta superbia elatus*, roi bouffi de tant d'orgueil.

« Osymandua avait fait faire sa statue dans l'at-
« titude d'un homme assis, et cela d'une seule
« pierre si *grande*, que le pied avait *sept* coudées
« de longueur. C'était la plus grande de toutes
« celles d'Égypte.... Les statues de sa mère et de
« sa fille, aussi d'un seul morceau, mais moins
« grandes, étaient appuyées contre ses genoux,
« l'une à droite, l'autre à gauche. »

Sésostris fit placer à Memphis, dans le temple de Phtha, sa statue et celle de sa femme, l'une et l'autre de 30 coudées de hauteur, et d'un seul bloc de pierre; il y joignit celles de ses fils, hautes de 20 coudées.

Sur la statue d'Osymandua était cette inscription:

« Je suis Osymandua, *roi des rois* : si quel-
« qu'un veut connaître ma puissance et où je re-
« pose, qu'il démolisse quelqu'un de mes ouvrages! »

Sur les monuments militaires de Sésostris on lisait :

« Sésostris, *roi des rois*, seigneur des seigneurs,
« a subjugué ce pays par la force de ses armes. »

Pourquoi tant d'analogie d'actions et de caractère? N'indiquent-elles pas un seul et même personnage? La différence de nom n'y fait rien : nous avons vu nombre de ces rois anciens en avoir plusieurs : nous savons que Sésostris lui-même en porte cinq, et entre autres celui de *Ramessés* ou *Ramsis*, qui diffère de celui-là autant qu'*Osymandua*? Ce nom de *Ramessés* nous devient même la preuve positive que *Sésostris* régna dans Thèbes, y habita temporairement, et y fit construire de ces grands ouvrages destinés à immortaliser son nom. Écoutons Tacite (1) lorsque, parlant du voyage que *Germanicus* fit dans la Haute-Égypte, il décrit l'étonnement de ce prince à la vue « des prodigieux monuments de Thèbes, et
« entre autres, des immenses obélisques chargés
« d'inscriptions qui exprimaient son ancienne
« puissance. Le plus ancien des prêtres, interrogé
« par Germanicus sur le sens littéral des mots
« égyptiens, interpréta que, jadis le pays eut
« 700,000 hommes portant les armes; qu'avec
« cette armée *Rhamsés* subjugua la Libye, l'É-
« thiopie, les Mèdes, les Perses, les *Bactriens* et
« les Scythes; qu'il conquit également la Syrie,

---

(1) Tacite, *Annal.*, lib. II, année 772.

« l'Arménie, la Cappadoce, la Bithynie et la Lycie
« jusqu'à la mer (1). Le prêtre lut ensuite quels
« tributs (annuels) avaient été imposés aux peu-
« ples vaincus, tant en or qu'en argent; le nombre
« des armes, des chevaux et des offrandes faites
« aux dieux, en ivoire et en aromates; enfin les
« quantités de blé et de denrées fournies, qui éga-
« laient tout ce que lèvent les Romains et les
« Parthes au faîte de leur puissance. »

Voilà trait pour trait le conquérant Sésostris,
tel que nous le peignent tous les historiens : ainsi
nous avons la certitude que, dans la répartition
de ses monuments, il n'oublia pas Thèbes, qui,
à raison de son antique suprématie et de la beauté
des carrières voisines, dut avoir un attrait particulier pour lui. Dans cette inscription nous avons
une mention spéciale des *Bactriens* cités dans l'histoire d'Osymandua : l'armée de celui-ci n'est que
de 400,000 hommes; mais il peut avoir existé ce
cas où les *Bactriens* s'étant révoltés, Sésostris, irrité, aura porté sur eux 400,000 hommes, avec
une rapidité qui n'aura exigé que quelques mois
de campagne. D'ailleurs, comment imaginer qu'un
homme du caractère de Sésostris eût souffert sous
ses yeux une *statue, la plus finie, la plus grande*

---

(1) Remarquez bien que sur ce monument autographe, il
n'est pas donné le plus léger indice des puissantes cités de Ninive et de Babylone.

de toutes celles de l'Égypte, si elle n'eût été la sienne? Nous sommes donc portés à penser que tout ce palais, vu par les voyageurs grecs du temps de Ptolémée Lagus, et restauré en ce moment sous nos yeux par les savants voyageurs français, a été un ouvrage spécial de Sésostris, qui lui a donné cette forme singulière dont ils font la remarque, et que l'on ne trouve dans aucune autre construction. Ce prince régnant à la fois sur Memphis et Thèbes, aura partagé ses faveurs entre ces deux métropoles, et nous avons tout droit d'attribuer à sa magnificence les 100 écuries royales distribuées par relais égaux entre ces deux cités, et fournies chacune de 200 chevaux toujours prêts à partir, et formant ensemble le nombre des 20,000 chevaux de l'expédition d'*Osymandua* : notez que Memphis n'étant pas encore bâtie, selon Diodore, au temps de ce dernier, il n'a pu établir ces relais, qui eussent été sans objet. Concluons qu'Osymandua n'a dû être qu'un nom épithétique donné à *Sésostris* par les Thébains, à raison de quelque *qualité* ou *action* de ce prince, qui les aura plus frappés. En pareil cas les Arabes l'eussent appelé le *père du cercle d'or*; et puisque le mot *mand*, *mund* et *mandala* a signifié dans beaucoup de langues anciennes le *cercle céleste* et *zodiacal*, peut-être en langage thébain *Osymandua* a-t-il signifié quelque chose de semblable à *roi du monde*.

Maintenant, si Diodore a commis, à l'égard de ce prince, une de ces confusions dont il nous a fourni plusieurs exemples, quelle confiance lui accorderons-nous pour les temps qu'il dit avoir précédé, surtout lorsqu'il ne nous dit rien de précis sur le nombre et la durée des règnes remontant d'Osymandua à Busiris II ? Tout ce que nous pouvons inférer de son récit, c'est que réellement ce dernier prince ajouta des embellissements considérables à la ville de Thèbes, et cela à une époque reculée, que les anciens n'ont pu fixer. Aujourd'hui que les savants français, dans leur description pittoresque de cette cité, nous fournissent de nouveaux moyens de raisonnement, nous remarquerons, dans la totalité des monuments, une circonstance qui donne quelque lumière..... Cette circonstance est que l'image du *taureau* ou *bœuf Apis* ne se montre presque nulle part, tandis que partout on trouve prodiguée celle du *belier*, emblème du soleil, parcourant le signe de ce nom, sous le nom et la forme de *Jupiter Ammon* : c'est évidemment en l'honneur de cette constellation qu'a été dressée la ligne étonnante des beliers colossaux de Karnak, laquelle se prolonge sur deux rangs, pendant une demi-lieue. Or, puisque le soleil ne commença de quitter le signe du taureau que dans le 26ᵉ siècle avant notre ère, pour entrer en celui du *belier ;* et puisque sa présence en ce dernier signe ne devint bien sensible que vers l'an 2450, ou 2400, n'est-il pas naturel d'en inférer que ce fut seulement à cette époque et après cette date, que fut bâtie cette portion de Thèbes qui porte le nom de *Karnak*, et qui, par les soins de Busiris et de ses successeurs, atteignit ce degré de magnificence dont la renommée remplit l'ancien monde, et dont les ruines restaurées étonnent notre imagination ?... Dans cette hypothèse nous dirons que Thèbes, dès-lors ancienne, dès-lors puissante, prit un nouveau degré d'activité par suite, soit d'accroissement de territoire, soit d'exploitation d'une nouvelle branche de commerce qui aurait procuré plus de richesses et plus de bras. Six siècles se seraient écoulés dans une paix industrieuse, jusqu'à ce que les pasteurs arabes eussent envahi la Basse-Égypte ( vers l'an 1800 ). Le voisinage de ces étrangers aurait occasioné d'abord un régime défensif, puis un système d'agression et d'habitudes militaires, qui, en délivrant l'Égypte de ses oppresseurs, y opéra le double changement très-important de réunir toutes ses parties en une monarchie unique, et de constituer cette monarchie sous des auspices militaires... Les rois de Thèbes, devenus libérateurs et possesseurs de Memphis, dans le 16ᵉ siècle, furent obligés de se rapprocher souvent du Delta, où se trouvait la plus grande masse de population et le plus pressant besoin d'administration, à raison des mouvements du fleuve. L'un d'eux bâtit une ville neuve qui devint rivale de l'antique métropole; mais cette dernière, toujours riche de son territoire, de son commerce, de ses carrières, de ses monuments, et de la présence des anciennes familles opulentes, perdit peu de son activité et rien de sa magnificence. Sésostris trouva Thèbes en cette situation à l'époque de 1370 à 1360. Loin d'y rien soustraire, il y ajouta : aussi voyons-nous que cinq siècles après lui, l'Asie occidentale et la Grèce parlaient de Thèbes avec cette admiration dont Homère nous a transmis le témoignage, et avec cette circonstance remarquable, que de ses 100 portes il fait sortir précisément le même nombre de 20,000 (1) cavaliers mentionnés dans l'armée d'Osymandua, et dans les 100 écuries royales de Memphis à Thèbes. Après cette époque, il paraît qu'un premier et grave revers fut essuyé par cette métropole, selon le témoignage d'Ammien Marcellin, lorsqu'il nous dit (2) : « que vers le temps où les Carthaginois

---

(1) Le texte dit 200 chars par chacune des 100 portes; et nous voyons dans les monuments que chaque char n'a qu'un cheval.

(2) Ammien Marcell., lib. XVII, pag. 90, *de Bello Persico*. Diodore, lib. IV, p. 263, W. parlant des exploits d'Hercule, dit « qu'il bâtit en Libye une ville appelée *Hécatompyle* (du nom- « bre de ces 100 portes ), laquelle a fleuri pendant une longue « série de siècles, jusqu'à ce que les Carthaginois ayant dirigé « contre elle une armée commandée par d'habiles généraux, « réussirent à s'en emparer. » Les auteurs de la description de

« commencèrent d'étendre au loin leur puissance;
« une armée conduite par leurs généraux fondit
« à l'improviste sur Thèbes et la saccagea. »

Selon Josèphe, Carthage fut fondée par Didon, l'an 889 av. J.-C., selon *Solin* (chap. 30), ce fut l'an 894; mais la plupart des historiens assurent que Didon n'y conduisit qu'un nouveau supplément de colons. Quoi qu'il en soit, nous avons un moyen de préciser le temps indiqué par Ammien Marcellin, et ce moyen nous est fourni par des écrivains juifs, contemporains de l'événement.

Le docte Bochard a démontré que dans les livres juifs le nom de *No-amon* est celui de la ville appelée *Thèbes* par les Grecs : or, vers la fin du règne de Jéroboam II sur les dix tribus, c'est-à-dire un peu avant l'an 780, nous trouvons un prophète qui, menaçant Ninive d'une grande catastrophe, lui cite l'exemple récent d'une cité qui l'aurait égalée en splendeur et en puissance.

( Ville superbe ) dit Nahum, (1) « es-tu meil-

---

Thèbes qui nient le fait, veulent que Diodore ait récité une fable et qu'Ammien l'ait répétée : mais il est clair qu'Ammien a puisé à une autre source, et probablement dans les livres de Juba, la circonstance de temps qu'il désigne.

(1) Josèphe, lib. IX, chap. 2, place Nahum vers le temps de Manahem (778), et le livre des Rois place Jonas sous le règne de Jéroboam II, mort en 780. Il paraît que vers cette époque, il y eut un moment de grave danger pour Ninive, peut-être de la part des Kimmériens, dont Strabo, lib. III, page 222, place une terrible incursion au temps d'Homère, par consé-

« leure que *No-ammon*, assise entre les fleuves
« ( ou canaux ), entourée d'eau de tous côtés, qui
« pour rempart a les *eaux des eaux*, qui pour ses
« défenseurs a l'Éthiopien ( *Kush* ), et les Égyp-
« tiens, et le *sans-bornes*(1) *Phut*, et les Lybiens;...
« et cependant elle a été déportée et emmenée
« captive.... Ses enfants ont été brisés dans ses
« places publiques, et ses riches ont été tirés au
« sort ( par le vainqueur ), et liés de chaînes de
« fer. »

Quelques savants critiques ont prétendu voir dans l'expression du texte, les *eaux des eaux*, une mention expresse de la *mer*, et par cette raison ils ont prétendu que *No-ammon* devait se trouver dans la Basse-Égypte; mais dans l'idiome hébreu, la mer n'a pas d'autre nom que les *eaux des eaux*, c'est-à-dire une grande étendue d'eau : or, cette circonstance avait lieu pour Thèbes pendant les deux mois de l'inondation, qui donnait au pays l'apparence d'une mer... Une seule expression eût pu constater le voisinage réel de la vraie mer, c'eût été de dire *l'eau salée*.... On peut donc assurer que le prophète a eu en vue *Thèbes*, demeure du dieu *Amon* ( na amoun ), et qu'il a fait

---

quent vers l'an 790 à 800 : cette secousse semble avoir réveillé de leur indolence les rois de Ninive, qui depuis *Phul*, alors mis en scène, se montrèrent tous actifs.

(1) Les traducteurs divaguent sur le texte de ce mot, qui hors ce sens n'en a aucun.

allusion à son pillage par les Carthaginois. Or, comme Ninive n'offre aucun indice de *secousse* et de *danger* depuis Phul, qui paraît avoir commencé de régner vers 770; comme l'époque de cette secousse ou danger paraît avoir précédé et même préparé le règne de ce prince; et comme le règne de Jéroboam II se trouve finir à l'an 780, nous pensons que le sac de Thèbes eut lieu entre les années 700 à 790, environ 30 ou 40 ans avant la fondation de Rome, et à une époque où réellement Carthage commença de développer sa puissance en Afrique.

Un second revers dut avoir lieu du temps de Sabako, lorsque, vers l'an 750, ce roi éthiopien vint s'emparer de l'Égypte; il est de toute vraisemblance que Thèbes fut encore pillée ou rançonnée : d'après ces atteintes portées à sa sécurité et à sa richesse, cette ville dut décliner de jour en jour; le fanatisme insensé de Kambyses lui porta un dernier coup lorsque ce tyran la fit incendier et saccager pendant plusieurs jours, en 525. Enfin la création d'Alexandrie, en attirant au bord de la mer tout le commerce et toute l'industrie du pays, acheva d'éteindre la vie et la splendeur de cette cité.

Voilà en peu de mots l'histoire du royaume de Thèbes, depuis le XXV$^e$ siècle avant notre ère : dans cette période de 2,000 ans vaguement décrite par Diodore, ce compilateur mérite deux nouveaux reproches; l'un d'avoir omis l'invasion et le règne des pasteurs arabes qui eurent une influence si marquée sur le sort et la direction des affaires de toute l'Égypte; l'autre de n'avoir fait aucune mention de la liste des rois thébains, découverte par Ératosthènes(1). S'il eût lié cette liste à quelque époque connue, nous eussions pu tirer parti de la série des règnes qu'elle présente, quoique le Syncelle qui nous l'a transmise, l'ait beaucoup altérée : tout ce que nous y pouvons voir, c'est que ces rois régnèrent uniquement sur la Haute-Égypte, et non sur Memphis et sur le Delta, mais en quel siècle, c'est ce que rien n'indique, aucun d'eux n'ayant de ressemblance avec ceux des listes. Il est bien vrai qu'entre *Menès* et *Busiris I* Diodore compte 1,400 ans répartis sur 52 règnes successifs (27 ans par règne); puis entre Busiris I et Busiris II, 7 règnes complets, c'est-à-dire près de 200 ans : comptons pour le tout, 1,600 ans : d'où les ferons-nous partir? La date de Busiris II n'est pas connue : seulement nous voyons que ce roi n'a pu précéder le XXV$^e$ siècle avant notre ère, puisque tous ses monuments sont marqués du signe d'*Aries* : si nous partons de ce XXV$^e$ siècle, les 1,600 ans nous mènent au siècle XL$^e$ ; mais alors Menés sera postérieur de 600 ans au

---

(1) *Voyez* Marsham, et mieux encore Desvignoles, tom. II, pag. 736 et suiv.

zodiaque d'*Esneh*, qui date de 4600 : et Diodore lui-même ( page 186 ) dit que les lois des Égyptiens florissaient selon eux depuis 4,700 ans.... Il faut donc convenir que l'antiquité de Thèbes remonte par-delà tout ce qui nous est connu, et que les savants égyptiens avaient de bonnes raisons pour parler de 9,000 ans à Solon, et de 13,000 à *Pomponius Mela*. Nous autres modernes nous sommes devenus si habiles, que nous avons trouvé le secret de bâillonner la nature et les monuments.

Ici se présente une objection contre l'antiquité du royaume de Thèbes, admise comme plus grande que celle du royaume de Memphis. Pourquoi, dira-t-on, le culte du *Taureau* se trouve-t-il conservé presque exclusivement en cette dernière ville, quand le culte plus récent du Belier se montre presque exclusivement dans les ruines de Thèbes ? Nous trouvons à cette singularité une réponse qui nous semble naturelle. Les Égyptiens de Memphis ayant été subjugués au XIX$^e$ siècle avant notre ère, par les pasteurs arabes, le cours des observations astronomiques et du culte religieux fut arrêté ; la doctrine et les usages restèrent où ils étaient ; et si l'on observe que les Grecs et les Latins parlaient encore du Taureau comme constellation dominante au printemps, quand le Belier était déja très-avancé, l'on sera porté à croire que les Égyptiens de Memphis n'avaient pas encore, au XIX^e siècle avant notre ère, changé leurs habitudes à cet égard : les Thébains, au contraire, n'ayant subi aucune interruption, ni de gouvernement civil, ni d'observations astronomiques, ont suivi le cours du ciel, la marche du zodiaque, et lorsqu'ils ont vu le soleil entré d'*un* degré dans le signe du Belier, ils ont délaissé le Taureau que délaissait l'astre dominateur et régulateur.

En terminant ici nos recherches, nous voulons présenter quelques idées que nous croyons justes, sur le foyer originel d'un système mythologique devenu célèbre dans l'ancien occident. Quelques auteurs, Diodore entre autres, nous parlant des usages singuliers que les Égyptiens, encore au temps de César, pratiquaient pour la sépulture des morts, nous avertissent que l'invention de ces usages, comme de la plupart de ceux de ce peuple, remontait à une antiquité très-reculée. « Aussitôt
« qu'un homme meurt, nous disent-ils, les pré-
« posés à l'ensevelissement se présentent ; (1) un
« marché volontaire se conclut ; on leur livre le
« corps ; ils l'emportent, le vident de ses parties
« molles, le salent, l'embaument, le sèchent, et
« au bout de 30 jours ils le rendent dans un état
« de momie si parfait, qu'il semble encore vivre.
« Il s'agit de le porter au tombeau : on ne le peut

---

(1) Diod. sicul. pag. 101, W.

« sans prévenir les juges et la famille, du jour fixé
« pour cet acte : le corps doit traverser le lac ;
« une barque est construite ; un pilote, nommé
« *Karon* en langue égyptienne, la dirige.... Avant
« d'y poser le corps, la loi permet à tout citoyen
« de venir porter sa plainte contre le mort. Les
« juges réunis au nombre de 40, écoutent l'accu-
« sation. Si le mort est convaincu d'avoir été vi-
« cieux, injuste, ils portent une sentence qui le
« prive de la sépulture..... Si l'accusateur est
« dans son tort, il subit lui-même une peine grave.
« Si le mort est absous, et demeure pur, ses pa-
« rens quittent leurs habits de deuil, font son
« éloge....; et il est porté au tombeau avec tous
« les honneurs, au milieu des félicitations qui lui
« sont adressées sur l'éternité de bonheur où il
« entre, etc. »

Nos auteurs conviennent que ce sont ces usages qui, portés en Grèce, y répandirent les idées du Tartare, de l'Élysée et de toute la fable de Karon et de l'Achéron ; mais leur récit nous conduit à d'autres notions plus instructives.

1° Nous remarquons que la circonstance de *passer un lac*, ne convient qu'à très-peu de localités en Égypte, et que primitivement ce fut le fleuve qu'on traversa.

2° *Traverser le fleuve* ne peut s'appliquer à *Memphis* la neuve, attendu que tous les tombeaux se trouvent à l'ouest du Nil, où elle-même fut située, et qu'il n'existe aucun cimetière à son *est*, dans le mont Moqattam, ou dans la plaine contiguë.

3° *Traverser le Nil* convient mieux à l'ancienne Memphis bâtie à l'est du fleuve ; mais la plaine à l'ouest offre trop peu de tombeaux, vu la proportion que dut exiger cette capitale ; et de plus, l'usage dut être aboli par les 200 ans de tyrannie des *Pasteurs-Arabes* : cette localité n'offre donc point le concours de circonstances requis. Pour le trouver, il nous faut remonter à Thèbes. Là, sur la rive orientale du Nil, nous avons une cité antique et immense ; sur la rive occidentale nous trouvons d'abord une plaine cultivable, jadis traversée de canaux d'arrosement, qui furent les neuf branches du *Styx*; puis des bois de palmiers, dont l'ombrage, en ce climat brûlant, procurait le bien-être des Champs Élysées ; puis enfin un escarpement de montagne calcaire qui, sur une hauteur de quatre ou cinq cents pieds et plus d'une lieue de longueur, est percé d'une innombrable quantité de trous semblables à des fenêtres de maisons ou à des sabords de vaisseau ; chacun de ces trous formant l'ouverture d'un long boyau ou galerie, ramifié dans l'interieur de la montagne, et rempli jadis d'une si prodigieuse quantité de momies, qu'aujourd'hui, après plusieurs siècles de spoliations, les voyageurs français en portent le nombre à plusieurs millions. Ce furent là les tombeaux des habitants de Thèbes, qui ne pouvaient y arriver qu'en traversant le Nil dans la barque de Karon, et qui, devenus les libérateurs de Memphis et de la Basse-Égypte par l'expulsion des pasteurs Arabes, vers l'an 1550, y introduisirent ces usages, peut-être inconnus : peut-être encore fut-ce à raison de ce voisinage que les Grecs en eurent connaissance, soit par leurs propres navigateurs, soit par les Phéniciens : toujours paraît-il vrai que c'est vers cette époque qu'on aperçoit l'aurore de ces idées dans l'Occident. Il faut savoir gré aux législateurs de la Grèce d'avoir voulu les employer à épurer les mœurs de leurs peuples féroces ; mais faute de les avoir mises en action positive, ils manquèrent une partie de leur but, et n'atteignirent que les esprits timorés. Quelle admirable institution que cette coutume égyptienne! quelle haute idée elle donne de leurs moralistes!

L'aspect des momies nous suggère une conjecture sur l'intention de leurs physiciens : quand on examine attentivement ces poupées, on est frappé de leur ressemblance avec la chrysalide qui fait passer le ver rampant à l'état d'être volatile. Nous savons que très anciennement les prêtres Thébains se livrèrent à l'étude des choses naturelles ; qu'ils connurent l'organisation, les mœurs, les caractères spéciaux des plantes, des animaux, ainsi que l'influence exercée par la chaleur solaire sur le mouvement et la vie des êtres terrestres. Alors qu'ils eurent posé en principe que le *mouvement vital* ( animus ) venait d'un *fluide igné*, incorruptible en lui-même et indestructible; que cette *portion de fluide igné*, lorsqu'elle abandonnait un corps, retournait au grand réservoir d'où elle venait, et pouvait revenir encore, ils n'eurent plus qu'un pas à faire pour établir la métempsycose, l'immortalité de l'*animus* et la revivification du corps ci-devant *animé*: or comme d'autre part, dans leur système astronomique ou astrologique, au bout de certaines révolutions ou périodes, il se faisait une *restitution* ou rétablissement de toutes choses dans l'état antérieur, il devint facile et comme naturel d'en inférer que l'homme si avide de la vie, participerait à cette faveur : de ce moment ce fut un soin de la plus haute importance de conserver dans le meilleur état possible, l'ancienne habitation de l'ame, ce corps qu'elle devait revenir animer : enfin, parce que dans une certaine classe d'êtres, dans celle des vers à papillon, la nature présente un exemple et un procédé vraiment singulier de changement et de métempsycose, l'homme imitateur y crut voir l'avis et le modèle de ce qui lui restait à faire, et il tâcha de se faire chrysalide pour devenir papillon.

C'est encore par une conséquence de ces idées que les anciens Égyptiens attachèrent à la constitution de leurs tombeaux cette haute importance dont parle Diodore. « Ils ne regardent, » di-il, « les maisons qu'ils habitent que comme

« des auberges, des lieux de passage, et ils met-
« tent peu d'intérêt à les entretenir ; mais leurs
« tombeaux, qui sont leurs demeures éternelles,
« ils portent le plus grand soin à les bâtir ; ils y
« emploient une partie de leur vie et de leur for-
« tune, et c'est de cette idée qu'a procédé la ma-
« gnificence déployée par les rois de Thèbes en
« ces sortes de monuments. »

Ainsi donc il ne faut plus s'étonner de voir que des tyrans, tels que Cheops et Chephren, aient tourmenté pendant 20 ans toute une nation pour construire à leur squelette l'énorme tombeau des pyramides ; et lorsque des esprits bénins objectent que cela ne se peut croire, parce que cela est barbare et absurde, on est obligé de leur répondre que malheureusement dans le cours des choses politiques cela doit se croire par ce motif-là-même. Au reste, tous les monuments gigantesques de Thèbes, en prouvant une population nombreuse et industrieuse, prouvent aussi l'existence d'un gouvernement despotique, soit royal, soit sacerdotal, qui eut en mains les moyens coactifs de soumettre toute une nation à de telles corvées ; et cela devient une nouvelle preuve d'antiquité pour la nation même, en ce qu'elle a dû parcourir les diverses périodes d'anarchie et de civilisation qui précèdent cet etat avant-coureur de la décadence et de la ruine.

En considérant le fardeau habituel de ces accablantes corvées, nous sommes conduits à cette autre idée, que si jamais il a existé un pays où il fût nécessaire d'accorder au peuple un repos légal, celui de chaque *septième jour*, ce fut l'*Égypte*; et puisque notre conjecture est appuyée du témoignage positif d'Hérodote et de la pratique de Moïse, élève des prêtres *égyptiens*, nous posons en fait que le cycle *hebdomadaire* est une invention des Thébains, laquelle se lia à tout leur système astrologique et civil.

Résumons-nous, et disons, 1° que ce fut seulement vers le milieu du 16° siècle avant notre ère (1556.), que les habitants de la grande et longue vallée de l'Égypte furent réunis en un seul corps de monarchie et sous un même sceptre;

2° Que ce fut de cette concentration de puissance et de moyens que dérivèrent ensuite, dans un ordre progressif de besoins ou de convenances, les conceptions et opérations gigantesques que l'histoire nous montre dans la Basse-Égypte.

D'abord la création de *Memphis* la neuve, bâtie sur le lit du Nil, comblé de main d'homme, et recreusé à l'*est* pour servir de fossé.

Ensuite la construction du lac *Mœris*; laquelle consista, non pas à creuser un pays entier, comme l'a cru Hérodote, mais à percer un isthme ou langue de terre, pour jeter tout le surplus du Nil dans le bassin concave du *Faïoum*; ainsi que l'a démontré un savant distingué de l'expédition française en Égypte. ( *Voyez* le mémoire de M. Jomart. )

Puis l'établissement et le perfectionnement de l'immense état militaire dont Sésostris profita pour exécuter ses conquêtes.

Puis la masse prodigieuse de richesses de tous genres, attirées sur les bords du Nil, à titre de dépouilles et tribut de l'Asie occidentale subjuguée. ( Diodore évalue à 1,200,000,000 le trésor de Rhamsinit, second successeur de Sésostris.)

Puis le changement matériel opéré sur la contexture du pays, à raison de la quantité de digues que fit élever, et de canaux que fit creuser Sésostris.

Enfin l'érection des deux montagnes-pyramides de Cheops et de Chephren, qui furent l'effort suprême d'un despotisme ignorant et grossier embarrassé de ses richesses.

3.e Avant cette concentration monarchique, nous trouvons l'Égypte divisée en deux royaumes distincts, dont les traces ne se sont jamais entièrement effacées. L'un, le royaume de Thèbes, comprenant la Haute-Égypte ou *Saïd*; l'autre, le royaume du Delta, *Égypte-Inférieure*, ayant pour capitale l'ancienne *Memphis*, située à l'orient du Nil.

Deux siècles et demi avant cette réunion, c'est-à-dire vers l'an 1800 avant notre ère, une irruption de barbares nomades, telle qu'en a éprouvé la Chine, avait subjugué ce royaume de Memphis, qui à cette époque semblerait avoir été sous-divisé en d'autres états soit tributaires, soit indépendants : tout indique que ces barbares furent des hordes arabes, et spécialement les débris des anciennes tribus *Kushites*, *Aâd Tamoud*, auxquelles il faut joindre les *Madianites* et les *Amalékites*, que les auteurs musulmans nous signalent comme leurs branches et leur parenté, et que l'on retrouve ensuite fixés aux portes de l'Égypte. Le royaume de *Thèbes* ayant résisté à cette invasion, il s'ensuivit un état habituel de guerre dont l'effet fut de réunir tous les nationaux sous un même étendard, et d'expulser finalement les étrangers. La formation du peuple juif appartient à cette période.

Avant cette invasion des Arabes, c'est-à-dire avant l'an 1800, une profonde obscurité règne sur l'histoire de Memphis et de la Basse-Égypte, sans doute parce que la longue et violente tyrannie des Arabes fit disparaître les monuments, et aussi parce que la constitution géographique du pays, divisé en îles, est favorable au désordre et à l'anarchie. Le royaume de Thèbes, au contraire, homogène en son territoire, et favorisé de ses granits impérissables, nous a transmis, en ses temples, en ses palais, en ses tombeaux, d'innombrables monuments d'une civilisation dont l'origine remonte à une antiquité indéfinie. Malheureusement les secrets en sont exprimés par des figures hiéroglyphiques que l'on sait rarement expliquer. Leur sens, néanmoins, en quelques tableaux astronomiques, s'est montré assez clair pour en déduire des résultats peu contestables... Ainsi, dans le zodiaque du temple de *Dendéra* ( jadis *Tentyr*) la disposition des signes et constellations est tellement combinée, que l'on s'accorde à y voir l'état du ciel au moment de la fondation du temple ou de la peinture ; et parce que le mouvement annuel de *précession* que les astres observent relativement au soleil, semble être un cadran séculaire inventé par la Providence pour révéler ses mystères à l'homme studieux, d'habiles astronomes ont regardé comme certain que la position du soleil dans le signe du Belier, telle que la donne le zodiaque de *Dendéra*, exprimait l'an 2056 avant notre ère, de même qu'une autre disposition des signes dans le zodiaque du temple d'*Esneh* (Latopolis) exprime l'an 4600. Sans doute beaucoup de lecteurs verront avec plaisir les preuves de ces assertions détaillées par l'un des témoins des monumens et l'un des maîtres de l'art ; à cet effet nous joignons ici un Mémoire de feu M. Nouet, astronome de l'expédition d'Égypte, dont la copie nous est venue d'une main amie. Ce Mémoire suppose la connaissance de celui publié par Dupuis (dans la *Revue philosophique*, mai 1806), lequel n'est pas l'un des moindres produits de la sagacité et de l'érudition de cet homme, dont le plus. grand tort est de n'être pas entendu par les *beaux esprits* qui le censurent.

## RECHERCHES

Sur les antiquités du temple de Dendéra, dans la Haute-Égypte, d'après la construction du zodiaque au plafond de son péristyle.

### PAR M. NOUET.

Le plafond du péristyle du temple de Dendéra est soutenu par vingt-quatre colonnes sur six rangs qui divisent le plafond en sept plates-bandes parallèles à l'axe du temple; la plate-bande du milieu, beaucoup plus large, comprend dans sa longueur des globes ailés qui en occupent toute la largeur; les six autres plates-bandes, dont trois de chaque côté, contiennent chacune deux rangs de figures sculptées en relief et peintes; elles ont environ trois pieds de hauteur (1).

Les constellations du zodiaque se trouvent dans une moitié de chaque plate-bande extrême à droite et à gauche du péristyle : les espaces entre chaque constellation, sont occupés par des personnages dont plusieurs, avec les attributs des divinités, doivent avoir avec les constellations des

---

(1) C'est-à-dire un *mètre*; or le *mètre* est juste l'élément du stade égyptien que nous avons vû employé pour la pyramide de Bélus, 3190 ans avant J.-C. *Voyez* ci-devant page 174.

relations qui ne peuvent être données que par l'auteur de l'*Origine des Cultes*, lorsqu'il aura sous les yeux le dessin exact et plus en grand de ce péristyle, que la Commission des sciences et arts d'Égypte doit mettre au jour.

La plate-bande extrême à gauche, en entrant sous le péristyle, comprend dans sa demi-largeur, qui se trouve du côté du milieu de ce péristyle, les constellations ascendantes dans l'ordre suivant, à partir du mur du temple : *le Verseau, les Poissons, le Belier, le Taureau, les Gémeaux, le Cancer.* La seconde partie de cette plate-bande est occupée par dix-huit bateaux conduits par des figures emblématiques qui représentent les dix-huit décans, et doivent avoir des relations directes avec chaque constellation. Ce sont ces bateaux qui ont servi de comparaison aux dessinateurs pour placer fidèlement chaque constellation au lieu correspondant sur le plafond.

La dernière plate-bande à droite en entrant sous le péristyle, comprend dans sa demi-largeur, du côté du milieu de ce péristyle, les six constellations descendantes dans l'ordre suivant, à partir du côté de la cour au mur du temple : *le Lion, la Vierge, la Balance, le Scorpion, le Sagittaire, le Capricorne.* L'autre demi-plate-bande renferme dix-huit bateaux qui représentent dix-huit décans.

J'ai remarqué une disposition particulière dans

la manière de distribuer les constellations ascendantes et descendantes : le Lion, première constellation descendante, se trouve plus avancé qu'il ne devrait être s'il occupait le milieu de l'espace d'un signe ; le Capricorne, dernière constellation descendante, se trouve contigu au mur du temple ; l'espace qui devrait être entre cette constellation et le temple se trouve transposé dans la plate-bande des constellations ascendantes, où le Verseau est trop distant du mur du temple. L'espace de la constellation du Cancer est plus petit que celui de l'espace d'un signe. La constellation du Cancer est transposée à l'extrémité de la plate-bande et dans le milieu de sa largeur. Un buste d'Isis, placé au-dessus d'un portique, se trouve occuper la place du Cancer ; au bas de ce portique s'élève une fleur de lotus, du milieu de laquelle sort un serpent. Un soleil placé au solstice, sur le prolongement de la ligne des bateaux, envoie un faisceau de rayons divergens sur le buste d'Isis : emblème du lever héliaque de Sirius, gardien d'Isis, et placé à la porte du jour.

Ce langage astronomique indique clairement que le soleil, parvenu au solstice, fait, par la force de ses rayons, disparaître Sirius à son lever héliaque ; la fleur de lotus annonce le débordement du Nil qui arrive toujours au solstice.

Dans une chambre supérieure du temple on trouve sculpté au plafond un petit planisphère tracé sur le plan de l'écliptique ; les douze constellations y forment une ligne circulaire rentrante, de manière que la dernière constellation se trouve, après sa révolution, passer en partie au-dessus de la première. Ce zodiaque commence par le Lion ; chaque constellation semble aller dans le même sens, et la constellation du Cancer empiète au-dessus du Lion, par l'effet de la courbe en portion de spirale.

Cette disposition, d'après les données du zodiaque du péristyle, indique le mouvement d'une période qui a commencé au Lion, et qui doit se terminer dans le Cancer.

On peut conclure de cet exposé et du déplacement sensible et assez reconnaissable aux extrémités des constellations ascendantes et descendantes du zodiaque du péristyle, l'époque approchée de la construction de ce zodiaque. J'exposerai les résultats des calculs qui conduisent à cette époque, après avoir donné les éclaircissements suivants.

Les Égyptiens avaient leur année civile de 365 jours, sans aucune intercalation, en sorte que le lever héliaque de Sirius qui répondait à une époque donnée de leur calendrier, ne pouvait revenir à la même époque qu'après une période de 1461 de leurs années civiles (ces 1461 années égyptiennes répondaient à 1460 années cyniques ou sothiaques. C'est la grande année *caniculaire*, ainsi nommée, parce qu'elle commence au lever héliaque de Sirius ou du grand Chien, gardien des portes du jour et de la nuit.

De Lalande nous dit, en son *Astronomie*, que l'an 138 de l'ère vulgaire correspondait à la fin d'une période sothiaque, qui, d'après cette donnée, a dû commencer 3122 ans avant l'an 1800 de notre ère (1322 av. J.-C.), et la précédente, 4582 ans avant l'an 1800 (2782 av. J.-C.). Pour trouver les différences entre le solstice et le lever héliaque de Sirius pour le commencement de chacune de ces périodes, j'ai fait les calculs suivants pour la latitude du temple de Dendéra, 26° 9′.

On a pour la période qui a commencé l'an 1322 avant J.-C., les données suivantes :

Ascension droite de Syrius...... 57° 44′ 53″
Déclinaison australe............ 18  34  18
Obliquité de l'écliptique........ 23  52  24

On trouve pour longitude du soleil, le jour du lever héliaque de Sirius, 90° 28′ 0″ : c'est-à-dire que le lever héliaque de Sirius a eu lieu 10 jours après le solstice.

En remontant à la période précédente qui a commencé l'an 2782 avant J.-C., on a pour la coïncidence du lever héliaque de Sirius avec le solstice, les données suivantes :

Ascension droite................ 48° 15′ 40″
Déclinaison australe............ 23   2  20
Obliquité de l'écliptique........ 24   1  50

Les résultats des calculs donnent pour longitude

du soleil, 90° 0′ 0″ : c'est-à-dire que le lever héliaque de Syrius se fit au solstice, l'an 2782 av. J.-C., à l'époque de la grande année caniculaire des Égyptiens.

Ces résultats qui établissent la correspondance entre le solstice et le lever héliaque de Sirius, supposent une dépression du soleil de 12° 9′ sous l'horizon, pour faire disparaître Sirius à son lever ; cette supposition est d'autant plus admissible, que le tour de l'horizon en Égypte est tellement chargé de vapeurs, que dans les belles nuits, si communes en ce pays fait pour l'astronomie, on ne voit jamais d'étoiles à quelques degrés au-dessus de l'horizon dans les secondes et troisièmes grandeurs ; le soleil même à son lever et à son coucher se trouve entièrement déformé.

Les Égyptiens, peuple religieux et reconnaissant envers les dieux, des faveurs de leur fleuve, ont, sur ses bords, élevé des temples couverts intérieurement de tableaux, d'offrandes à Osiris et à Isis, pour obtenir l'ouverture des riches réservoirs des eaux qui à des époques fixes viennent fertiliser leurs terres.

Or c'est l'époque célèbre de la période sothiaque dont le commencement a concouru avec le solstice que les Égyptiens ont consacré dans leur zodiaque du temple de Dendéra, pour la date de l'inondation du Nil qui arrive au solstice.

D'après la longitude de $\gamma$ du Belier en 1800 et

le mouvement rétrograde des points solsticiaux, on trouve que, l'an 1322 avant J.-C., commencement de la dernière période, le solstice a eu lieu dans 13° 23' de la constellation du Cancer, et l'an 2782 avant J.-C.; le solstice a eu lieu dans 3° 48' de la constellation du Lion; le mouvement du solstice a été d'une période à l'autre, de 20° 23', dont la moitié 10° 11', étant ajoutée à 13° 23' du Cancer, où finit la première période, on aura le milieu de la période précédente représenté par le zodiaque de Dendéra; le Cancer transposé et mis en évidence au delà des constellations ascendantes indique que cette période doit s'écouler dans cette constellation. Le buste d'Isis mis en place de la constellation du Cancer à 12° du soleil, représente Sirius lorsqu'à son lever il disparaît dans les rayons de cet astre. Ce zodiaque a donc été construit pour représenter le milieu de cette période (état du ciel lors de sa construction), quand le solstice arrivait vers 24° du Cancer, c'est-à-dire 3852 ans avant l'an 1800 de notre ère (2052 avant J.-C.)

On peut déterminer, d'une manière conforme à celle qui vient d'être exposée, l'époque du zodiaque du temple de Dendéra, en faisant usage d'un symbole hiéroglyphique de ce zodiaque, dont nous connaissons la signification.

Entre la constellation de la Balance et du Scorpion, nous trouvons dans ce zodiaque une figure assise qui a une tête de chien; cette figure est incontestablement celle du Cynocéphale des Égyptiens. Mais le *Cynocéphale assis signifie les équinoxes*, selon les Égyptiens, ainsi que nous l'apprend Horapollo (*Hiéroglyph.*, liv. I, ch. 16, pag. 31 et 32 de l'édition de Paw). Donc dans le zodiaque de Dendéra l'équinoxe d'automne (c'est celui qu'il faut prendre ici, de l'aveu de ceux qui ont écrit sur ce zodiaque) est placé entre la Balance et le Scorpion : le Cynocéphale étant assez éloigné de la constellation de la Balance, et assez rapproché de la constellation du Scorpion, il faut, pour fixer les idées, prendre pour le point équinoxial la longitude d'une étoile zodiacale qui soit assez éloignée des étoiles principales de la Balance, et assez rapprochée des étoiles du front du Scorpion : cette étoile est celle de $\varkappa$ de la Balance, de quatrième grandeur, qui, dans le Catalogue de Mayer pour 1756, avait en longitude $7^s 24° 21' 12''$ (Connaissance des temps, 1788). L'excès de sa longitude sur $6^s$ est de $1^s 24° 21' 12''$, ou $195672''$. Par la précession annuelle des équinoxes de $50''{,}1$, admise assez généralement par les astronomes, on trouve que cette étoile était à l'équinoxe d'automne 3905 ans avant le commencement de 1756 de notre ère (2149 avant J.-C.) En fixant le point équinoxial à une bien petite distance de la longitude de cette étoile, on trouve facilement les 2052 ans avant J.-C., ou les 3852 ans avant 1800 établis précédemment.

Il s'agit maintenant de répondre à une difficulté qui se présente : c'est qu'en plaçant le point équinoxial d'automne aux environs de l'étoile x de la Balance, il arrive que la constellation du Lion se trouve en grande partie dans celle du Cancer avant le point solsticial d'été, tandis que dans le zodiaque de Dendérah, partagé en deux par les solstices, le Lion est placé tout entier dans le commencement des constellations descendantes.

Cette difficulté disparaît si on remonte aux plus anciens zodiaques des Grecs qu'on sait devoir leurs connaissances astronomiques aux Égyptiens. Ptolémée, au commencement de son Catalogue d'étoiles, dit qu'il a fait des changements aux constellations qui avaient été en usage avant lui. Il faut donc recourir à des zodiaques plus anciens : nous en trouvons un qui l'est incontestablement, c'est celui de l'Atlas de Farnèse (ainsi appelé de son possesseur), dont Passeri a donné la figure et l'explication dans le troisième volume de ses *Gemmæ astriferæ*, et dont Bentley a inséré la figure dans son Manilius. Le zodiaque de cet Atlas appartient à des temps antérieurs à Ptolémée, puisque le colure des équinoxes du printemps passe par la corne précédente du Belier. Dans ce zodiaque le Lion n'est point figuré la tête avancée sur le Cancer, comme dans le zodiaque moderne; au contraire, elle est retirée très en arrière de ses pattes de devant; de sorte qu'une ligne droite, menée de l'extrémité d'une des serres du Cancer à l'autre, passe par les pattes antérieures du Lion et que la tête du Lion suit d'assez loin cette ligne.

Il résulte de là que les étoiles qui forment la tête du Lion dans le zodiaque de Ptolémée suivi par les modernes, appartiennent au Cancer dans cet ancien zodiaque de l'Atlas de Farnèse, et que la tête du Lion de cet ancien zodiaque est toute entière dans cette partie du Lion que nous appelons sa *crinière*.

Dans la position que le zodiaque de Dendéra donne à l'équinoxe d'automne, le colure du solstice passe par les étoiles les moins avancées en longitude de la crinière du Lion. C'est tout ce qu'il faut ici pour faire voir que le colure du solstice ne coupe pas le Lion dans le zodiaque de Dendéra, et laisse le Lion tout entier dans les constellations descendantes.

De même, dans la position que le zodiaque de Dendéra assigne à l'équinoxe d'automne, la constellation du Capricorne se trouve toute entière dans les constellations descendantes. On pourrait dire qu'une partie du Verseau, son bras précédent, se trouve dans les constellations descendantes, tandis que la figure entière du Verseau est dans les constellations ascendantes du zodiaque de Dendéra; mais on peut répondre ici que dans l'ancien Atlas de Farnèse, le bras du Verseau n'est point avancé par-dessus le Capricorne, et qu'il est ramené vers la poitrine même du Verseau.

Les Égyptiens, avant cette époque, connaissaient le mouvement rétrograde des solstices, comme on peut s'en convaincre en consultant le zodiaque du temple d'Esneh (latitude 25°18). Ce zodiaque est placé aux deux extrémités du plafond du péristyle, comme celui de Dendéra. Les constellations ascendantes sont à gauche en entrant, et les constellations descendantes sont à droite. Ces constellations paraissent espacées également dans leurs plates-bandes respectives et se correspondre exactement. Les constellations ascendantes sont, à partir du mur du temple, *les Poissons, le Belier, le Taureau, les Gémeaux, le Cancer, le Lion;* les constellations descendantes sont, à partir de l'entrée du péristyle au mur du temple, *la Vierge, la Balance, le Scorpion, le Sagittaire, Le Capricorne, le Verseau.*

D'après cette disposition, le solstice se trouve exactement entre les constellations du Lion et de la Vierge. Le mouvement rétrograde des solstices depuis cette époque jusqu'en 1800 de notre ère, correspond à 6400 ans (4600 avant J.-C.), époque de la construction de ce temple, qui se trouve entièrement sous la ville, par l'amas successif des débris des maisons qui se sont succédées pendant une longue suite de siècles; il ne reste plus qu'une

ouverture en avant du péristyle par laquelle on
descend les décombres des environs; et dans
quelques siècles on perdra le souvenir de l'existence d'un temple entièrement conservé, enseveli
sous terre.

Au reste, avant nous, et avant nos raisonnements actuels, Édouard Bernard avait déja découvert et prononcé d'après d'anciens monuments, que les prêtres égyptiens faisaient, comme
nous, le mouvement de précession de $50''\,9'''\,\frac{3}{4}$
par an (1); par conséquent qu'ils le connaissaient
avec autant de précision que nous prétendons le
faire aujourd'hui. Il serait singulier que nous
prissions notre ignorance de leurs mystères pour
un argument de la leur.

NOUET.

D'après ces principes, qui sont ceux de tous les
astronomes, nous voyons que la précession an-
nuelle étant de $50''$ et d'une fraction d'environ $\frac{1}{4}$ ou
$\frac{1}{3}$, il en résulte qu'un degré entier est déplacé en
71 ans 8 ou 9 mois, et un signe entier en 2152
ou 53 ans.

Or si, comme il est de fait en astronomie, le
point équinoxial du printemps se trouvait au premier degré du Belier en l'an 388 avant J.-C. (2), il

---

(1) Bailly, *Astronomie ancienne*, pag. 403.
(2) Par suite de ce mouvement annuel, le point équinoxial

en résulte qu'il était au premier degré du Taureau environ 2152 ans auparavant, c'est-à-dire vers l'an 2540 avant J.-C.; et ainsi remontant de signe en signe, le premier degré du Belier se trouva être le point équinoxial d'automne, environ 12,921 ans avant l'an 388, c'est-à-dire 13,300 ans avant notre ère : ne serait-ce pas ce qu'a voulu dire *Pomponius Mela*, lorsqu'il rapporte que, selon les Égyptiens, *l'origine du monde* ( c'est-à-dire du *grand cercle céleste*), remonte à 13,000 ans? notre surplus de 300 ans ne serait pas une difficulté, parce que *Pomponius* a pu citer un calcul savant fait vers le temps de Ptolémée ou d'Alexandre (1).

Il est d'ailleurs digne de remarque que jamais les Égyptiens n'ont admis ou reconnu dans leur chronologie le *déluge* des Chaldéens dans le sens

---

se trouve aujourd'hui sortir du second des Poissons; et cependant nos poètes chantent encore le *Belier* comme Virgile chantait le Taureau.

Candidus auratis aperit cum cornibus annum.

(1) *Diogène de Laërte*, en son préambule, nous dit, d'après les prêtres égyptiens, que depuis *Vulcain* ou *Phtha*, fils de Nilus, jusqu'à l'arrivée d'Alexandre, 373 éclipses de soleil avaient été observées en Égypte, concurremment à 832 éclipses de lune. Des nombres si positifs ne doivent pas être une pure fiction : il serait digne des astronomes modernes de calculer quelle durée de temps ce nombre exige; cela pourrait donner une correction lumineuse aux 48,863 ans que Diogène dit avoir été celle de cette durée, et qui dans tous les cas sont inadmissibles ( peut-être y a-t-il erreur décuple de 4863 ).

où nous le prenons ; et cela, sans doute, parce que chez les Chaldéens eux-mêmes il n'était qu'une manière allégorique d'exprimer la présence du *Verseau* au point solsticial d'hiver, laquelle présence eut réellement lieu à l'époque où le point équinoxial du printemps se trouvait dans le Taureau, ce qui nous reporte vers le 31 ou 32$^e$ siècle avant notre ère, c'est-à-dire précisément aux dates établies par les Indiens et par les Juifs copistes des Chaldéens. Une belle carrière est ouverte en ce genre de recherches, aux savants qui y porteront le désir impartial de la vérité uni aux *connaissances scientifiques* de l'*astronomie*. Sans ces deux conditions il n'est plus possible de pénétrer dans l'antiquité. Notre tâche est finie...

Époques et dates principales de la chronologie d'Égypte, éclaircies et appuyées par des dates parallèles, étrangères.

1° Règnes des *Dieux*, c'est-à-dire des astres et des constellations personnifiés par suite de l'emploi des figures hiéroglyphiques qui servirent à exprimer leurs attributs, leurs influences, leurs rapports avec les êtres terrestres.

Leurs prétendus âges ne sont que des périodes vraies ou fictives, simples ou composées.

2° Première époque historique où l'Égypte fut habitée par des peuplades diverses à la manière des sauvages. Durée indéfinie. Le Delta put alors être dans l'état de golfe dont parle Hérodote.

3° Deuxième époque, où commencèrent de se former de petits états ou royaumes dont il put y avoir 30, 40 ou davantage. L'astronomie fit des progrès par l'établissement des colléges de prêtres : l'invention du zodiaque a pu avoir lieu dans cette époque, conformément à l'indication de *Pomponius Mela*.............. 13,300 ans av. J.-C.

4° Troisième époque, où les petits états furent peu à peu fondus en trois grands ; savoir, la Haute-Égypte ou Thébaïde, la Basse-Égypte ou Delta, et l'Égypte moyenne ou Heptanomis.

A *cette époque* appartiennent le temple d'*Esneh*, dont le zodiaque date de l'an 4600 avant notre ère, ci...................... 4600 ans. avant J.-C.
et l'établissement du culte du *Taureau* ou *Bœuf Apis*, symbole du *Taureau céleste*, où le soleil commença de marquer l'équinoxe du printemps.

Le zodiaque Indien se rapporte aussi aux dates de 4700 à................ 4600

Observation de l'étoile *Aldébaram*, par Hermès, citée à la date de............ 3362

En Chaldée, fondation de la pyramide de Bélus........................ 3191

Déluge, selon le texte grec.......... 3195

Époque indienne de l'âge actuel....... 3101

État du ciel, indiqué dans le livre perse intitulé *Ioub*, vers l'an......... (*Voyez* Bailly.)............................ 3000

Départ d'un cycle sothiaque, et du cycle callipique de 76 ans, à la date de... 2782 ans.
Fondation du temple d'Hercule à Tyr. 27
Calendrier de Hoang-ti, en Chine....... 2686
Monuments de Mithra, et travaux d'Hercule selon les Grecs............ (*Voyez* Dupuis.)..................... 2550
Entrée du soleil au Belier........... 2428
Commencement du culte du Belier......
Fondation du temple d'Ammon dans l'*Oasis*; construction des monuments de *Karnak* et de l'avenue des Beliers, vers................... 2400 à 2300
Déluge selon Varron et Censorin..... 2376
Déluge selon le texte hébreu, calcul de Petau.............................. 2329
Le cycle chinois prend son départ à l'an............................... 2277
Le calendrier d'Hésiode y correspond.
Observation chaldéennes de Kallisthènes............................ 2234
Observations des Pléiades en Égypte, citée par Ptolomée................ 2200
Observation des colures, citée dans le Sourya Sidhanta................. 2068
Date du zodiaque de Dendéra........ 2056
— Invasion du royaume de Memphis par les pasteurs arabes, présumés être les tribus de Tamoud Aâd, Madian, Ama-

lek, etc....... vers................ 1810 ans.

Par suite de cet événement l'on présume à cette époque plusieurs migrations et colonies des Égyptiens en Grèce, en Étrurie, en Asie.

Fondation d'Héliopolis par les pasteurs arabes......................... 1800

Expulsion des Arabes par Tethmos... vers............................. 1556

Réunion de toute l'Égypte en une seule monarchie.

Fondation de Memphis la neuve, vers l'an............................. 1500

Lac de Mœris, vers l'an........... 1430

Construction des villes de Heroopolis ou Phitom et de Ramessés par les Juifs, vers............................. 1420

Les Égyptiens, sous le roi Amenoph, chassent d'Égypte les Juifs et une quantité de menu peuple que Moïse organise en corps de nation et partage en 12 tribus, selon les 12 signes célestes........ 1410

Règne et conquêtes de *Sésostris* entre les années................... 1350 et 1390

Rhampsinit *le Riche*, indiqué par Pline sous le nom de *Rhamsès*, comme auteur du grand obélisque d'Héliopolis, et contemporain de Troie, a dû régner vers.... 1080 parce que son successeur Chéops a élevé la grande pyramide vers.................. 1050 ans.

Sesach, roi d'Égypte, rançonne Jérusalem en........................... 974 .

( Il est possible que ce roi soit l'*Asuchis* d'Hérodote ).

Des rois obscurs, tels qu'ils sont mentionnés par les listes, se succèdent plus ou moins régulièrement, et affaiblissent l'Égypte par leur mauvaise administration.

Les Carthaginois, profitant de cet état de choses, dirigent sur l'opulente ville de Thèbes une armée qui la prend par surprise, la saccage, et emporte un immense butin, vers l'an............... 790

Bouchoris, dit *le Sage*, arrive au trône, et s'efforce de rétablir l'ordre par des lois qui l'ont fait placer au rang des législateurs du pays...... vers............. 781

Un aveugle de la ville d'*Anysis*, appelé par Diodore *Amasis* ou *Amosis*, règne tyranniquement pendant 6 ans..vers.... 755

*Seva le Kusithe* ou *l'Éthiopien*, dit aussi *Sevechus*, *Sabakos* et *Actisanes*, envahit l'Égypte et règne avec justice et sagesse environ 25 ans depuis................ 750

Séthon, prêtre de Vulcain, gouverne l'Égypte, tombée dans l'anarchie, à l'époque où Sennachérib vient en Palestine, vers.............................. 722

(Pour la suite, *voyez* le tableau d'Hérodote, à la fin de ce volume.)

### Note sur le système des générations.

(1) Dans sa Chronologie (tome VII), chapitre des Héraclides, page 474, M. Larcher nous dit :

« La règle des générations n'est pas la même « chez les Lacédémoniens que chez les autres na- « tions. Ce peuple, *comme je l'ai observé* dans le « chapitre XIV de la prise de Troie, avait défendu « de se marier avant l'âge de 36 ans ou même 37... « Les générations étaient donc de 37 ans à Lacé- « démone, tandis qu'elles n'étaient que de 33 ans « dans le reste de la Grèce. »

On croirait, d'après ce texte, que réellement Larcher a *prouvé* ce fait étrange, qu'un peuple entier ne se mariait qu'à 36 ou 37 ans : nous avions lu une première fois le ch. XIV, sans apercevoir cette démonstration; nous l'avons relu une seconde fois avec une scrupuleuse attention, et voici les seuls raisonnements que nous y trouvons (pag. 398 et suiv.) : « C'était une maxime univer- « sellement reçue dans les premiers temps de la « Grèce, qu'on ne se mariait qu'à 33 ans, et en- « suite à 30. »

---

(1) Cette note dans la première édition du tome II, se trouvait après la pag. 82.

( Nous nions à L\*\*\* cette prétendue maxime, ou plutôt ce fait bizarre, incroyable : qu'il nous le prouve d'abord et par des témoignages et par des exemples.)

« De là les générations *étaient évaluées* à 33 ans
« et quelque chose, et dans la suite elles le furent
« à 30 ans. »

Nous disons qu'elles *furent évaluées systématiquement* par les Égyptiens, puis par les Grecs, pour avoir un moyen *quelconque* d'estimer des temps incertains. Mais nous nions qu'elles fussent *civilement* évaluées *par les peuples*, même dans les temps dont il s'agit.

« Les Lacédémoniens faisaient une exception à
« la règle générale : Lycurgue, dont toutes les in-
« stitutions *tendaient à former des soldats vigou-*
« *reux*, — *voulant empêcher ses concitoyens de*
« *prendre femme quand ils le jugeraient à propos*,
« ordonna qu'ils *ne se marieraient que lorsque le*
« *corps aurait acquis toute sa vigueur*, *regardant*
« *ce réglement comme très-utile pour se procurer*
« *des enfants robustes.* »(Xénophon, de Republicâ Lacedæm.; cap. 1 § vi.)

Raisonnons sur ce passage de Xénophon : — Si Lycurgue fit une telle loi, ce ne put être que parce que l'on *avait senti l'abus* de se marier trop jeune : *l'abus existait*, il le réprima; et cet abus devait d'autant mieux exister dans toute l'ancienne Grèce, qu'on le trouve chez tous les peuples anciens et modernes, en raison de ce que leurs mœurs domestiques sont plus simples, sont moins contraintes par des réglements de police et de civilisation. Larcher a senti cette objection, car il reprend (page 400) :

« On peut m'objecter que ce réglement n'étant
« pas antérieur à Lycurgue, les générations qui ont
« précédé ce législateur ne doivent être évaluées
« qu'à 33 ans, comme dans le reste de la Grèce...
« Cette objection aurait quelque force, si l'on *pou-*
« *vait prouver* qu'avant la législation de Lycurgue
« les usages reçus à Sparte fussent *absolument con-*
« *traires* à ceux adoptés par ce législateur... Si tel
« eût été le cas, *comment se persuader* qu'il eût
« réussi à réformer l'État.... On *connaît l'attache-*
« *ment des peuples* à leurs usages... Il eût certai-
« nement *révolté* toutes les classes de citoyens... Il
« y avait *sans doute* alors à Lacédémone des cou-
« tumes que l'on *suivait* ou que l'on *négligeait* im-
« punément, parce que la *loi n'avait point pro-*
« *noncé* : Lycurgue choisit parmi ces usages ceux
« qui lui parurent les plus raisonnables.... Il est
« *donc vraisemblable* que Lycurgue *trouva établie*
« *avant lui* la coutume de ne se marier qu'à 36
« ans. »

N'est-ce pas là une logique vraiment curieuse ? Larcher a d'abord posé en fait que « c'était une
« *maxime des anciens Grecs de ne se marier qu'à* 33

« ans, et même à 37... » Il dit avoir prouvé ce fait relativement aux Lacédémoniens, dans son chapitre XIV. Ses preuves consistent dans une loi de Lycurgue *qui défend de se marier avant que le corps ait atteint toute sa vigueur*: il s'aperçoit que cette *défense* indique comme existant, l'abus de se marier trop jeune. Pour esquiver la conséquence, il a recours à des *suppositions*, à des *vraisemblances*; Lycurgue n'eût osé faire cette loi, si l'usage n'eût déjà existé: le peuple se fût certainement révolté... C'est-à-dire que, selon Larcher, toutes les lois de Lycurgue existaient déjà avant d'être mises en vigueur par ce prince; car le raisonnement de notre logicien peut s'appliquer à toutes. On peut dire de chacune : *le peuple se fût révolté.... il est attaché à ses usages.... il y avait sans doute une coutume.... il est vraisemblable que Lycurgue...* etc.; *certainement, sans doute, vraisemblable*; telle est la gradation de Larcher.
« Il faudrait prouver, dit-il, qu'avant Lycurgue, « les usages de Sparte fussent contraires à ses lois. » — Mais c'est à vous, Monsieur, de prouver qu'ils furent les mêmes; et vous avez d'abord contre vous le cri de toute l'antiquité, qui atteste que la législation de Lycurgue fut *un phénomène d'innovation* contre les usages reçus; un *système spéculatif* et *philosophique* qui heurta tellement les esprits que le peuple de Sparte *s'ameuta*; que dans cette

émeute *Lycurgue perdit un œil* (1); et que pour arriver à son but, cet homme sévère et opiniâtre fut obligé d'user de supercherie en faisant espérer qu'il modifierait ses lois après un voyage entrepris pour consulter les oracles, et en faisant promettre au peuple, *par serment, de les exécuter* provisoirement jusqu'à son retour, *qui n'eut point lieu*, puisqu'il préféra de mourir....

Vous avez ensuite contre vous cet axiome, « que « toute loi prohibitive *prouve par son fait* l'exis- « tence de l'acte qu'elle change ou supprime...»
— *Lycurgue voulut empêcher que l'on prît femme à volonté.* — Donc l'on en usait ainsi. — Il *ordonna de ne se marier* (expression impropre); il défendit de se marier *avant d'avoir acquis toute la vigueur;* — donc l'on se mariait ainsi; donc l'usage dominant était de marier les enfants trop jeunes; et cet usage devait exister, parce qu'il avait pour cause deux puissants motifs, l'un physique, l'autre politique, que nous retrouvons dans tous les temps et dans tous les pays.

Le premier de ces motifs est la passion naturelle commune à tous les parents de marier leurs enfants de bonne heure, afin de se voir revivre dans leur postérité.

De nos jours nous voyons encore cette passion

---

(1) *Voyez* la Vie de Lycurgue dans Plutarque, Diogène de Laërte, etc.

avec ses effets subsister dans cette même Grèce dont on nous parle, dans l'ancienne Asie mineure, dans la Syrie, l'Égypte, la Perse, dans tout l'Orient. Tous les voyageurs modernes qui ont parcouru la Turkie, l'Inde, la Chine, attestent que dans ces pays les mariages sont généralement précoces; d'abord par le développement précoce de la puberté dans l'un et l'autre sexe; ensuite, et plus spécialement, par le désir qu'ont les parents de marier leurs enfants qui, sans cela et de leur propre volonté, ne pourraient contracter l'acte civil appelé *mariage*. L'abus est porté au point qu'il n'est pas rare de voir des enfants de 12 ans qui cohabitent avant 15; et cet abus existe chez les Grecs de Morée comme chez ceux de l'Asie mineure; en général les filles y sont mariées avant 15 et 18 ans, et les hommes avant 20. Direz-vous que c'est un effet de la religion chrétienne afin de prévenir le libertinage? Pourquoi cet effet a-t-il également lieu dans la religion musulmane, dans celle de Brahma, et dans celle de Foë? Les anciens païens, adorateurs du *libertin* Jupiter, étaient donc plus continens, et plus chastes? Direz-vous que c'est un effet du climat? Pourquoi, dans toute l'Amérique septentrionale, même au Canada, les mariages se font-ils généralement avant 20 ans pour les femmes, et avant 24 pour les hommes; et cela chez un peuple de sang anglais, écossais, allemand? Pourquoi, dans notre Europe même, les mariages se font-ils généralement à ce même âge dans certaines classes du peuple, telles que les gens de la campagne et les ouvriers de tout genre, tandis qu'ils sont généralement plus tardifs dans d'autres classes, et spécialement dans les classes bourgeoises vivant de leurs rentes? Pourquoi sont-ils généralement plus tardifs dans les villes que dans les campagnes, dans les capitales que dans les provinces? La vraie raison se fait sentir par ces contrastes. On se marie plus tôt partout où l'on peut élever des enfants sans trop de gêne, partout où la subsistance est facile, abondante. Dans de tels pays et dans un tel ordre social, on obéit de bonne heure aux penchants de la nature, au plus impérieux de ses désirs. On se marie plus tard là où la subsistance est difficile, où les enfants deviennent un fardeau dès le bas âge, où l'on ne sait comment les placer quand ils sont grands... Et parce que chez certains peuples et dans certaines organisations politiques, il y a plus ou moins de facilité à éluder le fardeau du mariage sans se priver de ses douceurs; parce que dans les villes, et surtout dans les grandes villes, cette facilité existe, surtout pour les classes riches ou aisées ; les mariages y sont soumis à des calculs de convenances de société et de luxe, qui intervertissent ou modifient l'ordre naturel... En sorte que le régulateur le plus général des mariages est, d'une part, la simplicité, la grossièreté même des besoins et des mœurs (et de là les mariages plus faciles et plus précoces dans les classes pauvres); d'autre part, le luxe, c'est-à-dire l'extension des besoins factices et conventionnels (et de là les mariages plus onéreux, plus difficiles, plus tardifs et moins féconds dans les classes d'une aisance précaire et moyenne). Ici j'ai le bonheur d'être d'accord avec Montesquieu.

Le second motif qui dut rendre les mariages précoces et faciles chez les anciens Grecs, fut le besoin politique qu'éprouvaient les familles d'avoir beaucoup de bras pour leurs travaux agricoles, et surtout pour leur défense et pour leur sûreté. Ces peuples, comme l'on sait, composant chacun une *société* de 50 à 60,000; tout au plus de 100,000 citoyens, resserrés au nombre de 15 ou 20 *sociétés*, dans un espace borné de mers et de montagnes, vivaient entre eux dans un état habituel de jalousie et de guerre, et par cela même faisaient une grande consommation d'hommes. La *chose publique*, la société avait besoin de défenseurs, avait intérêt que l'on se mariât: aussi voit-on que le célibat y était décrié dans l'opinion, qu'il fut même puni par les lois quand il y eut des lois; mais de plus, avant ces lois, dans l'état de liberté ou d'anarchie qui fut celui dont nous traitons, aucune police intérieure ne réprimant les délits, la sûreté de chaque famille dépendait de ses propres moyens, de ses seules forces... Était-elle faible, on la vexait, elle était pillée, et pouvait être détruite; était-elle forte, c'est-à-dire nombreuse, on la respectait : elle armait tous ses membres pour réprimer un empiétement, pour punir un meurtre. C'était exactement l'état civil des Hébreux, des Arabes anciens et modernes, et de nos jours celui des Druses, des Maïnotes et des Corses sous les Génois. Chaque famille avait donc, à être nombreuse, le même intérêt, les mêmes motifs qu'avait la nation; et imaginer que, dans un tel état de choses, des peuples en guerre et en anarchie constantes fussent convenus de la *maxime* de ne se marier qu'à 33 ans, est une chimère, un vrai rêve de cabinet.

La loi de Lycurgue, citée par Xénophon, n'exprime pas l'âge où il devint licite de se marier : pour le fixer, voici comme Larcher raisonne ( page 474, 475 ): Aristote a connu, a eu en main les lois de Lycurgue : or *Aristote* ( dans son plan systématique de république ) *dit qu'il ne faut point se marier tant que le corps prend de l'accroissement, et que les hommes ne doivent prendre une compagne que vers leur* 37$^e$ *année* : donc *Aristote fait ici allusion* à la loi de Lycurgue; donc Lycurgue a établi l'âge de 37 ans; donc les Lacédémoniens, dès avant Lycurgue, ne se mariaient qu'à 37 *ans; car, sans cela, Lycurgue les eût révoltés... Et page* 40 : *Il est bien vrai que Platon, qui en cent endroits fait l'éloge des lois de Lycurgue, prescrit pour se marier l'âge de* 30 *à* 35 *ans; en sorte que l'on pourrait croire qu'il a imité celle-ci, et que le terme fixé à Sparte eût été de* 30 *à* 35 *ans. Mais,* etc.

Laissons Larcher à ses raisonnements et à ses conjectures sur Platon et sur Aristote : il est évident, par la diversité des trois termes 30, 35, 37, que Lycurgue fut plus sage que ces rêveurs, et qu'il n'exprima point un âge fixe : l'établir à 37 ou même à 30 ans, eût été priver l'état de 8 ou 10 ans d'une fécondité ordonnée par la nature, et dissiper en libertinage des forces utiles à la nation. Aristote et Platon, pleins, comme l'on sait, des idées systématiques d'une physique erronée et originairement astrologique, ont dit : « La vie « ordinaire de l'homme sain est de 70 à 75 ans. « Tout ce qui ne croît pas, décroît : la moitié de « la vie doit se passer à croître, l'autre à décroître... « 33 à 37 sont le terme mitoyen entre zéro et 70 « ou 75. Donc le corps n'est parfait qu'à 35 ou à « 37. » — L'erreur de ces systèmes est démontrée par les faits et par la science physiologique. En résultat, il n'existe pas la plus légère preuve que les Grecs anciens, modernes ou mitoyens, se soient mariés au terme général de 30 ni de 35 ans; il est au contraire prouvé par la nature de la question et par les généalogies d'époque certaine, qu'ils se sont mariés plus tôt; et tout prouve que l'évaluation de trois générations par siècle a été un moyen purement idéal et systématique dont l'usage ne peut qu'induire en erreur.

FIN DU DEUXIÈME TOME.

# TABLE DES MATIÈRES

## CONTENUES DANS CE VOLUME.

### SUITE DE LA CHRONOLOGIE D'HÉRODOTE.

Chronologie des rois de Perse, cités par les Orientaux modernes, sous le nom de dynastie *Pishad* et *Kéan*.—Époques de Zohak, de Féridoun et du législateur Zerdoust, dit Zoroastre. Page 1
§ I. Époque du législateur Zoroastre.......... 2
§ II. Récit des Parsis sur Zoroastre......... 14
§ III. Vie de Zoroastre................. 50
§ IV. Des anciens rois de Perse, selon les Orientaux modernes...................... 69
§ V. Dynastie Kéan ou Kaian............. 74
§ VI. Dynastie Piche-Dad............... 87
Liste chronologique des rois de Juda........... 105
*Idem* des rois Chaldéens de Babylone......... 106

### CHRONOLOGIE DES BABYLONIENS 107

Chapitre I<sup>er</sup>.— Fondation de Babylone....... 108
Chap. II. — Récit de Ktésias, système assyrien.. 114
Chap. III. — Récit de Bérose et de Mégasthènes. — Système chaldéen.................. 121
Chap. IV. —Autorités respectives de Bérose et de Ktésias, comparées et appreciées........... 132
Chap. V. — Récit d'Hérodote................ 137
Chap. VI. — Résultat..................... 141

| | |
|---|---|
| Chap. VII. — Dimension des principaux ouvrages de Babylone............................... | Page 159 |
| Chap. VIII. — Histoire probable de Sémiramis.. | 181 |
| Chap. IX. — Récit de Conon et roman d'Esther. | 193 |
| Chap. X. — Babylone depuis Sémiramis......... | 200 |
| Chap. XI. — Kanon astronomique de Ptolomée.. | 211 |
| Chap. XII. — Rois de Babylone jusqu'à Nabukodonosor............................... | 219 |
| Chap. XIII. — Règne de Nabopolasar, *dit* Nabukodonosor............................... | 230 |
| Chap. XIV. — Siége de Tyr.................. | 239 |
| Chap. XV. — Prétendue expédition en Égypte, en Libye, en Ibérie, sans preuves et sans vraisemblance................................ | 246 |
| Chap. XVI. — Derniers rois de Babylone jusqu'à Kyrus................................... | 253 |
| Chap. XVII. — Du livre intitulé Cyropédie de Xénophon.................................. | 260 |
| Chap. XVIII. — Du livre intitulé Daniel........ | 266 |
| Chap. XIX. — Résumé....................... | 278 |

## CHRONOLOGIE DES ÉGYPTIENS.

| | |
|---|---|
| Chap. I<sup>er</sup>. —............................... | 281 |
| Chap. II. Exposé d'Hérodote................. | 289 |
| Chap. III. — Système de Manéthon........... | 319 |
| § I. Texte de Manéthon en son second volume. | 331 |
| § II. Analyse du texte cité par Josèphe....... | 341 |
| § III. Époque de l'entrée et de la sortie des Juifs selon Manéthon............................ | 364 |
| Chap. IV. Récit de Diodore................... | 373 |
| Recherches sur les antiquités du temple de Dendéra, dans la Haute-Égypte, d'après la construction du zodiaque au plafond de son péristyle; par M. Nouet................................ | 418 |
| Époques et dates principales de la chronologie d'Égypte, éclaircies et appuyées par des dates parallèles et étrangères........................ | 431 |
| Note sur le système des générations............ | 436 |

FIN DE LA TABLE.

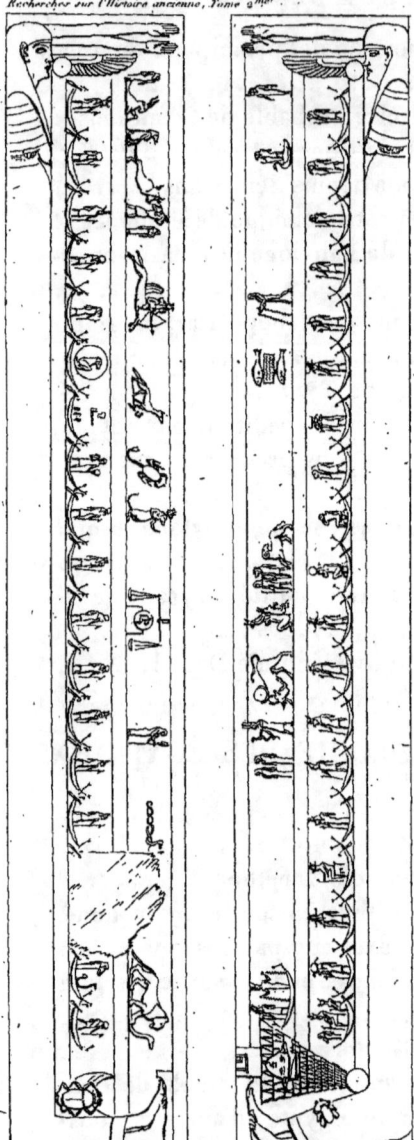

Zodiaque de Dendera

| | NOMS des Rois. | DURÉE des Règnes. | | | NOMS DES ROIS. | DURÉE des Règnes. |
|---|---|---|---|---|---|---|
| **PREMIÈRE DYNASTIE.** *Thinites.* Selon Julius Africain. | | | | **SIXIÈME DYNASTIE.** *Memphite.* 6 Rois. | | |
| 1. Ab Apo Hippopotamo raptus. . . . . . . . . . . . . . . . . . . . . | Menès. . . . . . . . | 62 | | | Othoes. . . . . . . . | 53 |
| 2. De Anubonis fluvio scripsit. . . . . . . . . . . . . . . . . . . . . | Athothi filius spu. | 57 | | | Phius. . . . . . . . . | 7 |
| 3. . . . . . . . . . . . . . . . . . . . . . . . . . . . . . . . . . . . . . . . . . . . . | Cencenes. . . . . . | 31 | | | Methusuphis. . . . | 7 |
| 4. Circa Cochorum pyramidas erexit. . . . . . . . . . . . . . . . | Venephes. . . . . . | 23 | | | Phiops. . . . . . . . | 1 |
| 5. . . . . . . . . . . . . . . . . . . . . . . . . . . . . . . . . . . . . . . . . . . . . | Usaphadus. . . . . | 20 | | | Mentesuphis. . . . | 1 |
| 6. . . . . . . . . . . . . . . . . . . . . . . . . . . . . . . . . . . . . . . . . . . . . | Miebidus. . . . . . | 26 | | 6. Nobilissima et formosissima sui temporis tertiam erexit. . . . . . . da, quæ pyramidem tertiam erexit. . . . . . . . . . . . . . | Nitokris. . . . . . . | 12 |
| 7. . . . . . . . . . . . . . . . . . . . . . . . . . . . . . . . . . . . . . . . . . . . . | Semempsis. . . . . | 18 | | Summa, 203 anni, nisi 1294 apposili, dant 1497. | | |
| 8. Sub quo valida pestis. . . . . . . . . . . . . . . . . . . . . . . . . . | Biencaches. . . . . | 26 | | **SEPTIÈME DYNASTIE.** Suivant Africain. | | |
| Total. . . . | 263 | | | | | |
| **DEUXIÈME DYNASTIE.** *Thinites.* Selon l'auteur : | | | | Dynastia septima regum 70. Memphitarum, qui diebus 70 regnarere. | | |
| 1. . . . . . . . . . . . . . . . . . . . . . . . . . . . . . . . . . . . . . . . . . . . . | Boethus. . . . . . . | 38 | | **HUITIÈME DYNASTIE.** | | |
| 2. . . . . . . . . . . . . . . . . . . . . . . . . . . . . . . . . . . . . . . . . . . . . | Kæchos. . . . . . . | 39 | | Regum 27. Memphitarum qui annis 146 regnavere. . . . . . | | 146 |
| 3. . . . . . . . . . . . . . . . . . . . . . . . . . . . . . . . . . . . . . . . . . . . . | Binothris. . . . . . | 47 | | **NEUVIÈME DYNASTIE.** | | |
| 4. . . . . . . . . . . . . . . . . . . . . . . . . . . . . . . . . . . . . . . . . . . . . | Tlas. . . . . . . . . . | 17 | | Regum 17 Heracleotarum, annis 409 sceptra moderatorum; quorum. . . . . . . . . . . . . . . . . . . . . . . . . . . . . . . . . . . . . | | 409 |
| 5. . . . . . . . . . . . . . . . . . . . . . . . . . . . . . . . . . . . . . . . . . . . . | Sethenes. . . . . . | 41 | | **DIXIÈME DYNASTIE.** | | |
| 6. . . . . . . . . . . . . . . . . . . . . . . . . . . . . . . . . . . . . . . . . . . . . | Chæres. . . . . . . | 17 | | Dynastia decima regum 19 Heracleotarum totis 185 annis imperantium. . . . . . . . . . . . . . . . . . . . . . . . . . . . . . . . . . | | 185 |
| 7. . . . . . . . . . . . . . . . . . . . . . . . . . . . . . . . . . . . . . . . . . . . . | Nepherchres. . . . | 25 | | **ONZIÈME DYNASTIE.** | | |
| Total. . . . | 253 | | | Dynastia undecima 16 regum Diospolitarum, annis 43, quibus Ammenemes per annos 16 successit. . . . . . . . . . . . . . . | | 16 |
| **TROISIÈME DYNASTIE.** *Memphite.* Primi vero et secundi principatus summa est 555 juxta Africain. | | | | Reges itaque sunt numero 192, anni 2320, die 70. . . . . . | | |
| 1. . . . . . . . . . . . . . . . . . . . . . . . . . . . . . . . . . . . . . . . . . . . . | Necherophes. . . . | 28 | | **DOUZIÈME DYNASTIE.** *Diospolites.* | | |
| 2. . . . . . . . . . . . . . . . . . . . . . . . . . . . . . . . . . . . . . . . . . . . . | Tosorthrus. . . . . | 29 | | Manèthon, tom. 2. | | |
| 3. . . . . . . . . . . . . . . . . . . . . . . . . . . . . . . . . . . . . . . . . . . . . | Tireis. . . . . . . . . | 7 | | 1. . . . . . . . . . . . . . . . . . . . . . . . . . . . . . . . . . . . . . . . . . . . . | Sesonchosis. . . . . | 46 |
| 4. . . . . . . . . . . . . . . . . . . . . . . . . . . . . . . . . . . . . . . . . . . . . | Mesochris. . . . . . | 17 | | 2. . . . . . . . . . . . . . . . . . . . . . . . . . . . . . . . . . . . . . . . . . . . . | Ammanemes filius. | 38 |
| 5. . . . . . . . . . . . . . . . . . . . . . . . . . . . . . . . . . . . . . . . . . . . . | Soiphis. . . . . . . . | 16 | | 3. . . . . . . . . . . . . . . . . . . . . . . . . . . . . . . . . . . . . . . . . . . . . | Sesostris. . . . . . . | 48 |
| 6. . . . . . . . . . . . . . . . . . . . . . . . . . . . . . . . . . . . . . . . . . . . . | Tosertasis. . . . . . | 19 | | 4. Hic novem marorum spatio totam Asiam subjugavit. | Lachares. . . . . . . | 8 |
| 7. . . . . . . . . . . . . . . . . . . . . . . . . . . . . . . . . . . . . . . . . . . . . | Achis. . . . . . . . . | 42 | | 5. Hic labyrinthum sibi degit sepulcrum. . . . . . . . . . . . | Ameres. . . . . . . . | 8 |
| 8. . . . . . . . . . . . . . . . . . . . . . . . . . . . . . . . . . . . . . . . . . . . . | Siphuris. . . . . . . | 30 | | 6. . . . . . . . . . . . . . . . . . . . . . . . . . . . . . . . . . . . . . . . . . . . . | Ammenemes. . . . . | 8 |
| 9. . . . . . . . . . . . . . . . . . . . . . . . . . . . . . . . . . . . . . . . . . . . . | Cerpheres. . . . . . | 26 | | 7. . . . . . . . . . . . . . . . . . . . . . . . . . . . . . . . . . . . . . . . . . . . . | Scemiophris. ejus soror. | 4 |
| Total. . . . | 214 | | | | | |
| La durée des trois dynasties, 769 ans. | | | | **TREIZIÈME DYNASTIE.** | | |
| **QUATRIÈME DYNASTIE.** *Memphite.* | | | | Regum 60 Diospolitarum, annis 184. . . . . . . . . . . . . . . | | 160 |
| 1. Ille pyramidem maximam erexit, quam à Cheope positam Herodotus scripsit. | Soris. . . . . . . . . | 29 | | **QUATORZIÈME DYNASTIE.** (Manèthon.) | | |
| 2. . . . . . . . . . . . . . . . . . . . . . . . . . . . . . . . . . . . . . . . . . . . . | Suphis. . . . . . . . | 63 | | | | 184 |
| 3. . . . . . . . . . . . . . . . . . . . . . . . . . . . . . . . . . . . . . . . . . . . . | Suphis. . . . . . . . | 66 | | | | |
| 4. . . . . . . . . . . . . . . . . . . . . . . . . . . . . . . . . . . . . . . . . . . . . | Mencheres. . . . . | 63 | | | | |
| 5. . . . . . . . . . . . . . . . . . . . . . . . . . . . . . . . . . . . . . . . . . . . . | Ratoeses. . . . . . | 25 | | | | |
| 6. . . . . . . . . . . . . . . . . . . . . . . . . . . . . . . . . . . . . . . . . . . . . | Bicheres. . . . . . | 22 | | | | |
| 7. . . . . . . . . . . . . . . . . . . . . . . . . . . . . . . . . . . . . . . . . . . . . | Sebercheres. . . . | 7 | | | | |
| 8. . . . . . . . . . . . . . . . . . . . . . . . . . . . . . . . . . . . . . . . . . . . . | Tamphtis. . . . . . | 9 | | | | |
| Total. . . . | 284 | | | | | |
| **CINQUIÈME DYNASTIE.** *Elephantine.* Quatuor dyn. ex Afric. summa 1046. | | | | | | |
| 1. . . . . . . . . . . . . . . . . . . . . . . . . . . . . . . . . . . . . . . . . . . . . | Usercheris. . . . . | 28 | | | | |
| 2. . . . . . . . . . . . . . . . . . . . . . . . . . . . . . . . . . . . . . . . . . . . . | Sephres. . . . . . . | 13 | | | | |
| 3. . . . . . . . . . . . . . . . . . . . . . . . . . . . . . . . . . . . . . . . . . . . . | Nephercheres. . . | 20 | | | | |
| 4. . . . . . . . . . . . . . . . . . . . . . . . . . . . . . . . . . . . . . . . . . . . . | Sisiris. . . . . . . . | 7 | | | | |
| 5. . . . . . . . . . . . . . . . . . . . . . . . . . . . . . . . . . . . . . . . . . . . . | Cheres. . . . . . . . | 20 | | | | |
| 6. . . . . . . . . . . . . . . . . . . . . . . . . . . . . . . . . . . . . . . . . . . . . | Rathuris. . . . . . | 44 | | | | |
| 7. . . . . . . . . . . . . . . . . . . . . . . . . . . . . . . . . . . . . . . . . . . . . | Mercheres. . . . . | 9 | | | | |
| 8. . . . . . . . . . . . . . . . . . . . . . . . . . . . . . . . . . . . . . . . . . . . . | Tarcheres. . . . . | 44 | | | | |
| 9. Selon l'auteur. . . . . . . . . . . . . . . . . . . . . . . . . . . . . . . . | Obnus. . . . . . . . | 33 | | | | |
| Total. . . . | 218 | | | | | |
| Summa 248 quæ cum præcibus 1046. Dynastarum quatuor, 1394 summam componit. | | | | | | |

| ÉPOQUES DIVERSES. | LYDIENS. | ASSYRIENS ET MÈDES. | ÉGYPTIENS. | ANNÉES avant J.-C. |
|---|---|---|---|---|
| Temple de l'Hercule phénicien, fondé à l'*ancienne Tyr*, sur le rocher, en face de l'île. | | | | 2760. |
| | | | Sésostris. | 1365. |
| Fondation de *Tyr-l'Insulaire* et de l'Agenorium. | | | | 1265. |
| | | Ninus naît vers l'an 1262 ou 1264. | | 1264. |
| | | Le Mède Zoroastre naît vers. | | 1250. |
| | | Ninus commence de régner l'an. | | 1237. |
| | | Il s'associe le roi arabe Homérite Ariaïus-Maret-Aeniès, dit Zohâk. | | 1236. |
| | | Il subjugue les Mèdes vers. | | 1235. |
| | Agron, fils de Ninus, 505 ans avant Gygès, par une série de 22 générations. | Il subjugue les Lydiens, et leur donne pour roi son fils Agron, en | | 1232. |
| | | Naissance de Sémiramis, vers. | | 1240. |
| | | Zoroastre commence à répandre sa doctrine; première guerre de Bactriane. | | 1220. |
| | | Fondation de Ninive. | | 1218. |
| | | Zoroastre va à Bactre (Balk). | | 1208. |
| | | Seconde guerre de Bactriane. | | 1207. |
| | | Ninus épouse Sémiramis. *Fin du royaume des Bactriens.* | | 1206. |
| | | Naissance de Ninyas. | | 1205. |
| | | Mort de Ninus. | | 1196. |
| | | Sémiramis règne seule; elle donne une enceinte à Babylone, et enrichit le temple, déjà ancien, de Bélos. | | 1195. |
| | | Elle entreprend la guerre de l'Inde. | | 1191. |
| | | Guerre d'Arménie contre Araï. | | 1188. |
| | | Fondation de Sémiramo-Kerta. | | 1187. |
| | | Révolte de Zoroastre. | | 1181. |
| | | Mort de Sémiramis. | | 1180. |
| | | Ninyas. | | 1179. |
| Ruine de Troie, selon les annales de Tyr et de Ninive. | | Tentamus envoie Memnon, satrape de Suse, au secours de Troie. | | 1022 ou 1023. |
| Fondation de Carthage par Didon. | | | | 820 ou 800. |
| Hésiode et Homère, 12 générations avant Hérodote. | | | | 784. |
| Première olympiade. | | | | 776. |
| | | Phul, ou Phul-en-pul-ès, paraît en Syrie au temps de Manahem, vers l'an. | | 770 ou 769. |
| Fondation de Rome. | | | | 754. |
| | | Ère de Nabon-Asar, roi satrape de Babylone. | | 747. |

| ÉPOQUES DIVERSES. | LYDIENS. | ASSYRIENS ET MÈDES. | ÉGYPTIENS. | ANNÉES avant J.-C. |
|---|---|---|---|---|
| | | Teglat-phal-Asar, dit Pridesses, prend Damas vers l'an. | | 742. |
| | | Salman-Asar, dit Pharates, prend Samarie. | | 730. |
| | Candaule est assassiné. | | | 728. |
| | Gygès règne 38 ans. | | | 727. |
| | | Sennacherib, dit Sargoun, Acrataanes, etc., fait la guerre en Syrie depuis 728 jusqu'en. | | 722. |
| | | Sardanapale, ou Asar-Adan-Phal, dit Sarak, et Thonos-Concoleros, règnent... dès l'an. | | 722. |
| | | ou en | | 721. |
| | | Révolte des Mèdes et des Babyloniens. | | 719. |
| | | Première prise de Ninive par Arbâk et Bélésys, et mort de Sardanapale. | | 717. |
| | | *Indépendance et domination des Mèdes.* | | 716. |
| | | Anarchie pendant 6 ans. Déiokès est élu roi, et règne 53 ans. | | 710. |
| | Ardys règne 49 ans. | | | 689. |
| | Irruptions des Kimmériens, vers. | | | 670. |
| | | | 12 Rois, dont Psammitik est l'un pendant 15 ans. | 671. |
| | | Phraortès règne 22 ans. | | 657. |
| | | | Psammitik seul règne 39 ans. | 656. |
| | | | | 648. |
| Thalès naît. | | | | 640. |
| | Sadyates règne 12 ans. | | | 638. |
| Naissance de Solon. | | Mort de Phraortès. | | 636. |
| | | Kyaxarès règne 40 ans. | | 635. |
| | | Arrivée des chasseurs scythes. | | 631. |
| | | Guerre de l'Éclipse. | | 630. |
| Périandre, tyran à Corinthe 44 ans (selon Aristote). | Alyattes règne 57 ans. | | | 628. |
| | Arrivée des Kimmériens. | Éclipse de Thalès; mariage d'Astiag; premier siège de Ninive, par Kyaxarès, et invasion des Scythes. | | 625. |
| | | | Psammitik arrête les Scythes. | 624. |
| | | | Nékos règne 16 ou 17 ans. | 617. |
| | | | Il bat Josias, qui périt dans la mêlée. | 609. |
| Naissance de Pythagore. | | | | 608. |
| | | | Psammis règne 6 ans. | 601. |
| Vers ce temps, Solon visite Thalès. | | Expulsion des Scythes. | | 598. |

| ÉPOQUES DIVERSES. | LYDIENS. | ASSYRIENS ET MÈDES. | ÉGYPTIENS. | avant J.-C. |
|---|---|---|---|---|
| | | Second siége de Ninive, qui est prise et ruinée. | | 597. |
| | | Kyaxarès meurt. | Apriès règne 25 ans. | 596. |
| Solon, archonte, donne ses lois. | | Astyag règne 35 ans. | | 595. |
| Anacharsis à Athènes. | | | | 592. |
| Pittacus s'empare du pouvoir à Mytilène. | | | | 590. |
| | | | (*Prise de Jérusalem*). | 587. |
| Mort de Périandre. | | | | 584. |
| Thalès proclamé l'un des sept Sages. | | | | 582. |
| Premier essai de la comédie, par Susarion. Pittacus abdique. | | | | 580. |
| Thespis donne ses premières comédies. | | | | 576. |
| Solon voyage. | | | | 573. |
| | (*Crésus règne 14 ans, 14 jours.*) | | | 571. |
| | | | Amasis règne 44 ans. | 570. |
| Pittacus meurt. | | | | 563. |
| Solon visite Crésus et retourne à Athènes. | Crésus perd son fils Atys. | | | 561. |
| Première invasion de Pisistrate. | Crésus consulte les oracles; trouve Athènes sous le joug de Pisistrate. | Astyag est détrôné. Kyrus règne 29 ans révolus (ou 30). | | 560. |
| Mort de Solon. | S'allie avec Sparte. | | | 559. |
| | Part pour la Cappadoce. Combats de Ptérie. | | | 558. |
| | | | | 557. |
| Mort de Thalès. | Crésus est détrôné par | Kyrus, qui prend Sardes. | | 554. |
| Deuxième invasion de Pisistrate. | | | | 545. |
| Troisième invasion de Pisistrate. | | Kyrus règne à Babylone. | | 538. |
| | | | | 532. |
| Polycrate, tyran à Samos. | | Kyrus périt dans une bataille. | | 530. |
| | | Cambyses règne 7 ans et 5 mois. | | 529. |
| Pisistrate meurt; son fils Hipparque gouverne 14 ans. | | | | 528. |
| | | | Psammenit règne 6 mois. | 526. |
| | | Cambyses conquiert l'Égypte et veut tuer Crésus. | | 525. |
| | | Smerdis, le mage, règne 7 mois. | | 522. |
| | | Darius-Hystap règne 36 ans. | | 521. |
| Hippias gouverne 4 à 5 ans. | | | | 514. |
| Expulsion d'Hippias, 20 ans avant Marathon, les Pisistratides ayant gouverné 35 à 36 ans. | | | | 510. |
| | | Combat de Marathon. | | 490. |

www.ingramcontent.com/pod-product-compliance
Lightning Source LLC
Chambersburg PA
CBHW070547230426
43665CB00014B/1843